历史者
所以说明社会进化的
过程者也

吕思勉讲中国历史

吕思勉 著

辽宁美术出版社

貝塚

目录

序章

- 003 历史的定义和价值
- 006 我国民族的形成
- 010 中国疆域的沿革
- 013 本国史时期的划分

上篇 中古史

019　第一章　秦之统一及其政策

025　第二章　秦汉之际

027　第三章　前汉的政治

029　第四章　新莽的改制

033　第五章　后汉的政治

036　第六章　两汉的制度

042　第七章　秦汉的武功

045　第八章　两汉对外的交通

049	第九章	两汉的学术
052	第十章	佛教和道教
058	第十一章	两汉的社会
061	第十二章	三国的鼎立
063	第十三章	晋的统一和内乱
065	第十四章	边徼民族和汉族的同化
068	第十五章	南北朝的对峙
072	第十六章	魏晋南北朝的制度

上篇 中古史

上篇 中古史

073　第十七章　魏晋南北朝的文化

078　第十八章　魏晋南北朝的社会

080　第十九章　隋之统一与政治

085　第二十章　唐的开国及其盛世

090　第二十一章　隋唐的武功

092　第二十二章　隋唐的对外交通

095　第二十三章　隋唐的制度

099　第二十四章　隋唐的学术和文艺

上篇　中古史

102	第二十五章	佛教的分宗和新教的输入
106	第二十六章	中外文化的接触
110	第二十七章	唐中叶以后的政局
112	第二十八章	隋唐的社会
116	第二十九章	五代的混乱
119	第三十章	宋的统一及其初年的政治
121	第三十一章	变法和党争
126	第三十二章	辽夏金的兴起

上篇 中古史

129	第三十三章	宋和辽夏的关系
132	第三十四章	宋的学术思想和文艺
134	第三十五章	宋和金的关系
139	第三十六章	宋的制度和社会
143	第三十七章	元的勃兴和各汗国的创建
150	第三十八章	元的制度
153	第三十九章	中西文化的交通
156	第四十章	元帝国的瓦解

161	第四十一章	明初的政局
163	第四十二章	明和北族的关系
165	第四十三章	明朝的殖民事业和外患
170	第四十四章	明末的政局
173	第四十五章	明的制度
178	第四十六章	元明的学术思想和文艺
181	第四十七章	元明的宗教和社会

上篇 中古史

下篇　近代史

- 187　第一章　明清之际
- 191　第二章　欧人的东略
- 193　第三章　基督教和西方科学的传入
- 197　第四章　清初的内政
- 200　第五章　清初的外交
- 205　第六章　清代的武功
- 213　第七章　清中叶的内乱
- 218　第八章　鸦片战争

221	第九章	太平天国和捻党之役
225	第十章	英法联军之役
230	第十一章	《瑷珲条约》和《北京条约》
234	第十二章	西北事变和中俄交涉
238	第十三章	晚清的政局
241	第十四章	中法战争和西南藩属的丧失
247	第十五章	中日战争

下篇 近代史

下篇　近代史

252　第十六章　《中俄密约》和沿海港湾的租借

255　第十七章　维新运动和戊戌政变

258　第十八章　八国联军和《辛丑条约》

263　第十九章　远东国际形势

267　第二十章　日俄战争和东三省

271　第二十一章　清末的宪政运动

276　第二十二章　清代的制度

279　第二十三章　清代的学术

284　第二十四章　清代的社会

293　　　　　　　附录

下篇　近代史　附录

序章

○ 元 赵孟頫 竹石图

序章 历史的定义和价值

历史是怎样一种学问？究竟有什么用处？

从前的人，常说历史是"前车之鉴"，以为"不知来，视诸往"。前人所做的事情而得，我可奉以为法；所做的事情而失，我可引以为戒。这话粗听似乎有理，细想却就不然。世界是进化的，后来的事情，绝不能和以前的事情一样。病情已变而仍服陈方，岂唯无效，更恐不免加重。我们初和西洋人接触，一切交涉就都是坐此而失败的。

又有人说，历史是"据事直书"，使人知所"歆惧"[1]（上角标处，请参考正文最后"编者注"阅读。书中个别对历史事件的评价及观点、表述具有一定的时代局限性，请读者在阅读时注意）的。因为所做的事情而好，就可以"流芳百世"；所做的事情而坏，就不免"遗臭万年"。然而昏愚的人，未必知道顾惜名誉；强悍的人，就索性连名誉也不顾。况且事情的真相，是很难知道的。稍微重要的事情，众所共知的，就不过是其表面；其内幕，是永不能与人以共见的。又且事情愈大，则观察愈难。断没有一个人，能周知其全局。若说作史的人，能知其事之真相，而据以直书，那就非愚则诬了。又有一种议论，以为历史是讲褒

題文會圖
儒林華國古今同
吟詠飛毫醒醉中
多士作新知入彀
畫圖猶喜見文雄

白衣誰敢首唐風
韻和進
明時不與有唐同
八表人歸大道中
丁亥冬十有八士
經綸誰是出羣雄

贬、寓劝惩，以维持社会的正义的，其失亦与此同。

凡讲学问，必须知道"学"和"术"的区别。学是求明白事情的真相的，术则是措置事情的法子。把旧话说起来，就是"明体"和"达用"。历史是求明白社会的真相的。什么是社会的真相呢？原来不论什么事情，都各有其所以然。我，为什么成为这样的一个我？这绝非偶然的事。我生在怎样的家庭中？受过什么教育？有些什么朋友？做些什么事情？这都与我有关系。合这各方面的总和，才陶铸成这样的一个我。个人如此，国家社会亦然。各地方有各地方的风俗，各种人有各种人的气质。中国人的性质，不同于欧洲；欧洲人的性质，又不同于日本。凡此，都绝非偶然的事。所以要明白一件事情，必须追溯到既往。现在是绝不能解释现在的。而所谓既往，就是历史。

所以从前的人说："史也者，记事者也。"这话自然不错。然而细想起来，却又有毛病。因为事情多着呢！一天的新闻纸，已经看不胜看了。然而所记的，不过是社会上所有的事的千万分之一。现在的历史，又不过是新闻纸的千万分之一。然则历史能记着什么事情呢？须知道：社会上的事情，固然记不胜记，却也不必尽记。我所以成其为我，自然和从前的事情是有关系的；从前和我有关系的事情，都是使我成其为我的。我何尝都记得？然而我亦并未自忘其为我。然则社会以往的事情，亦用不着尽记；只须记得使社会成为现在的社会的事情，就够了。然则从前的历史，所记的事，能否尽合这个标准呢？怕不能吧？因为往往有一件事，欲求知其所以然而不可得了。一事如此，而况社会的全体？然则从前历史的毛病，又是出在哪里呢？我可一言以蔽之，说：其病，是由于不知社会的重要。唯不知社会的重要，所以专注于特殊的人物和特殊的事情。如专描写英雄、记述政治和战役之类。殊不知特殊的事情，总是发生在普通社会上的。有怎样的社会，才发生怎样的事情；而这事情既发生之后，又要影响到社会，而使之改变。特殊的人物和社会的关系，亦是如此。所以不论什么人、什么事，都得求其原因于社会，察其对于社会的结果，否则一切都成空中楼阁了。从前的人，不知道注意于社会，这也无怪其然。因为社会的变迁，是无迹象可见

序章 我国民族的形成

民族和种族不同。种族论肤色、论骨骼，其同异一望可知，然历时稍久，就可以渐趋混合；民族则论语言、论信仰、论风俗，虽然无形可见，然而其为力甚大。同者虽分而必求合，异者虽合而必求分。所以一个伟大的民族，其形成甚难；而民族的大小和民族性的坚强与否，可以决定国家的盛衰。

一国的民族，不宜过于单纯，亦不宜过于复杂。过于复杂，则统治为难；过于单纯，则停滞不进。我们中国[2]，过去之中，曾吸合许多异族[3]。因为时时和异族接触，所以能互相淬砺，采人之长，以补我之短；开化虽早，而光景常新。又因固有的文化极其优越，所以其同化力甚大。虽屡经改变，而仍不失其本来。经过极长久的时间，养成极坚强的民族性，而形成极伟大的民族。

各民族的起源发达，以及互相接触、渐次同化，自然要待后文才能详论。现在且先做一个鸟瞰。

中华最初建国的主人翁，自然是汉族。汉族

的。正和太阳影子的移动，无一息之停，人却永远不会觉得一样。于是寻常的人，就发生一种误解，以为古今许多大人物，所做的事业不同，而其所根据的社会则一。像演剧一般，剧情屡变，演员屡换，而舞台则总是相同。于是以为现在艰难的时局，只要有古代的某某出来，一定能措置裕如，甚而以为只要用某某的方法，就可以措置裕如。遂至执陈方以药新病。殊不知道舞台是死的，社会是活物。所以现在的研究历史，方法和前人不同。现在的研究，是要重常人、重常事的。因为社会正是在这里头变迁的。常人所做的常事是风化，特殊的人所做特殊的事是山崩。不知道风化，当然不会知道山崩。若明白了风化，则山崩只是当然的结果。

一切可以说明社会变迁的事都取他；一切事，都要把他来说明社会的变迁。社会的变迁，就是进化。所以："历史者，所以说明社会进化的过程者也。"

历史的定义既明，历史的价值，亦即在此。

北宋 郭熙 早春图

清 张宗苍 山水图（局部）

是从什么地方迁徙到中国来的呢？现在还不甚明白。既入中国以后，则是从黄河流域向长江流域、粤江流域渐次发展的。古代的三苗国，所君临的是九黎之族，而其国君则是姜姓。这大约是汉族开拓长江流域最早的。到春秋时代的楚，而益形进化。同时，沿海一带，有一种断发文身的人，古人称之为越。吴、越的先世，都和此族人杂居。后来秦开广东、广西、福建为郡县，所取的亦是此族人之地。西南一带有濮族[4]。西北一带有氐、羌。西南的开拓，从战国时的楚起，至汉开西南夷而告成。西北一带的开拓，是秦国的功劳。战国时，秦西并羌戎[5]，南取巴、蜀，而现今的甘肃和四川，都大略开辟。

在黄河流域，仍有山戎和玁狁，和汉族杂居。玁狁，亦称为胡，就是后世的匈奴。山戎，大约是东胡之祖。战国时代，黄河流域和热、察、绥之地，都已开辟。此两族在塞外，西为匈奴，东为东胡。东胡为匈奴所破，又分为乌桓和鲜卑。胡、羯、鲜卑、氐、羌，汉时有一部分入居中国。短时间不能同化，遂酿成"五胡之乱"[6]。经过两晋南北朝，才泯然无迹。

隋唐以后，北方新兴的民族为突厥。回纥，现在通称为回族。西南方新兴的民族为吐蕃，现在通称为藏族。东北则满族肇兴，金、元、清三代，都是满族的分支。于是现在的蒙古高原，本为回族所据者，变为蒙古族人的根据地，回族则转入新疆。西南一带，苗、越、濮诸族的地方，亦日益开辟。

总而言之：中华的立国，是以汉族为中心。或以政治的力量，统治他族；或以文化的力量，感化他族。即或有时，汉族的政治势力不竞，暂为他族所征服，而以其文化程度之高，异族亦必遵从其治法。经过若干时间，即仍与汉族相同化。现在满、蒙、回、藏和西南诸族，虽未能和汉族完全同化，而亦不相冲突。虽然各族都有其语文，而在政治上、社交上通用最广的，自然是汉语和汉文。宗教则佛教盛行于蒙、藏，回教[7]盛行于回族。满族和西南诸族，亦各有其固有的信仰。汉族则最尊崇孔子。孔子之教，注重于人伦日用之间，以至于治国平天下的方略，不具迷信的色彩。所以数千年来，各种宗教在中国杂然并行，而从没有争教之祸。我国民族的能团结，确不是偶然的。

序章 中国疆域的沿革

普通人往往有一种误解：以为历史上所谓东洋，系指亚洲而言；西洋系指欧洲而言。其实河川、湖泊，本不足为地理上的界线。乌拉山虽长而甚低，高加索山虽峻而甚短，亦不能限制人类的交通。所以历史上东西洋的界限，是亚洲中央的葱岭[8]，而不是欧、亚两洲的界线。葱岭以东的国家和葱岭以西的国家，在历史上俨然成为两个集团，而中国则是历史上东洋的主人翁。

葱岭以东之地，在地势上可分为四区：

（一）中国本部：包有黄河、长江、粤江三大流域。

（二）蒙古—新疆高原：以阿尔泰山系和昆仑山系的北干和青藏高原、中国本部及西伯利亚分界。中间包一大沙漠。

（三）青海西藏高原：是亚洲中央山岭蟠结之地。包括前后藏、青海、西康[9]。

（四）关东三省：以昆仑北干延长的内兴安岭和蒙古高原分界。在地理上，实当包括清朝咸丰年间割给俄国之地，而以阿尔泰延长的雅布诺威、斯塔诺威和西伯利亚分界。

四区之中，最先发达的，自然是中国本部。古代疆域的记载，最早的是《尚书·禹贡》。《禹贡》所载，是否禹时的情形？颇可研究。即使承认它是的，亦只是当时声教所至，而不是实力所及。论实力所及，则西周以前，汉族的重要根据地大抵在黄河流域。至春秋时，楚与吴、越渐强；战国时，巴、蜀为秦所并，而长江流域始大发达。秦取今两广和安南之地，置桂林、南海、象郡，福建之地置闽中郡，而南岭以南，始入中国版图。

其对北方，则战国时，魏有上郡；赵有云中、雁门、代郡；燕开上谷、渔阳、右北平、辽西、辽东五郡，而热、察、绥和辽宁省之地，亦入中国版图。其漠北和新疆省[10]，是汉时才征服的。但此等地方，未能拓为郡县，因国威的张弛，而时有赢缩。

青海，汉时为羌人所据，西藏和中国无甚交涉。唐时，吐蕃强盛，而其交涉始繁。元初征服其地，行政上隶属于宣政院。

总而言之：汉唐盛时，均能包括今之蒙古、新疆。至西藏之属于中国，则系元、清时代之事。

宋 佚名 宋人黄鹤楼图（局部）

序章

明 仇英 桃村草堂图（局部）

但当秦开南越时，我国即已包有后印度半岛的一部。至汉时，并以朝鲜半岛的北部为郡县。唐以后，此两半岛均独立为国，我国迄未能恢复。中国疆域的赢缩，大略如此。

至于政治区划，则据《禹贡》所载，大约今河北、山西，是古代的冀州。山东省分为青、兖二州。江苏、安徽的淮水流域是徐州，江以南为扬州。河南和湖北的一部是豫州。自此南包湖南是荆州。四川是梁州。陕、甘，是雍州。秦时，此等地方和战国时新开之地，分为三十六郡。而桂林、南海、象、闽中四郡在其外。汉时十三部，大略古代的冀州，析而为幽、冀、并三州。关中属司隶校尉。甘肃称凉州。荆、扬、青、徐、兖、豫，疆域略与古同。四川称益州，两广称交州。唐时，今河北省为河北道。山西省为河东道。陕西省为关内道。甘肃、宁夏为陇右道。山东、河南为河南道。江苏、安徽的江以北为淮南道。其江以南及湖南、江西、浙江、福建为江南道。湖北和湖南、四川，陕西的一部分为山南道。四川之大部分为剑南道。两广为岭南道。后来区划又较详，而宋代的分路，大略沿之。元代疆域最广，始创行省之制。现在的河北、山西，直隶于中书省。河南、山东及江苏、安徽的北部、湖北省的大部分为河南省。江苏、安徽的南部和浙江、福建为江浙省。江西和广东为江西省。湖北的一小部分和湖南、广西为湖广省。云南、四川，疆域略和现在相像。陕西包括现在甘肃的大部分，而宁夏和甘肃西北境，别为甘肃省。辽宁为辽阳省。明清两代的区划，略和现代相近。不过明代陕、甘、苏、皖、湘、鄂都不分，所以清代所谓十八省者，在明代只有十五。清代将中国本部，分成十八省。新疆和关东三省，则系末年始改省制的。其时共得行省二十二。其西康、热河、察哈尔、绥远、宁夏、青海，则到民国才改为省制的。

序章 本国史的时期划分

历史事实，前后相衔。强欲分之，本如"抽刀断流，不可得断"。但是为明了变迁大势起见，把历史划分作几个时期，也是史家常用的法子。

中国的历史，当分几期，这是显而易见的。三代以前，我国还是个列国并立的世界，当划为一期。自秦以后，便入于统一的时代了。自此，直至近世和欧人接触以前，内部的治化，虽时有变迁；对外的形势，并时有涨缩；然而大体上，总是保守其闭关独立之旧约。这个当划为一期。从中欧交通以后，至民国成立之前，其间年代，虽远较前两期为短；然这是世运的进行，加我以一个新刺激，使之脱离闭关自守之策，进而列于世界列国之林的，亦当划为一时期。民国成立，至今不过二十二年。却是我国改良旧治化，适应新环境的开始。一切都有更始的精神。以后无穷的希望，都将于此植其基。其当另划为一期，更不待言。

所以自大体言之，我国的历史，可划分为上古、中古、近世、现代四个时期。这是大概的划分。若更求其详，则每一时期中，亦可更分几个小阶段。

在上古期中，巢、燧、羲、农，略见开化的迹象。自黄帝御宇，东征西讨，疆域大拓。自此称为天子的，其世系都有可考。虽然实际还是列国并立，然已有一个众所认为共主的，这是政治情势的一个转变。东周以后，我民族从各方面分歧发展。地丑德齐之国渐多，王朝不复能号令天下。号令之权，移于"狎主齐盟"的霸主。战国时代，霸主的会盟征伐，又不能维系人心了。诸侯各务力征，互相兼并，到底从七国并而为一国。杂居的异族，亦于此竞争剧烈之秋，为我所攘斥、所同化。隆古社会的组织，至此时代，亦起剧烈的变迁。学术思想，在这时代，亦大为发达而放万丈的光焰，遂成上古史的末期。

中古史中，秦汉两代，因内国的统一而转而对外。于是有秦皇、汉武的开边。因封建制度的铲除，而前此层累的等级渐次平夷，而君权亦因此扩张。实际上，则因疆域的广大，而政治日趋于疏阔；人民在政治上的自由，日以增加；而社会亦因此而更无统制。竞争既息，人心渐入于宁静，而学术思想，亦由分裂而入于统一。这是第一期。因两汉的开拓，而有异族入居塞内的结果，

元 夏永 滕王阁图（局部）

因疆域广大，乱民蜂起之时，中央政府不能镇压，而地方政府之权不得不加重，于是有后汉末年的州郡握兵，而成三国的分裂。晋代统一未久，又有五胡乱华之祸。卒致分裂为南北朝。直至隋代统一，而其局面乃打破。这是第二期。隋唐之世，从积久战乱之余，骤见统一，民生稍获苏息，国力遂复见充实。对外的武功，恢复到秦汉时代的样子。这是第三期。唐中叶以后，军人握权，又入于分裂时代。其结果，则政治上的反动，为宋代的中央集权。而以国力疲敝之政，异族侵入，莫之能御，遂有辽、金、元的相继侵入。明代虽暂告恢复，亦未能十分振作，而清室又相继而来。这是第四期。

　　近世这一期，是我们现在直接承其余绪而受其影响的。清朝虽亦是异族，然其对于中国的了解，较胡元[11]为深。其治法遵依中国习惯之处，亦较胡元为多。因其能遵依中国的习惯而利用中国的国力，所以当其盛世，武功文治，亦有可观。假使世界还是中古时期的样子，则我们现在，把这客帝驱除之后，就更无问题了。然而闭关的好梦，已成过去了。欧风、美风，相逼而来，再不容我们的酣睡。自五口通商以后，而门户洞开，

明 仇英 柳园图（局部）

而藩属丧失，外人的势力，深入内地。甚至划为势力范围，创作瓜分之论，又继之以均势之说。中国乃处于列强侵略之下，而转冀幸其互相猜忌，维持均势，以偷旦夕之安。经济的侵略，其深刻，既为前此所无；思想的变动，其剧烈，亦非前此所有。于是狂风横雨，日逼于国外，而轩然大波，遂起于国中了。所以近世史可分为两个小期。西力业已东渐，我国还冥然罔觉，政治上、社会上，一切保守其旧样子，为前一期。外力深入，不容我不感觉，不容我不起变化，为后一期。五口通商，就是这前后两期的界线。

现代史是我们受了刺激而起反应的时代。时间虽短，亦可分作两期。革命之初，徒浮慕共和的美名，一切事都不彻底，所以酿成二十年来的扰乱。自孙中山先生确定三民主义、五权宪法，为我民族奋斗、国家求治的方针。对内则铲除军阀，以求政治的清明；对外则联合被压迫民族，废除不平等条约，以期国际关系的转变。虽然革命尚未成功，然而曙光已经发现了。所以国民政府的成立，亦当在现代史上，划一个新纪元。

以上只是指示一个大势，以下再举史实以证明之。

上篇

中古史

第一章 秦之统一及其政策

谁都知道，统一是始于秦的。其实统一是逐渐进行的……然而统一的完成，确在前二二一年，即秦王政的二十六年。积世渴望的统一，到此告成，措置上自然该有一番新气象。

秦王政统一之后，他所行的第一事，便是改定有天下者之号，称为皇帝。命为制，令为诏。而且说古代的谥，是"子议父，臣议君也，甚无谓，朕弗取焉"。于是除去谥法，自称为始皇帝。后世则以数计，如二世、三世等。

郡县之制，早推行于春秋战国之世……始皇并天下后，索性加以整齐，定为以郡统县之制。分天下为三十六郡。每郡都置守、尉、监三种官。

始皇又收天下之兵器，都聚之于咸阳。把它销掉，铸作钟鐻和十二个金人。

当时有个仆射周青臣，恭维始皇的功德。又有个博士淳于越，说他是面谀[1]。说郡县制度，不及封建制度。始皇下其议。丞相李斯，因此说：

"诸生不师今而学古，以非当世，惑乱黔首。"又说："人闻令下，则各以其学议之。""如此弗禁，则主势降乎上，党与成乎下。"于是拟定一个烧书的办法，是：

（一）史官非秦记皆烧之。

（二）非博士官所职，天下有敢藏《诗》、《书》、百家语者，悉诣守尉杂烧之。

（三）有敢偶语诗书弃市。以古非今者族。吏见知不举者与同罪。令下三十日不烧，黥为城旦。

（四）所不去者，医药、卜筮、种树之书。若有欲学——法令——以吏为师。

焚书的理由，早见《管子·法禁》和《韩非子·问辩》两篇。这是法家向来的主张。始皇、李斯，不过实行它罢了。法家此等主张，在后世看来，自然是极愚笨。然而在古代，本来是"政教合一，官师不分"的。"尊私学而相与非法教"，不过是东周以后的事。始皇、李斯此举，也不过想恢复古代的状况罢了。

至于坑儒，则纯然另是一回事。此事的起因，由于始皇相信神仙，招致了一班方士，替他炼奇药；带着童男女入海求神仙。后来有个方士卢生和什么侯生，私议始皇，因而逃去。始皇大怒，说："吾收天下书不中用者尽去之。悉召文学、方术士，欲以致太平，求奇药。如今毫无效验，反而诽谤我。"于是派御史去按问。诸生互相告引。因而被坑的，遂有四百六十余人。这件事虽然暴虐，却和学术思想是了无干系的。

还有一件事，则和学术界关系略大。我国文字的起源……汉代许慎作《说文解字序》，把汉以前的文字，分作五种：（一）古文；（二）大篆；（三）小篆；（四）隶书；（五）草书。他把周宣王以前的文字，总称为古文。说周宣王时，大史籀作大篆十五篇，与古文或异。又说："七国之世，言语异声，文字异形。秦并天下，丞相李斯，乃奏同之，罢其不与秦文合者。李斯作《仓颉篇》，中车府令赵高作《爰历篇》，太史令胡母敬作《博学篇》。皆取史籀大篆，或颇省改。"这是小篆。又说：此时"官狱职务繁，初有隶书，以趋约易，而古文由此绝矣"。案七国之世，所谓言语异声，大约是各处方言音读之不同。至于文字异形，则一者是字形的变迁；二者，此时事务日繁，学术发达，旧有之字，不足于用，自然要另造新字。所造的字，自然彼此不相关会了。秦朝的同文字，是大体以史籀[2]的大篆为标准，而废六国新造的字。这件事，恐亦未必能办到十分。然而六国的文字，多少总受些影响。所谓"古文由此绝"，这"古文"两字，实在是连六国文字不与秦文合的部分，都包括在内的。汉兴以后，通用隶书。秦朝所存留的字，因为史籀、李斯、赵高、胡母敬等所作字书还在，所以还可考查。此等已废的文字，却无人再去留意。所以至汉时，所谓古文，便非尽人所能通晓了。

当始皇之世，是统一之初，六国的遗民，本来不服。而此时也无治统一之世的经验。不知天下安定，在于多数人有以自乐其生，以为只要一味高压，就可以为所欲为了。于是专用严刑峻法。而又南并南越，北攘匈奴，筑长城。还要大营宫室，岁岁巡游。人民既困于赋役，又迫于威刑，乱源早已潜伏。不过畏惧始皇的威严，莫敢先发罢了。前二一〇年，始皇东游，还至平原津而病，崩于沙丘。始皇长子扶苏，因谏坑儒生，被谪，监蒙恬军于上郡。少子胡亥和始皇叫他教胡亥决狱的赵高从行。于是赵高为胡亥游说李斯矫诏，杀扶苏和蒙恬。秘丧，还至咸阳，即位。是为二世皇帝。而揭竿斩木之祸，便随之而起了。

北宋 范宽 溪山行旅图（局部）

第二章 秦汉之际

秦二世的元年，便是公元前二〇九年，戍卒陈胜、吴广，因为遣戍渔阳，自度失期当死，起兵于蕲。北取陈。胜自立为楚王。于是六国之后，闻风俱起。

魏人张耳、陈余，立赵后歇为赵王。

周市立魏公子咎为魏王。

燕人韩广，自立为楚王。

齐王族田儋，自立为齐王。

时二世葬始皇于骊山，工程极其浩大。工作的有七十万人。二世听了赵高的话，把李斯杀掉。以为山东盗是无能为的。后来陈胜的先锋兵打到戏，才大惊，赦骊山徒，命少府章邯，带着出去征讨。这时候，秦朝政事虽乱，兵力还强。山东乌合之众，自然不能抵敌。于是陈胜、吴广先后败死。章邯北击魏。魏王咎自杀。齐王儋救魏，亦败死。

先是楚将项燕之子梁和其兄子籍，起兵于吴。沛人刘邦，亦起兵于沛。项梁渡江后，因居鄛人范增的游说，立楚怀王之后心于盱眙，仍称为楚怀王。项梁引兵而北，其初连胜两仗。后来亦为章邯所袭杀。于是章邯以为楚地兵不足忧，北围赵王于巨鹿。

楚怀王派宋义、项籍、范增北救赵，刘邦西入关。宋义至安阳，逗留四十六日不进。项籍矫怀王命杀之。引兵北渡河，大破秦兵于巨鹿下。章邯因赵高的猜疑，就投降了项籍。先是韩人张良，因其先五世相韩，尝散家财，募死士，狙击秦始皇于博浪沙中，想为韩报仇。及项梁起兵，张良游说他，劝他立韩国的公子成为韩王。刘邦因张良以略韩地，遂入武关。赵高弑二世，立公子婴，想和诸侯讲和，保守关中，仍恢复其列国时代之旧。子婴又刺杀赵高。而刘邦的兵，已到霸上了。子婴只得投降。秦朝就此灭亡。时为公元前二〇六年。

项籍既降章邯，引兵入关。刘邦业已先入，遣兵将关把守了。项籍大怒，把他打破。这时候，项籍兵四十万，在鸿门。刘邦兵十万，在霸上。项籍要打刘邦。其族人项伯，和张良要好，到刘邦军中，劝良同走。刘邦因此请项伯向项籍解释，自己又亲去谢罪。一场风波，才算消弭。

这时候，封建思想还未破除。亡秦之后，自然没有推一个人做皇帝之理。于是便要分封。当封的，自然是（一）前此六国之后；（二）亡秦有功之人。而分封之权，自然是出于众诸侯的会

明　仇英　帝王道统万年图（局部）

议，能操纵这会议的，自然是当时实力最强的人。于是项籍便和诸侯王议定分封的人 [诸位可参看附录（表1）]。

当楚怀王遣将时，曾说：先入关中者王之。照这句话，此时当王关中者为刘邦。然而项籍受章邯之降时，已将秦地分王邯等三人了。这大约是所以抚慰降将之心，减少其抵抗力的。其时刘邦的能先入关，原是意想不到的事。这时候不便反悔。于是说：（一）怀王不能主约；（二）巴、蜀、汉中，亦是关中之地，就把刘邦封为汉王。这也不能说不是一种解释。然而龙争虎斗之际，只要有辞可借，便要借口的，哪管得合理不合理？

项籍尊楚怀王为义帝，而自称霸王。照春秋战国的习惯，天子原是不管事的，管理诸侯之权，在于霸主。这时候，天下有变，自然责在项籍。于是因田荣的反叛，出兵征讨。汉王乘机便说：项籍分封不平，以韩信为大将，北定三秦，又破韩、河南、西魏、殷四国。并塞、翟、韩、殷、

第三章 前汉的政治

前汉凡二百一十年，在政治上，可以分作四期：

第一期：高祖初定天下。这时候，还沿着封建思想，有功之臣，与高祖同定天下的，其势不得不封，而心上又猜忌他。于是高祖听娄敬的话，徙都关中，想借形胜以自固。又大封同姓之国，以为屏藩。这时候，异姓王者八国，除长沙外，多旋就灭亡。同姓王者九国，都跨郡三四，连城数十，遂成为异日的乱源。高祖开国之后，是外任宗室，内任外戚的。所以吕后在其时，很有威权。高祖死后，惠帝柔弱，政权遂入于吕后之手。先是高祖刑白马与诸侯盟说："非刘氏而王者，天下共击之。"惠帝死后，吕后临朝，就分封诸吕。又使吕禄、吕产统带守卫京城和宫城的南北军。吕后死后，齐哀王起兵于外。诸吕使灌婴击之。灌婴阴与齐王连和，顿兵不进。汉朝的大臣因此劝诸吕罢兵就国，诸吕犹豫不决。而太尉周勃乘隙突入北军，和齐王的兄弟朱虚侯章等，攻杀诸吕。杀掉太后所立的少帝和常山王弘，而迎立文帝。于是汉初握权的外戚被打倒，而晨星寥

魏之兵五十六万人东伐楚。居然攻入楚国的都城，项籍闻之，以精兵三万人，从胡陵还击。大破汉兵。汉王脱身逃走。然而汉王有萧何，守关中以给军食。坚守荥阳、成皋以拒楚。而使韩信北定赵、代，转而东南破齐。而项籍的后方，为彭越所扰乱，兵少食尽。相持数年，楚兵势渐绌。乃与汉约，以鸿沟为界，中分天下。汉王背约追楚。围项籍于垓下。项籍突围而走。至乌江，自刎死，于是天下又统一了。时为公元前二〇二年。

◎ 元 赵孟頫 万柳堂图（局部）

落的功臣，自此以后也逐渐凋零。特殊势力只有因私天下之心所封建的宗室了。

当汉初，承春秋战国以来五百余年的长期战争，加以秦代的暴虐，秦、汉之际的扰乱，天下所渴望的是休养生息。而休养生息之治，只有清静不扰的政策最为相宜。汉初已有这个趋势。文、景二代的政治，尤能应这要求，所以社会上顿呈富庶之象。这时候，内而诸侯之尾大不掉，外而匈奴之时来侵犯，都是个亟待解决的问题。文帝也一味姑息，明知吴王濞有反谋，却赐之几杖以安之。匈奴屡次入寇，也只是发兵防之而已。到后来，封建的问题，到底因吴楚"七国之乱"而解决。而对外的问题，则直留待武帝时。至于制民之产和振兴文化，则文、景二代，更其谦让未遑了。要而言之：这一期，是以休养生息为主。可称西汉政治的第二期。

第三期是武帝。武帝是个雄才大略之主，很想内兴文治，外耀武功。于是立五经博士，表章六艺，罢黜百家。又北伐匈奴，西通西域，南平闽越、南越，东北并朝鲜，西南开西南夷。一时武功文治，赫然可观。然而武帝也和秦始皇一样，信方士，营宫室，又时出巡幸。财用不足，乃用孔仅、桑弘羊等言利之臣，又用张汤等酷吏，遂致民愁盗起，几乎酿成大乱。末年虽然追悔，天下元气业已大受其伤了。武帝的太子据，因"巫

第四章 新莽的改制

蛊之祸"而死。晚年，婕妤赵氏生昭帝，武帝恐身后嗣君年少，母后专权，杀婕妤，然后立昭帝为太子。武帝崩，昭帝立。霍光、上官桀等同受遗诏辅政。武帝长子燕王旦和上官桀、桑弘羊等谋反，为霍光所杀。昭帝崩，无子。霍光迎立武帝孙——昌邑王贺。百日，废之，迎立戾太子孙——病已，是为宣帝。当霍光秉政时，颇务轻徭薄赋，与民休息。宣帝少居民间，知民疾苦。即位后，留心于刑狱及吏治，亦称治安。自武帝末年至此，憔悴的人民，又算稍获休息。这是西汉政治的第三期。自元帝以后，则君主逐渐愚懦，更兼之短祚，外戚的威权日张，遂入于第四期了。

汉代去古未远，宗法社会的思想，深入人心。人所视为可靠的，非宗室则外戚。汉初宗室，势力太大，致酿成吴、楚"七国之乱"。乱后，宗室的势力遂被打倒，而外戚则势焰大张。元帝本是个柔仁好儒的人，然而暗于听受，宦官弘恭、石显专权，威权渐陷于不振。成帝很荒淫，委政于外家王氏。王凤、王音、王商、王根，相继为相，遂肇篡窃之势。哀帝夺王氏之权，然所任的，亦不过外家丁氏和其祖母之族傅氏。哀帝死后，成帝的母亲召用王莽。王莽本有抱负大志，想得位以行其所抱负。于是弑平帝，立孺子婴，莽居摄践祚。旋又称假皇帝。而西汉之天下，遂移于新室了。时为公元八年。

当秦汉之世，实有一从东周以降，悬而未决的社会问题。制民之产，在古代的政治家，本视为第一要事。"先富后教""有恒产而后有恒心"，民生问题不解决，政治和教化，都是无从说起的。汉代的政治家，还深知此义。"治天下不如安天下，安天下不如与天下安"，乃后世经验多了，知道"天下大器"不可轻动，才有此等姑息的话。汉代的人，是无此思想的。多数的人，对于社会现状，都觉得痛心疾首。那么，改革之成否，虽不可知，而改革之事，则终不可免，那是势所必然了。然则汉代的社会，究竟是何情状呢？

当时的富者阶级，大略有二：一是大地主。董仲舒说他"田连阡陌；又颛川泽之利，管山林之饶"，而贫者则"无立锥之地"。二是大工商家。晁错说他"男不耕耘，女不蚕织，衣必文采，食必粱肉"，"因其富厚，交通王侯，力过吏势"。因以兼并农人。封建势力，未曾划除，商业资本，又已兴起。胼手胝足的小民，自然只好"衣牛马之衣，食犬彘之食"了。

汉世救正之法，是减轻农民的租税，至于三十而取一。然而私家的田租，却十取其五。所以荀悦说："公家之惠，优于三代，豪强之暴，酷于亡秦。"武帝时，董仲舒尝提出"限民名田"之法，即是替占田的人，立一个最大的限制，不许超过。武帝未能行。哀帝时，师丹辅政。一切规制，业已拟定，又为贵戚所阻。至于法律上，贱视商人，如"贾人不得衣丝乘车""市井之子孙不得为宦吏"等，于其经济势力，不能丝毫有所减削。武帝时，桑弘羊建盐铁官卖和均输之法，名以困富商大贾，然实不过罗掘之策，反以害民。其于社会政策，自更去了逾远了。

到新莽时，才起一个晴天霹雳。新莽的政策是：

更名天下田曰王田，奴婢曰私属。皆不得卖买。男口不盈八，而田过一井的，分余田与九族乡党。

立五均司市泉府。百姓以采矿、渔猎、畜牧、纺织、补缝为业和工匠、巫医、卜祝、商贾等，都自占所为，除其本，计其利，以十一分之一为贡。司市以四时仲月，定物平价。周于民用而不售的东西，均宜照本价买进。物价腾贵，超过平价一钱时，即照平价卖出。百姓丧祭之费无所出的，泉府把工商之贡借给他，不取利息。如借以治产业的，则计其赢利，取息一分。

立六管之制。把盐、酒、铁、山泽、赊贷、钱布铜冶六种事业，收归官办。

新莽的制度：（一）平均地权。（二）把事业之大者都收归国营。（三）虽然未能变交易为分配，然而于生产者、贩卖者、消费者三方面，亦思有以剂其平，使其都不吃亏，亦都无所牟大利。果能办到，岂非极好的事？然而国家有多大的资本，可以操纵市场？有多细密严肃的行政，可以办这些事，而不至于有弊？这却是很大的疑问。而新莽是迷信立法的。他以为"制定则天下自平"。于是但"锐思于制作"，而不省目前之务。如此大改革，即使十分严密监督，还不能保其无弊，何况不甚措意呢？于是吏缘为奸，所办的事，目的都没有达到，而弊窦反因之而百出。新莽后来，也知道行不通了。有几种办法，只得自己取消。然而事已无及了。

新莽尤其失计的，是破坏货币制度。原来

汉代钱法屡变，其最得民信用的，便是五铢钱。钱法金、银、龟、贝杂用，原是经济幼稚时代的事，秦时，业已进它到专用金属。汉世虽云黄金和铜钱并用，然而金价太贵，和平民不发生关系，为全社会流通之主的，自然还是铜钱。所以铜钱，便是当时经济社会的命脉。而新莽却把五铢钱废掉。更作金、银、龟、贝、钱、布，共有五物，六名，二十八品行之。于是"农桑失业，食货俱废"。大乱之势，就无可遏止了。

新莽的大毛病，在于迂阔。其用兵也是如此。新室的末年，所在盗起。其初原不过迫于苛政，苟图救死。然而新政府的改革，既已不谅于人民，则转而思念旧政府，亦是群众应有的心理。于是刘氏的子孙，特别可以做号召之具。当时新市、平林之兵，有汉宗室刘玄在内，号为更始将军。而后汉光武帝，亦起兵舂陵，与之合。诸将共立更始为帝，北据宛。新莽发四十万大兵去打他。军无纪律，又无良将，大败于昆阳。威声一挫，响应汉兵者蜂起，新室遂不能镇壁。更始派兵两支：（一）北攻洛阳，（二）西攻武关。长安中兵亦起。新莽遂为所杀。时为公元二十三年。更始先已移都洛阳，至是又移都长安。此时人心思治，对于新兴的政府，属望很深。而新市、平林诸将，始终不脱强盗行径，更始则为所挟制，不能有为。光武帝别为一军，出定河北。以河内为根据地，即帝位于鄗。这时候，拥兵劫掠的人，到处都是，而山东赤眉之众最盛。公元二十五年，赤眉以食尽入关。更始为其所杀，洛阳降光武，光武移都之。光武遣将击破赤眉，赤眉东走。光武自勒大兵，降之宜阳，于是最大的流寇戡定。然而纷纷割据的尚多，其中较大的，如汉中的延岑，黎邱的秦丰，夷陵的田戎，睢阳的刘永，亦都遣兵或亲身打定。只有陇西的隗嚣，颇得士心。成都的公孙述，习于吏事，二人稍有规模。光武久在兵间，厌苦战事，颇想暂时置之度外，而二人复互相联结，意图摇动中原。于是公元三十四、三十六两年，先后遣兵把他灭掉。河西的窦融，则不烦兵力而自归，天下又算平定了。

五代　荆浩　匡庐图（局部）

第五章 后汉的政治

莽末之乱，其经过约二十年。虽然不算很久，然而蔓延的范围很广，扰乱的情形也十分厉害。所以民生的凋敝，更甚于秦汉之间。光武帝平定天下后，亦是以安静为治。内之则减官省事，外之则拒绝西域的朝贡，免得敝中国，以事四夷。而又退功臣，进文吏，留心于政治。所以海内日渐康宁。明、章两代，也能继承他的治法。这三朝，称为后汉的治世。

后汉的政治，坏于外戚宦官的专权，而外戚的专权，起于和帝之世。先是章帝皇后窦氏无子，贵人宋氏生子庆，立为太子。梁氏生子肇，窦后养为己子，后诬杀二贵人，废庆为清和王，而肇立为太子。章帝崩，肇立，是为和帝，太后临朝。后兄宪为大将军，专权骄恣。和帝既长，和宦官郑众谋杀之。是为后汉皇帝，与宦官谋诛外戚之始。和帝崩，殇帝立，生才百余日，明年，又崩。太后邓氏，迎立安帝，临朝凡十五年。邓太后崩后，安帝自用其皇后之兄阎显，又宠信诸中常侍和乳母王圣等。阎皇后无子，后宫李氏生顺帝，立为太子，阎皇后谮废之。安帝崩，阎后迎立北乡侯，未逾年薨。宦者孙程等迎立顺帝，杀阎显，迁阎后于离宫。顺帝用后父梁商为大将军。商死后，子冀继之，专恣较前此之外戚为更甚。顺帝崩后，子冲帝立，一年而崩。冀与太后定策禁中，迎立质帝。质帝虽年少，而知目冀为"跋扈将军"，遂为冀所弑，迎立桓帝。桓帝和宦官单超等合谋，把梁冀杀掉，于是后汉外戚专权之局终，而宦官转横。

外戚宦官，更迭把持，朝政自然很腐败。因此而引起羌乱，因此而激成党祸。

羌人本住在湟水流域，后来弃湟水，西依鲜水、盐池。莽末，乘乱内侵。光武、明、章、和四代，屡次发兵，把它打破。然而降羌散处内地的很多，郡县豪右，都要侵凌役使它。安帝时，羌遂反叛。降羌本是个小寇，造反时，连兵器都没有。然而当时带兵的人，都观望不战。凉州一方面的长官，则争着迁徙到内地，置百姓于不顾，或则强迫迁徙，于是羌寇转盛。至于东寇三辅，南略益州，汉兵仅能保守洛阳附近而已。而兵费的侵渔，又极厉害。安帝时，用兵十余年，兵费至二百四十亿，才算勉强平定。顺帝时，羌乱又起，兵费又至八十余亿。直到桓帝，任用段颎，尽情诛剿，又经过好几年，才算平定。然而汉朝的元气，则自此而大伤了。

党祸起于后汉的士好立名，初则造作名目，互相标榜，进而诽议公卿，裁量执政。这时候，游学极盛，太学诸生，至三万余人，恰好做了横议的大本营。当时宦官兄弟姻亲，布满州郡，尽情惩治，自然是人情之所欲，而亦是立名的一个机会。于是宦官与名士，势成水火。桓帝也是相信宦官的，宦官遂诬他们结连党羽，诽议朝政，一概加以逮治。后因后父窦武替他们解释，才放归田里，然而还禁锢终身。桓帝崩，无子，窦后和窦武定策禁中，迎立灵帝。年方十二，太后临朝。窦武为大将军，陈蕃为太傅，谋诛宦官贾节、王甫等，不克，反为所杀。于是党狱复兴，诸名士身受其害和因其逃亡追捕，而人民因之受祸的更多。善类遭殃，天下丧气。灵帝年长，尤其相信宦官。又喜欢"私稽"卖官、厚敛，无所不为。于是民穷财尽，而黄巾之祸又起。

黄巾的首领是巨鹿张角，借符水治病以惑众。其徒党，遍于青、徐、幽、冀、荆、扬、兖、豫八州。角遂谋为乱。暗中署置其众，为三十六方。约以公元一八四年举事，未及期而事泄，角遂驰敕诸方，一时俱起。虽然乌合之众，旋即打平。然自此盗贼群起，都以黄巾为号，郡县莫能捕治。于是听刘焉的话，改刺史为州牧，外官的威权渐重，又伏下一个乱源。

而中央又适有变故，以授之隙。灵帝皇后何氏，生废帝。美人王氏，生献帝。灵帝意欲废嫡立庶，未及行而病笃，把这事嘱托宦官蹇硕。时何皇后之兄进为大将军。灵帝崩后，蹇硕意欲诱杀何进，而立献帝。何进知之，拥兵不朝。蹇硕无如之何。于是废帝立，而蹇硕亦被杀。何进因欲尽诛宦官，太后不肯。进乃谋召外兵，以迫胁太后，宦官知事急，诱进入宫，把他杀掉。进官属袁绍等，遂举兵攻杀宦官，正当大乱之际，而凉州将董卓适至，京城中大权，遂落其手。董卓既握大权，废废帝而立献帝。袁绍奔山东，号召州郡，起兵讨卓，推绍为盟主。董卓劫献帝奔长安。山东州郡，并无讨贼的决心，各据地盘，互相吞并。而董卓暴虐过甚，为司徒王允和其部将吕布所杀。卓将李傕、郭汜，起兵为卓报仇，攻破长安，王允被杀。吕布奔东方。后来傕、汜二人，又自相攻击。献帝崎岖逃到洛阳，空虚不能自立。其时曹操据兖州，颇有兵力。乃召操入洛阳以自卫。操既至，迁帝都许。于是大权尽归曹氏，献帝仅拥虚名而已。而纷纷割据的人多，曹操亦一时不能平定，遂终成为三国鼎立之局。

第六章 两汉的制度

"汉治"是后世所号为近古的。这因其时代早，在政治制度和社会风俗上，都有沿袭古人之处。

在官制上，汉代的宰相权力颇大，体制亦尊，这是和后世不同的。宰相初称丞相，或称相国。后来今文经说盛行，乃将丞相改为司徒；又把掌武事的大尉，改为司马；为丞相副贰的御史大夫，改为司空，并称相职。其中央政府分掌众务的九卿，则分属于三公。外官，仍沿秦郡县之制。但不置监御史。由丞相遣史分察州，谓之刺史。刺史不是地方官，但奉诏六条察州。其人位卑而权重，故多能自备，而亦无专擅之患，这实是一种善制。汉代去古未远，人民自治的规制，尚未尽废。其民以百家为一里，里有魁。十里为一亭，亭有长。十亭为一乡，乡有三老，掌教化；啬夫，职听讼，收赋税；游徼，主徼循，禁贼盗。此等名目，后世固亦多有。然多成为具文。汉世则视之甚尊。高帝时，尝择乡三老一人，置以为县三老。与县令、丞、尉，可以以事相教。而啬夫等亦很有德化流行，为人民所畏服的。这亦与后世显然不同。

汉代的学校，起源于武帝时。其时未立校舍，亦未设教官。但为太常的属官博士，置弟子员五十人。后来递有增加。到平帝时，王莽辅政，才大建校舍。然未久即乱，故其成绩无闻。

后汉则天下甫定，即营建太学，明、章二代，尤极崇儒重道。虽以顺帝的陵夷，还能增修黉舍[3]。所以其时游学者极盛。然"章句渐疏，专以浮华相尚"，遂至酿成党锢之祸。大约其时学校中，研究学问的人少，借此通声气的人多。所以董昭也说"国士不以孝弟清修为首，乃以趋势游利为先"。于是学术的授受，转在私家。学校以外的大师，著录动至千万，远非前汉所及了。

选举则其途颇多。博士和博士弟子而外，又有任子，有吏道，有辟举。其天子特诏，标明科目，令公卿郡国荐举的，是后世制科的先声。又州察秀才，郡举孝廉，则是后世科目的先声。又有所谓赀选的。汉初限赀十算以上乃得官，此尚出于求吏廉之意，和现在的保证金相像。晁错说文帝，令民入粟拜爵，其益亦止于买复。不及买复者，并不过一虚名。到武帝时，民得入财为郎，吏得入谷补官，这就同后世的捐纳无以异了。

汉朝的赋税，可分为三种：一是田租，就是古时的税，是取得很轻的。汉初十五而税一。文帝时，因行晁错入粟拜爵之令，到处都有积蓄，于是全免百姓的田租。到景帝二年，才令百姓出定额的一半。于是变为三十而税一了。后汉初，因天下未定，曾行什一之税，后来仍恢复到老样子。一是算赋，亦称口赋，又称口钱。这是古时的赋。人民从十五岁到五十六岁，每人每年，出钱一百二十个，以治库兵车马。从七岁到十四岁，每人出钱二十个，以食天子。武帝又加三个钱，以补车骑马。这一笔税，在现在看起来似乎很轻，然而汉代钱价贵，人民的负担实在很重。所以武帝令人民提早，生子三岁，即出口钱，人民就有生子不举的。一是力役。照汉朝法律，年纪到二十三岁，就要傅之"畴官"。景帝又提早三年，令人民二十始傅。此外山川、园池、市肆、租税的收入，自天子以至封君汤沐邑[4]，都把它算作私奉养。这是古者与民共之之山泽和廛而不税的商业，到此都变作人君的私收入了。这大约自战国时代相沿下来的。又武帝因用度不足，尝官卖盐铁，又榷酒酤，算缗钱，行均输之法。后来酒酤到昭帝时豁免。盐铁官卖，则元帝时一罢即复。后汉无盐铁之税。章帝曾一行之，因不洽舆论，和帝即位，即以先帝遗意罢免。

兵制：西汉所行的，仍是战国时代通国皆兵的遗制。人民到二十三岁，就要服兵役，到五十六岁才免。郡国看其地形，有轻车、骑士、材官、楼船等兵。由尉佐郡守于秋后讲肄都试。其戍边之责，亦由全国人民公任之。在法律上，人人有戍边三日之责，是为"卒更"。武帝以后，用兵多了，因为免得骚动平民，于是多用"谪发"。而国土既大，人人戍边三日，亦事不可行。于是有出钱三百入官，由官给已去的人，叫他留戍一年的谓之"过更"。其穷人愿意得雇钱，依次当去的人，出钱给他，使他留戍，每月二千个钱，则谓之"践更"。后汉光武，罢郡国都尉，并职太守。都试之事，自此而废。虽然一时有清静之效，然而历代相传的民兵制度，就自此而废了。

刑法，汉代沿自秦朝，很为严酷。文帝时，因太仓令淳于意，犯罪当刑。其女缇萦，随至长安，上书愿没入为官婢，以赎父刑罪。文帝怜悲其意，乃下诏为除肉刑。然而汉代司法界的黑暗，实不但刑罚的严酷，而是法律的混乱。秦代的法律，本即李悝所定的《法经》六篇。汉高帝入关，把它废掉，只留三章。天下平定之后，又把它恢复过来。然而这本是陈旧之物，不足于用。于是汉代递有增益，其数目，共至六十篇。而又有所谓"令"及"比"，以至于后人所为的"章句"，断罪都可"由用"。文繁而无条理系统，奸吏遂因缘为市，"所欲活则傅生议，所欲陷则与死比"。宣帝留心刑狱，涿郡太守郑昌曾劝他删定律令。后来也屡有此议，亦曾下诏实行，然而迄未能收效。

○ 南宋 刘松年 十八学士图（局部之一、二、三）

○ 清 钱维城 狮子林图（局部）（见下页）

第七章 秦汉的武功

秦汉之世，是我国对内统一的时代，亦是我国向外拓展的时代。中国本部的统一，完成于此时，历代开拓的规模，亦自此时定下。所以秦汉的武功，是一个亟须研究的问题。

中国的北方，紧接蒙古高原，而蒙古高原是一个大草原，最适于游牧民族居住，而游牧民族性好侵略，所以历代都以防御北族为要务。三代以前，匈奴和汉族杂居黄河流域。蒙古高原大约无甚大民族。至秦朝初年，而匈奴以河南为根据地。秦始皇命蒙恬把他赶走，把河南收进来。筑长城，自临洮至辽东，延袤万余里。这长城，大约是因山川自然之势，将从前秦、赵、燕诸国所筑的长城连接起来的。其路线全与现今的长城不同。就形势推测，大约现在的热、察、绥、辽宁等省，都当包括在内。秦末大乱，戍边的都自行离开。于是匈奴复入居河南。这时候，匈奴出了个人杰，便是冒顿单于。北方游牧民族，东有东胡，西有月氏，都给匈奴所击破。匈奴又北服丁令等国。其疆域，直达今西伯利亚南部。而因月氏的遁走，汉文帝时，匈奴又征服西域。于是长城以北，引弓之民，都归匈奴所制驭，俨然和中国南北对立了。汉高帝征伐匈奴，被围于平城，七日乃解。后来用娄敬的计策，以宗室女为单于阏氏，和他和亲。这是中国历代以结婚姻为和亲政策之始。吕后及文、景二代，都守着和亲政策。匈奴入寇，不过发兵防之而已。到武帝，才任用卫青、霍去病等，出兵征讨。先收河南之地，置朔方郡。后来又屡次出兵，渡过沙漠去攻击。匈奴自此遂弱，然而还未肯称臣。到宣帝时，匈奴内乱，五单于争立。其呼韩邪单于才入朝于汉。和呼韩邪争斗的郅支单于，逃到康居，为汉西域副校尉陈汤矫制发诸国兵所攻杀。时为公元前三十六年。前汉和匈奴的竞争，到此算告一段落。呼韩邪降汉后，其初对汉很恭顺。王莽时，因外交政策失宜，匈奴复叛。其时中国正值内乱，无人能去抵御，北边遂大受其害。后汉光武时，匈奴又内乱，分为南北。其南单于降汉，入居西河美稷。和帝时，大将军窦宪，出兵大破北匈奴于金微山。自此匈奴西走，辗转入于欧洲，为欧洲人种大迁移之引线。而南匈奴则成为晋时"五胡"之一。

历史上所用"西域"二字，其范围广狭，时有不同。其最初，则系指今天山南路。所谓"南北有大山；中央有河；东则接汉，阸以玉门、阳关，西则限以葱岭"也。汉时，分为小国三十六，其种有塞，有氐羌。大抵塞种多居国，氐羌多行国。从河西四郡开后，而汉与西域交通之孔道始开。其当南北两道的楼兰、车师，先给中国所征服。后来汉武帝又出兵，远征大宛，于是西域诸国，皆震恐愿臣。前六〇年，汉遂置西域都护，并护南北两道。后来又置戊己校尉，屯田车师。莽末，西域反叛。匈奴乘机威服北道。而莎车王贤，亦称霸南道。诸小国都叩玉门关，请遣子入侍，仰求中国保护。光武帝恐劳费中国，不许。明帝时，班超以三十六人，往使西域。因诸国之兵，定诸国之乱，到底克服西域，复属于汉。直至后汉末年才绝。

羌人的居地，遍于今陇、蜀、西康、青海之境，而其居河、湟之间的，最为强悍。汉武帝时，把他打破，置护羌校尉统领他。王莽时，以其地置西海郡。莽末，乘隙内侵。后汉时，屡次发兵讨破他。至和帝时，遂复置西海郡，并夹河开列屯田，以绝其患。此后降羌散居内地的，虽然复起为患，然而河、湟之域，则已入中国的版图了。

东胡，大约是古代的山戎。汉初居地，在满、蒙之间。自为匈奴所破，乃遁保乌桓、鲜卑二山。汉武帝招致乌桓，令处上谷、右北平、渔阳、辽西、辽东五郡塞外，助汉捍御匈奴。虽亦时有小寇，大体上总是臣服中国的。鲜卑居乌桓之北，后汉时，北匈奴西徙后，其地及余众均为鲜卑所有，因此其势大张。其大人檀石槐，辖境之广，竟与匈奴盛时相仿佛。然檀石槐死后，缺乏统一的共主，声势复衰。乌桓的部落，亦颇有强盛的。

后汉末年，都和袁绍相联结。袁氏败后，曹操大破之于柳城。自此乌桓之名，不复见于史，而鲜卑至晋时，亦为五胡之一。

朝鲜是殷时箕子之后。其初封地难考，大约自燕开辽东西后，遂居今朝鲜境内。和中国以浿水为界。秦时，侵夺其地，国界在浿水以东。汉初复还旧境。其时燕人卫满走出塞，请居秦所侵浿水以东之地。朝鲜王许之。满遂发兵袭灭朝鲜。传子至孙右渠，以公元前一〇八年，为汉武帝所灭。以其地为四郡。其南之马韩、弁韩、辰韩，总称为三韩，亦都臣服于汉。朝鲜虽系箕子之后，然其人民则多系貊[5]族。貊族尚有居辽东之北的。汉武帝时，其君南闾等来降，曾以其地置苍海郡，数年而罢。后汉时，今农安地方，有扶余国来通贡。大约就是南闾之族。扶余至西晋时，才为鲜卑慕容氏所灭。而其众在半岛内的，却建立高句丽、百济两国。扶余之东，又有肃慎，地在今松花江流域。这就是满族之祖。大约亦是燕开五郡时，逼逐到此的。后汉时称为挹娄。因为臣服扶余，和中国无大交涉。

南方一带，秦时所开的桂林、南海、象郡，秦亡时，龙川令赵佗据之自立，是为南越。而勾践之后无诸及摇[6]，亦以率兵助诸侯灭秦故，汉初封无诸为闽越王，摇为东瓯王。武帝时，闽越和东瓯相攻击，武帝发兵灭闽越，徙东瓯于江、淮间，乘势遂灭南越。所谓西南夷，则当分为两派：夜郎、滇及邛都等，为今之倮儸。椎结，耕田，有邑聚。其巂、昆明及徙、筰都、冉駹、白马等，则均系氐羌。武帝亦皆辟其地为郡县。

第八章 两汉对外的交通

中国人是以闭关自守著闻的。世界打成一片，是近代西洋人的事业。

然则中国人的能力，不及西人了。然而闭关自守，是从政治言之。至于国民，初未尝有此倾向。其未能将世界打成一片，则因前此未尝有近代的利器，又其社会组织与今不同，所以彼此交通不能像现代的密接。至于中国人活动的能力，则是非常之强的。如其不信，请看中国对外的交通。

中国对外的交通，由来很早。但古代，书缺有间，所以只得从两汉时代说起。两汉时代的对外交通，又当分为海陆两道。

亚洲中央的帕米尔高原是东西洋历史的界线。自此以东，为东方人种活动的范围。自此以西，为西方人种活动的范围。而天山和印度固斯山以北，地平形坦，实为两种人接触之地。当汉时，西方人种踪迹最东的，为乌孙，与月氏俱居祁连山北。自此以西，今伊犁河流域为塞种。又其西为大宛。其西北为康居。大宛之西，妫水流域为大夏。又其西为安息。更西为条支。在亚洲之西北部的为奄蔡。自此以西，便是欧洲的罗马，当时所谓大秦了。汉通西域，是因月氏人引起的。汉初，月氏为匈奴所破，西走夺居塞种之地。后来乌孙又借兵匈奴，攻破月氏。于是月氏西南走击服大夏。汉武帝想和月氏共攻匈奴，于公元前一二二年，遣张骞往使。是时河西未辟，骞取道匈奴，为其所留。久之，才逃到大宛。大宛为发译传导，经康居以至大月氏。大月氏已得沃土，殊无报仇之心。张骞因此不得要领而归。然而中国和西域的交通，却自此开始了。当张骞在大夏时，曾见邛竹杖和蜀布，问他从哪里来的，大夏人说：是本国贾人，往市之身毒。于是张骞说："大夏在中国的西南一万二千里，而身毒在大夏的东南数千里，该去蜀不远了。"乃遣使从蜀去寻觅身毒。北出的为氐、筰，南出的为嶲、昆明所阻，目的没有达到。然而传闻嶲、昆明之西千余里，有乘象之国，名曰滇越。"蜀贾奸出物者或至焉。"这滇越，该是今缅甸之地。然则中印间陆路的交通，在汉代虽然阻塞，而商人和后印度半岛，则早有往还了。自汉通西域以后，亚洲诸国，都有直接的交往。唯欧洲的大秦，则尚系得诸传闻。后汉时，班超既定西域，遣部将甘英往使。甘英到条支，临大海欲渡。安息西界船人对他说："海水大，往来逢善风，三月乃得渡。

若遇迟风，亦有二岁者。入海人皆赍三岁粮。海中善使人思土恋慕，数有死亡者。"英乃不渡而还。公元一六六年，大秦王安敦遣使自日南徼外献象牙、犀角、玳瑁。《后汉书》说：这是大秦通中国之始。二二六年，又有大秦贾人来到交趾。交趾太守吴邈，遣使送诣孙权。事见《梁书·诸夷传》。中、欧陆路相接，而其初通，却走海道。"水性使人通，山性使人塞"，也可见一斑了。

海道的贸易，则盛于交广一带。西洋史上，说在汉代日南、交趾之地，是东西洋贸易中枢。案《史记·货殖列传》说："番禺为珠玑、玳瑁、果、布之凑。"番禺，便是现在广东的首府。这些，都是后来通商的商品。然在广州的贸易，也很发达了。《汉书·地理志》说："自日南障塞、徐闻、合浦船行，可五月，有都元国。又船行，可四月，有邑卢没国[7]。又船行，可二十余日，有谌离国。步行，可十余日，有夫甘都卢国。自夫甘都卢国船行，可二月余，有黄支国。自武帝以来，皆献见，有译长，属黄门。与应募者俱入海，市明珠、璧琉璃、奇石、异物……黄支之南，有已程不国。汉之译使，自此还矣。"徐闻、合浦，都是现在广东的县。其余国名，不可悉考。而黄支，或云即西印度的建志补罗。若然，则中、印的交通，在陆路虽然阻塞，而在海道，又久有使译往还了。又《山海经》一书，昔

南宋 马远 踏歌图（局部）

元 赵雍 明皇观鸡图（局部）

第九章 两汉的学术

不论什么事情，都有创业和守成的时代。创业时代，诸家并起，竞向前途，开辟新路径；到守成时代，就只是咀嚼、消化前人所已发明的东西了。两汉时代的学术，正是如此。

当战国时代，百家并起，而秦是用商鞅而强国，用李斯而得天下的。秦始皇又力主任法为治，这时候，法家之学，自然盛行。楚、汉纷争之时，纵横家颇为活跃。然而天下已定，其技即无所用之。不久，也就渐即消沉了。在汉初，最急切的要求，便是休养生息，黄老清净无为之学，当然要见重于时。所以虽有一个叔孙通，制朝仪，定法律，然而只是个庙堂上的事，至于政治主义，则自萧何、曹参，以至于文帝、景帝，都是一贯的。

但是在汉初，还有一个振兴教化、改良风俗的要求。这种要求，也是君臣上下同感其必要的。汉人教化的手段，一种是设立库序，改善民间的风俗。一种便是改正朔、易服色等。前者始终未能实行。后者则未免迂而不切于务，而且行起来多所劳费。所以汉文帝等都谦让未遑。武帝是个好大喜功之主，什么兴辟雍、行巡守、封禅等，在他都是不惮劳费的。于是儒家之学，就于此时兴起了。

自秦人焚书以来，博士一官，在朝廷上，始终是学问家的根据地。武帝既听董仲舒的话，表

人视为荒唐之言。据近来的研究，则其中实含有古代的外国地理。此书所载山川之名，皆及其所祀之神，大约是方士之书。其兼载海外诸国，则因当时方士，都喜入海求神仙，所以有此记录。虽所记不甚真确，然实非子虚乌有之谈。据近来的研究，《山海经》所载的扶桑，便是现在的库页岛。三神山指日本。君子国指朝鲜。白民系在朝鲜境内的"虾夷"。黑齿则黑龙江以南的"鱼皮鞑子"。又有背明国，则在今堪察加半岛至白令海峡之间。果然则古代对东北，航线所至，也不可谓之近了。

交通既启，彼此的文明，自然有互相灌输的。《汉书·西域传》说：当时的西域人，本来不大会制铁，铁器的制造，都是中国人教他们的。这件事，于西域的开发，当大有关系。在中国一方面，则葡萄、苜蓿、安石榴等，都自外国输入。又木棉来自南洋，后世称为吉贝或古贝，在古时则称为橦。《蜀都赋》"布有橦华"，就是此物。《史记·货殖列传》所谓"珠玑、玳瑁、果、布"之布，也想必就是棉织品了。又《说文》："琉，石之有光者，璧琉也，出西胡中。"此即《汉书》的"璧流离"。初系矿物，后来才变为制造品。此等物，于中国的工业，也颇有关系。至于佛教的输入，则其关系之大，更无待于言了。

明 仇英 村童闹学图（局部）

章六艺，罢黜百家。又听公孙弘的话，专为通五经的博士置弟子。于是在教育、选举两途，儒家都占了优胜的位置。天下总是为学问而学问的人少，为利禄而学问的人多。于是"一经说至百万言，大师众至千余人"，儒家之学遂臻于极盛了。

汉代儒家之学，后来又分为两派：便是所谓今古文，为学术界上聚讼的一个问题。何谓今古文者？今文便是秦以后通行的隶书，古文则指前此的篆书。古人学问，多由口耳相传，不必皆有书本。汉初经师，亦系如此。及其著之竹帛，自然即用当时通行的文字。这本是自然之理，无待于言，也不必别立名目的。然而后来，又有一派人，说前此经师所传的书有阙误。问其何以知之？他说：别有古书为据。古书自然是用古字写的。人家称这一派为古文家，就称前此的经师为今文家。所以今文之名，是古文既兴之后才有的。话虽如此说，然而古文家自称多得到的书，现在都没有了。其所传的经，文字和今文家所传，相异者极少，且多与意义无关。所以今古文的异同，实不在文字上而在经说上。所谓经说，则今文家大略相一致；而古文则诸家之中，自有违异的。大约今文家所守的，是先师相传之说；古文家则由逐渐研究所得，所以如此。

西汉最早的经师，便是《史记·儒林传》所列八家，这都是今文。东汉分为十四博士。其中《春秋》的《穀梁》是古文。《易经》的京氏，也有古文的嫌疑。其余亦都是今文。古文家说《书》有逸十六篇，但绝无师说，所以马融、郑玄等注《书经》，亦只以伏生所传二十八篇为限。而逸十六篇，今亦已亡。礼有《逸礼》

元 任仁发 张果老见明皇图（局部）

三十九篇，今亦无存。《春秋》有《左氏》，未得立。今古文之学，本来各守师传，不相掺杂。到后汉末年，郑玄出来，遍注群经。虽大体偏于古学，而于今古文无所专主，都是本于己意，择善而从。适会汉末之乱，学校废绝，经学衰歇。前此专门之家多亡。郑说几于独行。三国时，出了一个与郑玄争名的王肃。其学糅杂今古，亦与郑同。而又喜造伪书。造作《伪古文尚书》和《伪孔安国传》《孔子家语》《孔丛子》等，托于孔子之言以自重。于是今古文之别混淆。后人欲借其分别，以考见古代学术真相的，不得不重劳考证，而分别真伪，也成为一个问题。

学术之兴替，总是因于时势的。在汉代，儒学虽然独盛，然而在后汉时，贵戚专权，政治腐败，实有讲"督责之术"的必要。所以像王符、仲长统、崔实等一班人，其思想颇近于法家。后来魏武帝、诸葛亮，也都是用法家之学致治的。在思想上，则有王充，著《论衡》一书，极能破除迷信和驳斥世俗的议论，却不专谈政治。这是其所研究的对象有异。至其论事的精神，则仍是法家综核名实的方法，不过推而广之，及于政治以外罢了。

在汉代，史学亦颇称发达。古代史官所记，可分为记事、记言两体。现今所传的《尚书》是记言体，《春秋》是记事体。又有一种《帝系》及《世本》，专记天子、诸侯、卿大夫的世系的，这大约是《周官·小史》所职。《左氏》《国语》，大约是《尚书》的支流余裔。此外便是私家的记录和民间的传说了。在当时，是只有国别史，而没有世界史；只有片段的记载，而

第十章 佛教和道教

没有贯串古今的通史。孔子因《鲁史》修《春秋》，兼及各国的事，似乎有世界史的规模，然而仍只限于一时代。到汉时，司马谈、迁父子，才合古今的史料，而著成《太史公书》。这才是包括古今的、全国的历史。在当日，即可称为世界史了。《太史公书》分本纪、世家、列传、书、表五体。后人去其世家，而改书之名为志，所以称此体的历史，为"表志纪传体"。班固便是用此体以修《汉书》的。但其所载，以前汉一朝为限，于是"通史体"变为"断代体"了。兼详制度和一人的始末，自以表志纪传体为佳；而通览一时代的大势，则实以编年体为便。所以后汉末年，又有荀悦因班固之书而作《汉纪》。从此以后，编年和表志纪传两体，颇有并称正史的趋势 [具体可参见附录（表2）]。

文学：在古代本是韵文先发达的。春秋战国时，可称为散文发达的时代。秦及汉初，还继续着这个趋势。其时如贾、晁、董、司马、匡、刘等，都以散文见长。司马相如、东方朔、枚皋等，则别擅长于词赋。西汉末年，做文章的渐求句调的整齐、词类的美丽，遂开东汉以后骈文的先声。诗则古代三百篇，本可入乐。汉代雅乐渐亡，而吟的声调亦变。于是四言改为五言。而武帝立新声乐府，采赵、代、秦、楚之讴，命李延年协其律，司马相如等为之词。其后文学家亦有按其音调，制成作品的，于是又开出乐府一体。

在中国社会上，向来儒、释、道并称为三教。儒本是一种学术，因在上者竭力提倡，信从者众，才略带宗教的权威。道则是方士的变相。后来虽摹仿佛教，实非其本来面目。二者都可说是中国所固有，只有佛教是外来的。

佛教的输入，据《魏书·释老志》，可分为三期：（一）匈奴浑邪王之降，中国得其金人，为佛教流通之渐。（二）哀帝元寿元年，即公元之二年，博士弟子秦景宪，受大月氏使伊存口授浮屠经。（三）后汉明帝梦见金人，以问群臣。傅毅以佛对。于是遣郎中蔡愔和秦景宪使西域，带着两个和尚和佛教的经典东来。乃建寺于洛阳，名之为白马。案金人乃西域人所奉祀的天神，不必定是佛像。博士弟子从一外国使者口授经典，也是无甚关系的。帝王遣使迎奉，归而建寺，其关系却重大了。所以向来都说汉明帝时，佛法始入中国。然而楚王英乃明帝之兄。《后汉书》已说其为浮屠斋戒祭祀。明帝永平八年，即公元六五年，诏天下死罪，皆入缣赎[8]，英亦遣使奉缣诣国相。诏报曰："楚王诵黄老之微言，尚浮屠之仁慈，洁斋三日，与神为誓，何嫌何疑，当有悔吝。其还赎，以助伊蒲塞、桑门之盛馔。"当明帝时，楚王业已如此信奉，其输入，必远在明帝以前。梁启超《佛教之初输入》，考得明帝梦见金人之说，出于王浮的《老子化胡经》，浮乃一妖妄道士，

◎ 明 佚名 王元帅图（局部）

南宋 佚名 初平牧羊图

其说殊不足信。然则佛教之输入，恐尚较耶稣纪元时为早。大约中国和西域有交通之后，佛教随时有输入的可能。但在现在，还没有正确的史实可考罢了。这时候，输入的佛教，大约连小乘都够不上，所以和当时所谓黄老者，关系很密。黄老，本亦是一种学术之称。指黄帝、老子而言，即九流中道家之学。但此时的黄老，则并非如此。《后汉书·陈憨王宠传》说国相师迁，追奏前相魏愔，与宠共祭天神，希冀非幸，罪至不道。而魏愔则奏与"王共祭黄老君，求长生福而已，无他冀幸"。此所谓黄老君，正是楚王英所奉的黄老。又《桓帝纪》：延熹九年，祠黄老于濯龙宫。而《襄楷传》载楷上书桓帝，说"闻宫中立黄老、浮屠之祠"，则桓帝亦是二者并奉的。再看《皇甫嵩传》，说张角奉祠黄老道。《三国志·张鲁传注》引《典略》，说张修之法，略与张角同。又说张修使人为奸令祭酒，主以《老子》五千文使都习，则此时所谓黄老，其内容如何，就可想而知了。

黄老为什么会变成一种迷信，而且和浮屠发生关系呢？原来张角、张修之徒，本是方士

明 陈洪绶 童子礼佛图（局部）

的流亚。所谓方士，起源甚早。当战国时，齐威、宣，燕昭王，已经迷信他。后来秦始皇、汉武帝，迷信更甚。方士的宗旨，在求长生，而其说则托之黄帝。这个读《史记·封禅书》《汉书·郊祀志》可见。不死本是人之所欲，所以"世主皆甘心焉"。然而天下事真只是真，假只是假。求三神山、炼奇药，安有效验可睹？到后来，汉武帝也明白了，喟然而叹曰："世安有神仙。"至此，《史记》所谓"怪迂之士""阿谀苟合"之技，就无所用之了。乃一转而蛊惑愚民。这是后来张角、张修等一派。其余波，则蔓延于诸侯王之间，楚王和陈王所信奉的，大约就是他了。秦皇、汉武的求神仙，劳费很大，断不是诸侯之国所能供给得起的，人民更不必论了。于是将寻三神山、筑宫馆、炼奇药等事，一概置诸不提。而专致力于祠祭。在民间，则并此而不必，而所求者，不过五斗米。神仙家，《汉志》本和医经、经方，同列于方技。不死之药虽是骗人，医学大概是有些懂得的。于是更加上一个符水治病。当社会骚扰，人心不安定之时，其诱惑之力，自然"匪夷所思"了。

佛教初输入时，或只输入其仪式，而未曾输入其教义；或更与西域别种宗教夹杂，迷信的色彩很深。所以两者的混合，甚为容易。

然则为什么要拉着一个老子呢？这大约是因黄帝而波及的。黄帝这个人在历史上，是个很大的偶像。不论什么事，都依托他。然而黄帝是没有书的。依托之既久，或者因宗教的仪式上，须有辞以资讽诵；或者在教义上，须有古人之言，以资附会。因"黄""老"两字向来连称；而黄老之学，向来算作一家言的，劝迷信黄帝的人诵习《老子》，他一定易于领受。这是张修所以使人诵习《五千文》的理由。楚王英诵黄老之微言，所诵者，恐亦不外乎此。"久假而不归，恶知其非有？"当初因黄帝而及老子，意虽在于利用其辞，以资讽诵，但习之久，难保自己亦要受其感化。况且至魏晋之际，玄学盛行，《老子》变为社会上的流行品。所谓方士，虽然有一派像葛洪等，依然专心于修炼、符咒、服食，不讲哲理；又有一派如孙恩等，专事煽惑愚民，不谈学问。然而总有一派和士大夫接近，要想略借哲理，以自文饰的。其所依附，自然仍以《老子》为最便。于是所谓老子，遂渐渐的取得两种资格：一是九流中道家之学的巨子，一是所谓儒、释、道三教中道教的教主。然而其在南方，总还不过是一个古代的哲学家；教主的资格，总还不十分完满。直到公元四世纪中，魏太武帝因崔浩之言，把寇谦之迎接到洛阳，请他升坛作法，替他布告天下，然后所谓道教，真个成为一种宗教，而与儒、释鼎足而三了。这怕是秦汉时的方士，始愿不及此的。

◎ 南宋 苏汉臣 灌佛戏婴图（局部）

第十一章 两汉的社会

汉承秦之后,秦代则是紧接着战国的。战国时代,封建的势力,破坏未尽,而商业资本,又已抬头……业已说过了。在汉时,还是继续着这个趋势。

《史记·平准书》上,说汉武帝时的富庶,是:

非遇水旱之灾,民则人给家足,都鄙廪庾皆满,而府库余货财。京师之钱累巨万,贯朽而不可校。太仓之粟,陈陈相因,充溢露积于外,至腐败而不可食。众庶街巷有马,阡陌之间成群。乘字牝者,摈而不得聚会。守闾阎者食粱肉,为吏者长子孙,居官者以为姓号。故人人自爱而重犯法,先行义而后绌耻辱焉。

富庶如此,宜乎人人自乐其生了。然而又说:"网疏而民富,役财骄溢,或至兼并。"果真家给人足,谁能兼并人?又谁愿受人的兼并?可见当时的富庶,只是财富总量有所增加,而其分配的不平均如故。所以汉代的人,提起当时的民生来,都是疾首蹙额。

这样严重的社会问题悬而待决,卒至酿成新莽时的变乱,已见前第四章。莽末乱后,地权或可暂时平均。因为有许多大地主,业已丧失其土地了。然而经济的组织不改,总是不转瞬便要恢复故态的。所以仲长统的《昌言》上又说:

井田之变,豪人货殖,馆舍布于州郡,田亩连于方国。

豪人之室,连栋数百。膏田满野。奴婢千群,徒附万计。船车贾贩,周于四方。废居积贮,满于都城。

可见土地和资本,都为少数人所占有了。我们观此,才知道后汉末年的大乱,政治而外,别有其深刻的原因。

汉去封建之世近,加以经济上的不平等,所以奴婢之数极多,奴婢有官有私。官奴婢是犯罪没入的,私奴婢则因贫而卖买。当时两者之数皆甚多。卓王孙、程郑,都是以此起家的。所以《史记·货殖列传》说"童手指千",则比千乘之家。甚而政府亦因以为利。如晁错劝文帝募民入丁奴婢赎罪,及输奴婢以拜爵。武帝募民入奴,得以终身复,为郎者增秩。又遣官治郡国算缗之狱,得民奴婢以千万数。前后汉之间,天下大乱,人民穷困,奴婢之数,更因之而增多。光武帝一朝,用极严的命令去免除它。然而奴婢的原因不除去,究能收效几何,也是很可疑惑的。

因去封建之世近,所以宗法和阶级的思想,很为浓厚。大概汉代家庭中,父权很重。在伦理上,则很有以一"孝"字,包括一切的观念。汉儒说孔子"志在《春秋》,行在《孝经》",在诸经之传中,对于《孝经》和《论语》,特

南宋 李唐（传）文姬归汉图（局部）

别看重,就是这个道理。在政治上,则对于地方官吏,还沿袭封建时代对于诸侯的观念。服官州郡的,称其官署为本朝。长官死,僚属都为之持服。曹操、张超的争执,在我们看来,不过是军阀的相争;而臧洪因袁绍不肯救张超,至于举兵相抗,终以身殉,当时的人,都同声称为义士。然而汉朝人也有汉朝人的好处。因其去古近,所以有封建时代之士,一种慷慨之风。和后世的人唯利是视,全都化成汉人所谓商贾者不同。汉代之士,让爵、让产的极多,这便是封建时代,轻财仗义的美德。其人大抵重名而轻利,好为奇节高行。后汉时代的党锢,便是因此酿成的。至于武士,尤有慷慨殉国之风。司马相如说:当时北边的武士,"闻烽举燧燔",都"摄弓而驰,荷戈而走,流汗相属,唯恐居后"。这或许是激励巴蜀人过当的话,然而当时的武士,奋不顾身的气概,确是有的。我们只要看前汉的李广,恂恂得士,终身无他嗜好,只以较射赴敌为乐,到垂老,还慷慨,愿身当单于。其孙李陵,更能"事亲孝,与士信,临财廉,取与义。分别有让,恭俭下人。常思奋不顾身,以徇国家之急"。司马迁说他也有"国士之风",真个不愧。他手下的士卒五千,能以步行绝漠,亦是从古所无之事。这都由于这些"荆楚勇士,奇才剑客",素质佳良而然。可见当时不论南北人民,都有尚武的风气,所以后汉时,班超能以三十六人,立功绝域。一个英雄的显名,总借无数无名英雄的衬托。我们观于汉代的往事,真不能不神往了。

因武士的风气还在,所以游侠也特盛。游侠,大约是封建时代的"士"。封建制度破坏后,士之性质近乎文的则为儒,近乎武的则为侠。孔子设教,大约是就儒之社会,加以感化;墨子设教,则就侠的徒党,加以改良。所以古人以儒墨并称,亦以儒侠对举。墨者的教义,是舍身救世,以自苦为极的。这种教义,固然很好,然而绝非大多数人所能行。所以距墨子稍远,而其风即衰息。《史记·游侠列传》所谓侠者,则"已诺必诚;不爱其躯,以赴士之厄困;既已存亡死生矣,而不矜其能,羞伐其德",仍恢复其武士的气概。然而生活总是最紧要的问题。此等武士,在生产上,总是落伍的,既已连群结党,成为一种势力,自不免要借此以谋生活。于是就有司马迁所谓"盗跖之居民间者"。仁侠之风渐衰,政治上就不免要加以惩艾;人民对他,亦不免有恶感。而后起的侠者,就不免渐渐地软化了。

第十二章 三国的鼎立

柳宗元说汉代"有叛国而无叛郡",这是因为郡的区域太小了,其势力不足以反抗中央。到后汉末年,把刺史改成州牧,所据的地方,大过现在的一省,其情形就大不相同了。

当曹操主持中央政府,把汉献帝迁到许都时,天下正是纷纷割据。举其最大的,便有:

袁绍据幽、并、青、冀四州。

袁术据寿春。

刘表据荆州。

刘焉据益州。

刘备据徐州。

张鲁据汉中。

马腾、韩遂据凉州。

公孙度据辽东。

当时还有个本无根据地的吕布,从长安逃向东方去,投奔刘备。刘备收容了他。吕布却乘刘备与袁术兵争之时,袭其后方,而取徐州。刘备投奔曹操。操表备为豫州牧,和他合兵,攻杀吕布。袁术在寿春,站不住了,谋走河北,曹操使刘备邀击之于山阳,袁术兵败还走,未几而死。刘备和外戚董承密谋推翻曹操,曹操又把他打败。

这时候,曹操的大敌,实在是袁绍。雄据河北,其声势和实力,都在曹操之上。二○○年,袁曹之兵,遇于官渡。相持许久,曹操毕竟把袁绍打败。袁绍因此惭愤而死。其子谭、尚,互相攻击,都为曹操所灭。二○八年,操遂南征荆州。

这时候,在北方屡次失败的刘备,亦在荆州,依托刘表。而长江下流,则为孙权所据。孙权的父亲名坚,是汉朝的长沙太守。当山东州郡起兵讨董卓时,孙坚也发兵北上。后来受袁术的指使,去攻刘表,为表军所射杀。其子孙策,依托袁术,长大之后,袁术把孙坚的部曲还他,他就渡江而南,把汉朝的扬州打定。孙策死后,传位于孙权。曹操的兵,还未到荆州,刘表已先死了。刘表的长子刘琦,因避后母之忌,出守江夏。其少子刘琮,以襄阳降操。刘备南走江陵。曹操发轻骑追之,一日一夜行三百里,及之于当阳长坂。刘备败走江夏。于是诸葛亮建策,求救于孙权。孙权手下,周瑜、鲁肃等也主张结合刘备,以拒曹操。于是孙、刘合兵,大破操兵于赤壁。曹操引兵北还,而南方之形势始强。

然而当时的刘备,还是并无根据之地。荆州地方,依当时的诸侯法,则当属于刘琦。而琦不能有,事实上,刘备和孙权,都屯兵其间。孙权一方面,身当前敌的周瑜,要"徙备置吴",挟着关羽、张飞等去攻战。刘备一方面,未始不想全吞荆州，而又不敢和孙权翻脸。于是先攻下荆州的南部，就是现在的湖南地方。不久，周瑜死了，继其任者为鲁肃。鲁肃是主张以欢好结刘备的。孙、刘两家的猜忌，暂时和缓。

当诸葛亮未出草庐时，刘备去访问他，他便主张兼取荆、益二州，以为图天下之本。这时候，荆州还未能完全到手，而且"荆土荒残，人物凋敝"，虽是用兵形胜之地，而实苦于饷源之无所出。于是益州天府之国，刘备就不能不生心了。二一四年，刘备乘刘璋的暗弱，取了益州。其明年，曹操亦平定汉中。二一八年，刘备攻汉中，又取之。一时形势，颇为顺利。当刘备西入益州时，孙权便想同他争荆州。结果，两家和解，把荆州平分。刘备既定汉中，命关羽出兵攻拔襄阳，又围樊城，败于禁等兵，威声大振。而孙权使吕蒙袭取江陵。关羽还走，为权所杀。吴、蜀因此失和。这事在二一九年。

其明年，曹操死了。子丕，废汉献帝自立，是为魏文帝。又明年，刘备称帝于蜀，是为蜀汉昭烈帝。二二九年，孙权亦称帝，自武昌迁都建业，是为吴大帝。

昭烈帝称帝之后，即自将伐吴。吴将陆逊大败之于猇亭。昭烈帝走至永安，惭愤而死。子后主禅立，诸葛亮辅政。诸葛亮是个绝世的奇才，内修政治，用法治的精神，把个益州治得事事妥帖。所以能以一州之地，先平南方之乱，次出师北伐，和中原相抗衡。诸葛亮死后，蒋琬、费祎继之，还能够蒙业而安。费祎死后，姜维继之，屡出兵伐魏，无甚成绩，而民心颇怨。后主昏愚，宠信宦官黄皓，政治亦渐坏，其势就难于支持了。

魏文帝貌似明白，而其实不免于猜忌轻率。当曹操为魏王时，文帝与其弟陈思王植，争为世子，嫌隙甚深。所以即位之后，薄待诸王。把他们限制国中，有同拘禁。文帝死后，子明帝立。性极奢侈，魏事益坏。时诸葛亮连年北伐，明帝尝使司马懿去拒敌他。又使懿讨平辽东。于是司马氏的权势，渐次养成。明帝死后，养子齐王芳立。司马懿和曹爽同受遗诏辅政。曹爽独揽大权。司马懿称疾不出。后来乘曹爽奉齐王去谒陵，司

第十三章 晋的统一和内乱

马懿突然而起，关闭城门。到底把曹爽废杀了，独揽大权。司马懿死后，子司马师继之。把齐王芳废掉，而立高贵乡公髦。司马师死后，其弟司马昭又继之。这时候，司马氏篡魏之势已成。魏因抵御吴、蜀，东南、西北两方面，都驻有兵马。西北的兵，本来是司马懿所统。东南方面，则别是一系。于是王凌、毌丘俭、诸葛诞，三次起兵讨司马氏，都不克。二六三年，司马昭遣钟会、邓艾，两道伐蜀，灭之。二六五年，司马昭死，子炎立，就篡魏而自立了。

吴大帝在位颇久，然而其末年，政治已颇紊乱。大帝死后，废帝亮立。诸葛恪辅政，颇有意北图中原。一出无功，旋为孙峻所杀。孙峻死后，其弟孙琳继之。废废帝，立其弟景帝。景帝把孙琳杀掉。然亦无甚作为。景帝死后，太子皓立。荒淫无道。是时只靠一个陆抗守着荆州，以抵御北方。陆抗死后，吴国的形势就大非。晋武帝命羊祜镇襄阳，王濬镇益州以图吴。羊祜死后，代以杜预。二八〇年，荆益之兵，两道并进，势如破竹，而吴遂灭亡。

从董卓进长安起，到晋武帝平吴止，共经过九十二年的战乱，真是渴望太平的时候了。当时致乱之源，由于州郡握兵。所以晋武帝既定天下，便命去州郡的兵，刺史专于督察，恢复汉朝的样子。

然而这时候，致乱之源，乃别有所在。其一，两汉之世，归化中国的异族很多，都住在塞内。当时所谓"五胡"者，便是：

【匈奴】遍于并州境内，即今之山西省。

【羯】匈奴的别种，居于上党武乡羯室，因以为名。

【鲜卑】遍布辽东西和今热、察、绥之境。

【氐】本居武都。魏武帝徙之关中。这时候，遍于扶风、始平、京兆之境。

【羌】这是段颎诛夷之余。在冯翊、北地、新平、安定一带。

当时郭钦、江统等，都请徙之塞外。塞外的异族，固亦未尝不足为患，然而究竟有个隔限，和"掩不备之人，收散野之积"者不同，而武帝不能同。

其二，晋代鉴于魏朝的薄待宗室，以致为自己所篡，于是大封同姓。汉代的诸王，是不再干预政治的。晋朝则可以"入秉机衡，出作岳牧"，在政治上的势力尤大。

晋武帝平吴之后，耽于宴安，凡事都不作久长之计。其子惠帝近于低能。即位之初，武帝后父杨骏辅政。惠帝后贾氏和楚王玮合谋，把杨骏杀掉。而使汝南王亮和太保卫瓘同听政。后来又和楚王合谋，把汝南王杀掉。后又杀掉楚王。旋弒杨太后。太子遹，非贾后所生，后亦废而杀之。总宿卫的赵王伦，因人心不服，勒兵弒后，废惠帝而自立。于是齐王冏、成都王颖、河间王颙，举兵讨乱。右卫将军王舆，把赵王杀掉，迎接惠帝复位。齐王入洛专政。河间王和长沙王乂合谋，使乂攻杀齐王。又和成都王合兵，把长沙王攻杀。

如此，京师大乱，而胜利卒归于外兵。州郡握兵，从汉以来，已成习惯。晋武虽有去州郡兵权之命，而人心尚未丕变。一旦天下有乱，旧路自然是易于重走的。于是东海王越合幽、并二州之兵，把成都、河间两王都打败。遂弒惠帝，而立其弟怀帝。

同族相争，胜利又卒归于异族。"五胡"之中，本以匈奴为最强，其所处，又是腹心之地，亦最有民族自负之心。于是前赵刘渊，先自立于平阳。时东方大乱，许多盗贼都去归附他。其势遂大盛。东方群盗之中，羯人石勒，尤为强悍。东海王自率大兵去打他。兵到现在的项城，死了。其兵为石勒追击所败，洛阳遂成坐困之势。三一○年，刘渊的族子刘曜，打破洛阳，怀帝被虏。三一二年，弒之。惠帝弟愍帝，立于长安。三一六年，又为刘曜所攻破，明年，被弒。而西晋亡。

于是琅邪王睿，从下邳徙治建康，即皇帝位，是为东晋元帝。这时候，北方只有幽州都督王浚，并州刺史刘琨，崎岖和胡羯相持，也终于不能自立。北方遂全入混乱的状态。

然而南方亦非遂太平无事。当时中央解纽，各地方都靠州郡的兵来保境安民，自然外权复重。

第十四章 边徼民族和汉族的同化

新兴的建康政府，自然不易令行禁止。元帝的首务，便在收上流的实权。元帝的立国江东，是很靠江东的世家名士，所谓"人望"者，帮他的忙的。而王导和其从兄王敦，尤为出力。

于是王导内典机要，王敦出督荆州。敦有才略，居然把荆州的权力，收归一人。然而中央就和王敦起了猜忌。其结果，王敦举兵东下。元帝所预先布置防他的兵，无一路不败，被王敦打入京城。元帝忧愤而崩。幸而王敦不久也死了，明帝才把他的党羽讨平。明帝颇为英武，可惜在位只有三年。明帝死后，子成帝年幼，太后庾氏临朝。后兄庾亮执政。历阳内史苏峻和庾亮不平，举兵造反，打进京城。庾亮出奔。幸得镇寻阳的温峤，深明大义，协同荆州的陶侃，把他打平。陶侃死后，庾亮和庾冰相继出镇荆州。庾翼在内为宰相。这时候，内外之权，都在庾氏手里，暂无问题。康帝时，庾翼移镇襄阳，庾冰代之镇夏口。庾冰死后，庾翼又还镇夏口，而使其子方之镇襄阳。庾翼不久就死了。临终之际，表请以自己的儿子爱之继任。宰相何充不听，而以桓温代之。于是上流之权，又入于桓温之手。

凡事总有相当的代价。两汉时代，异民族入居中国的多了，把许多种族和文化不同的人民，融合为一，自非旦夕间事，且总不免有若干冲突。"五胡之乱"就是我民族融合异族的代价。

晋时，北方割据之国，共有十六之多。然而其中有关大势的，也不过地处中原的几国。我们现在，简单些，把它分作五个时代。

第一，前、后赵对立时代。

第二，后赵独盛时代。

第三，前燕、前秦对立时代。

第四，前秦独盛时代。

第五，后燕、后秦对立时代。

第五个时代之后，汉族曾经恢复黄河之南，且曾一度占领关中，而惜乎其不能久。未几，北方遂全入于拓跋魏，变成南北两朝了。这是后话，现在且从前、后赵对立时说起。

刘渊自立后，石勒表面上是他的臣子。可是东方的事，刘渊并顾不到。所以"五胡"扰乱之初，便径称为前、后赵对立时代。刘渊的儿子刘和懦弱，刘聪荒淫。族子刘曜，较有本领。刘聪被弑后，曜遂立国长安。三二九年之战，曜为石勒所擒，前赵就此灭亡。

石勒从子虎，淫暴无人理。在位时，虽西攻前凉，东攻前燕，兵力颇称强盛。然而死后，内乱即作。虎养子冉闵，本是汉人。尽杀虎诸子，而且大诛胡羯，自称皇帝。然而不久，便为前燕所攻杀。

前燕以辽东、西和热河为根据，其势颇盛。然当其侵入中原之际，即其开始衰颓之时。其兵力，只到邺都附近。于是河南和关中，都成为空虚之地。氐酋苻健，西据关中，羌酋姚襄，则借降晋为名，阴图自立。晋朝这时候，中央和上流，仍相猜忌。时桓温灭前蜀，威名日盛。中央乃引用名士殷浩以敌之。三五三年，浩出兵北伐，以姚襄为先锋，反为其所邀击，大败。桓温因此奏请废浩。中央不得已，从之。温出兵击斩姚襄，而伐秦、伐燕都不利。于是先行废立之事以立威。意图篡位，为谢安、王坦之所持，不果。桓温死后，其兄弟桓冲把荆州让出，南方又算暂安。然已无暇北伐，而前秦遂独盛了。

前秦主苻坚，用王猛为相，修明政治，国富兵强。三七一年，灭前燕，又灭前凉，破拓跋氏。三八三年，大发兵攻晋。谢玄、谢石等大败之于淝水。苻坚知道当时北方，民族错杂，不能专任自己人的。所以对于归降各民族，表面上都一视同仁。把他的酋长，留在都城之中；而使氐人分镇四方，以实行其监视和驻防的政策。然而民族间的界限，终非旦夕所可破除。苻坚败后，诸族复纷纷自立。而后燕、后秦二国最大，仍恢复到前燕、前秦对立的样子。

南方自桓温死后，上下流相持的形势，暂时缓和。而孝武帝委政于其弟琅邪王道子，旋又相猜忌，使王恭镇京口，殷仲堪镇江陵以防之。这时候，京口的北府兵强了，然而其实权都在刘牢之手里。仲堪亦不会带兵的，一切事都委任南郡相杨佺期。道子则嗜酒昏愚，事都决于其世子元显。孝武帝死后，子安帝立。王恭、殷仲堪连兵而反。元显使人游说刘牢之，倒戈袭杀王恭。而上流之兵已逼，刘牢之不肯再替他出力抵御。于是无可如何，以杨佺期为雍州刺史，桓玄为江州刺史。桓玄是桓温的小儿子。因为桓温在荆州久了，其僚属将士，都归向他。他虽闲住在荆州，其势力反出于现任官吏之上。所以殷仲堪不得不用他。这时候，既有地盘，殷仲堪、杨佺期自然非其敌手。先后为其所并。于是上流的权势，又集于桓玄一身。四〇二年，荆州大饥。元显乘机出兵，想把桓玄解决，然而所靠的不过一个刘牢之，而刘牢之又倒戈，元显就失败，和其父道子，都被杀。桓玄入建康。明年，竟废安帝而自立。

这时候，荆州之兵力，实已非北府之敌。所以桓玄得志之后，便夺去刘牢之的兵权。牢之谋反抗，不成，自杀。而北府兵的势力，实在并未消灭。四〇四年，北府兵中旧人，刘裕、刘毅、孟昶、何无忌、诸葛长民等起兵讨桓玄。桓玄的兵，到处皆败。逃至江陵，被杀。安帝复位。刘裕入中央政府，主持大权。于是积年以来，朝廷为荆州所挟持的形势一变。然而军人到底是要互相吞并的。于是相互间之问题，不在北府兵和荆州系，而在北府兵里同时并起的几个人。

这时候，后燕因为后魏所破，分为南北，形势已弱。后秦也因受夏国的攻击，日以不振。四〇九年，刘裕出兵，把南燕灭掉。先是妖人孙恩，为乱于江、浙沿海，为刘裕所讨破。赴水死。其余党卢循、徐道覆，于桓玄时据有广州和始兴。至是，乘机出湘、赣北伐。直下长江，兵势甚盛。何无忌为其所杀。刘毅亦为所败。刘裕撤兵还救，

第十五章 南北朝的对峙

又把他打平。于是翦除异己者刘毅、诸葛长民和晋宗室司马休之等。四一七年,大发兵灭后秦。此时正值后魏道武帝中衰之际,坐视而不能救。凉州诸国都惴惴待晋兵之至。而裕以急于图篡,南还,长安遂为夏所陷。裕登城北望,流涕而已。四一九年,裕受晋禅,是为宋武帝。后三年而卒。自刘裕南还后,不复能经略北方。而北魏自太武帝即位后,复强盛。北方诸国,尽为所并。天下遂分为南北朝。

五胡十六国的事情,是很繁杂的。以上只提挈得一个大纲,现在补列一张简表[于附录(表3)],请诸位参看。

从三〇四年前赵自立起,到四三九年北凉灭亡止,共经过一百三十六年。扰乱中国的"五胡",大多和汉族同化了。只有拓跋氏,其起最晚,其入中原也最后,所以又和汉族相持了一百四十年。

此时的南方,虽经宋武帝一度削平异己,然而纷争之际,外兵不能遽去,人心的积习未除。而宋武帝以后,为君主的,又没像武帝一般强有力的人物。所以仍是内外相持,坐视北方有机会而不能乘,甚至反给北方以机会。恢复中原,遂尔终成虚语。

当刘宋开国之时,南朝的疆域还包括今山东、河南之境。宋武帝死后,魏人乘丧南伐。

取青、兖、司、豫四州。其时正值徐羡之、傅亮、谢晦等废少帝而立文帝。文帝立后，和檀道济合谋，讨除羡之等。后又并杀道济。忙于内乱，无暇对外。而自檀道济死后，功臣宿将亦垂尽。于是四三〇年、四五〇年两次北伐都失败。魏太武帝反自将南伐，至于瓜步。所过郡邑，赤地无余。南北朝时，北强南弱的情势，实始于此。

宋文帝后，孝武帝和明帝都猜忌宗室，大加屠戮。明帝嗣子幼弱，召镇淮阴的萧道成入卫，朝权遂为所窃。内而中书令袁粲，外而荆州都督沈攸之，起兵讨他，都不克。四七九年，道成篡宋自立，是为齐高帝。齐高帝和子武帝，在位都

不久。武帝子郁林王荒淫，为高帝兄子明帝所篡。明帝亦猜忌，尽杀高、武二帝子孙。传子东昏侯，荒淫更甚于郁林王，而好杀亦同于明帝。五〇二年，而齐为梁武帝所篡。梁武帝总算是个文武全才。虽其晚年迷信佛法，刑政废弛，致酿成侯景之乱，然而其早年，政治总算是清明的。于是南方暂见康宁，而北方又起扰乱。

北魏当太武帝时，南侵宋，北伐柔然、高车，国势最盛。孝文帝以四九三年迁都洛阳，大革旧俗。这在鲜卑人，要算一个进化而和汉族同化的好机会。然而国势反自此衰颓。（一）因鲜卑一时不能学得汉族的好处，而反流于奢侈。（二）则

魏都平城，本靠武力立国，于其附近设置六镇。简拔亲贤，为其统帅。而将士选拔，亦极优异。南迁以后，不能如旧。六镇旧人，因此愤怒逃亡。魏人又恐兵力衰颓，加以制止。于是尽皆怨叛。倚以立国的武力，反做了扰乱秩序的东西。不戢自焚，后魏就不能支持了。

四七四年，后魏孝明帝立，太后胡氏执政，侈无度。府库累世之积，不数年而扫地无余。于是苛政大兴。中原之民，亦群起为乱。明帝年渐长，不直其母所为。而为其所制，无可如何。这时候，北方有个部落酋长，唤作尔朱荣，起兵讨平六镇之乱。明帝遂召他入清君侧。后又传诏止住他。太后大惧，把明帝杀掉。尔朱荣借此为名，举兵入洛，杀掉胡太后，而立孝庄帝，自居晋阳，遥制朝权。尔朱荣极善用兵。中原反乱的人，都给他打平，篡谋日急。孝庄帝诱他入朝，手刃把他杀掉。尔朱荣的侄儿子兆，举兵弑帝。自此朝权仍为尔朱氏所握，而各方镇，也都是尔朱氏的人，其势如日中天。然而尔朱氏暴虐不得人心。

五三二年，高欢起兵信都。韩陵一战，尔朱氏心力不齐，大败。遂为高欢所扑灭。高欢所立的孝武帝，又和高欢不睦。高欢仍袭尔朱氏的故智，身居晋阳，孝武帝阴结贺拔岳图他。以岳为关中大行台。高欢使秦州刺史侯莫陈悦，把贺拔岳杀掉。夏州刺史宇文泰起兵诛悦，孝武帝即以泰继岳之任。五三四年，孝武帝发兵讨高欢。高欢亦自晋阳发兵南下。两军夹河而陈。孝武帝不敢战，逃到关中。旋为宇文泰所弑。自此高欢、宇文泰，各立一君，而魏遂分为东西。

东、西魏分裂后，高欢、宇文泰争战十余年，各不得逞，而其祸乃中于梁。这时候，梁武帝在位岁久，政治废弛。诸子诸孙，各刺大郡，都有据地自雄之心，而兵力亦不足用。南朝当宋明帝时，尽失徐、兖、青、冀四州及淮北之地。齐明帝时，又失沔北五郡。东昏侯时，又失淮南。梁武帝时，虽恢复合肥、寿春，而又失义阳三关。用兵迄不得利。北方乱时，梁遣陈庆之送魏宗室北海王颢归国。庆之兵锋甚锐，直抵洛阳。然而孤军无援，元颢仍为尔朱荣所破。五四七年，高欢死。其专制河南之将侯景，举地来降。梁武帝遣子渊明前往救援，不克。渊明为魏所虏。侯景亦兵溃来奔。袭寿阳而据之。梁人不能制。五四九年，侯景反。渡江，围台城。救兵虽多，都心力不齐，不能进。台城遂为所陷。梁武帝忧愤而崩。子简文帝立，为侯景所制。这时候，梁武帝的子孙，如湘东王绎、河东王誉、岳阳王詧等，都拥兵相争，坐视台城之危而不救。而其形势，以湘东王为最强。侯景西上，至巴陵，为湘东王将王僧辩所败，勇将多死。遂弑简文帝而自立。湘东王乃即位于江陵，是为元帝。遣王僧辩和陈霸先讨平侯景。而成都的武陵王纪称帝，攻元帝。元帝求救于西魏。西魏袭陷成都。纪遂兵败而死。元帝和西魏，又有违言。五五四年，西魏兵攻江陵。王僧辩、陈霸先的兵都在东方，不及救援，江陵遂陷。元帝为魏兵所杀。西魏立岳阳王詧于江陵，使之称帝，而对魏则称臣，是为西梁。王僧辩、陈霸先立元帝的少子于建康，是为敬帝。是时，东魏已为北齐所篡。又发兵送渊明南归。王僧辩迎战，不胜。就迎接他来，废敬帝而立之。南朝险些全做北朝的附庸。幸而陈霸先袭杀王僧辩，复立敬帝。北齐举兵来攻，给他苦战打败。南朝才算勉强自立。五五七年，陈霸先废敬帝自立，是为陈武帝。三年而崩，兄子文帝立。这时候，南方承丧乱之后，国力凋敝。国内尚有许多反侧的人，要一一讨定，再也无暇顾及北方。而北方的东西魏，亦先后于五五〇年、五五七年，为齐、周所篡。

北齐文宣、武成二帝，均极荒淫。末主纬，奢纵更甚。而北周武帝，颇能励精图治。五七七年，齐遂为周所灭。灭齐的明年，周武帝死，子宣帝立，亦极荒淫。在位二年，传位于子静帝。宣帝死后，后父杨坚辅政，大权尽入其手。起兵攻他的都不胜，五八一年，坚废静帝自立，是为隋文帝。时南方为陈后主叔宝，亦极荒淫，五八八年，为隋所灭。西梁已于前两年被废。自晋元帝立国江东至此，凡二百七十三年，而天下复归于统一。

第十六章 魏晋南北朝的制度

制度是随事实而变迁的。思想是事实的产物，而亦是事实之母。在某种环境之下，一定要生出某种思想。既有这种思想，一时虽未必实现，而积之久，总是要现于实的。此等情形，看魏、晋、南北朝的制度，很可明白。

秦、汉时代的宰相，并非天子私人。所以其位甚尊，其权亦重。君权日见发达，则相权必渐见侵削。所以自东汉以后，实权渐移于尚书。曹魏以后，中书又较尚书为亲近。宋文帝以后，门下亦成为亲近之职。两汉时代的宰相，则不过人臣篡弑时所历的阶级而已。平时不复设立。这是内官的变迁。其外官，则自后汉末年以后，州郡握兵之习，迄未能除。东晋以后，疆域日蹙，而喜欢侨置州郡。于是州的疆域，日渐缩小，浸至与郡无异。而掌握兵权的人，所指挥的区域，不容不大，于是有以一人而都督数州或十数州军事的。其实际，仍与以前的州牧无异，或且过之。自东晋至南朝之末，中央的权力总不能十分完整，就由于此。

选举制度，亦起了一个极大的变迁。我国古来，本行乡举里选之制。士之德行、才能，都以乡评为准。风气诚朴之世，自然议论能一秉至公。两汉时，实已不能如此了。然而人之观念上，总还以为士之贤否，须取决于乡评。后汉末，"士流播迁，详复无所"。于是曹魏的吏部尚书陈群，就于各州置大中正，各郡置中正。令其品评本地的人物，分为九等，而尚书据以选用。品评人物，本是件难事。德已不免于伪为，才则更非临事不能见。而况中正亦未必定有衡鉴之才。甚至有（一）趋势，（二）畏祸，（三）私报恩仇等事。其结果，遂至"唯能论其阀阅，非复辨其贤愚"。于是"上品无寒门，下品无贵族"。以上所论的，是举士之事。至于铨选，则汉世本来权在相府。后来因其弊颇多，而实权渐移于尚书。魏、晋以后，大抵吏曹尚书操选用之权。这时候，仍以全权委之。有衡鉴之才的人，很可以量才委任。然而天下总是徇私和幸进的人多，秉公和廉退的人少。所以到后来，不得不渐趋重于资格。资格用人，起于后魏的崔亮。亮创停年格，选用的先后，专以停解月日为断。这本因为当时军人竞选所以如此的。北齐文襄帝操选权时，已经把它废掉。然而自唐以后，又渐趋重于这一途，就是为此。

兵制则自东晋以后，恃以御敌的，都是州郡之兵。固亦有时收折冲御侮之效。然而总不免有外重内轻之弊。甚至于御侮则不足，作乱则有余。北方五胡割据，大抵用其本族之民为兵，而使汉人从事生产。到周、齐之时，五胡的本族，渐趋

第十七章 魏晋南北朝的文化

凋落，又其战争剧烈，而财政竭蹶，还有所谓府兵之制。籍民为兵，蠲其租调，令刺史以农隙教练。每府一郎将主之。分属二十四军，领军的谓之开府。一大将军统两开府，一柱国统两大将，共为六军。隋、唐兵制，都是沿袭它的。

魏晋时代的制度，最可纪念的，便是刑法。汉时法律之紊乱，已见第六章。从前汉宣帝时起，至后汉末年止，屡说修改，迄未有成。至魏时，才命陈群、刘邵等删定，共为十八篇。晋武帝还嫌其科网太密，再命贾充等删定，共为二十篇。于二六八年，大赦天下行之。这便是有名的《晋律》。宋、齐、梁、陈四朝，虽略有损益，大体都沿用它。就北朝的法律，亦是以此为依据，不过略杂以鲜卑之法而已。自唐至清，大体上亦无甚改变。总而言之，自采用西洋法律以前，我国的法律，迄无大改变。我国的法律，渊源固然很古，而其成为条理系统的编纂，则实自《晋律》始。所以说这是我国法制史上最可纪念的事。

至于租税，则当时颇有杂税。如北朝的酒坊、盐井、关市邸店，南朝之卖买田宅牛马及津市等。然而这些都不甚重要。其最有关系的，还是田税和户税。而这时候的田税和户税，与民生是很有关系的。所以留待第十八章中讲述。

从两汉到魏、晋，是中国文化的一个转关。其要点，在破除古代的迷信，而从事于哲理的研究。

两汉时代的迷信，并非下等社会才然，即上流社会，也是如此。试看当时政治上，遇天灾而修省，或省策免之公等，都略有几分诚意，和后世视为虚文的不同。在学术上，则阴阳五行之说，盛极一时。以致有所谓谶纬者出。东汉之世，竟以纬为内学，经为外学。便可知其时古代遗传的思想，还遍满于社会上了。乃到魏朝的正始年间，而哲理研究之风渐盛。至于晋初，风流弥盛。此时知名之士，如王弼、何晏、王衍、乐广等，或以谈论见长，或以著述见称。所研究的，大抵是哲理上的问题。其所宗之书，则为《易经》和《老子》《庄子》等。这固然由于当时的时势，有以激成人的颓废思想，而使之趋于玄虚。然而在大体上，亦可说是两汉人拘守前人成说的反动。汉代的今文家言，虽多存微言大义，亦不过搬演孔门的成说，并不能独出心裁。古文家好谈名物、训诂，更不免流于琐碎。而自谶纬之说既兴，两派之士，又都不免受其影响，有入于妖妄之势。又其时之人，拘守礼法太甚。礼是古代规范人之行为的。时异势殊，行为之规范，就当有异，而

宋　辇周文矩重屏会棋图（局部）

还强执着古代具体的条件，自不免激起人心的反感。所以激烈的人，就有"礼岂为我辈设"等议论了。虽然这一班人，蔑弃礼法，不免有过甚的地方。而终日清谈，遗弃世务，亦是社会衰颓的一个征兆。然而以学术思想论，毕竟不能不谓为高尚的。魏晋时代的玄学，在我国学术思想界中，终当占一重要的位置。

这时候的人最重要的思想是贵"道"而贱"迹"。"迹"便是事实，而"道"则是原理，拘守事实，不能算得古人之意。必能明于其原理而应用之，才可谓之善学古人。这正是泥古太过的反响。

其时的儒学，虽还相当保守的领域，而亦为此派思想所侵入。当魏晋之世，今文之学，渐已失传，盛行的是古文之学。古文之学，虽亦有其师法，然而其原始，本是不重师说，而注重自由研究的。自由研究之风既开，其后必至变本而加厉。

所以自郑玄、王肃，糅杂今古文后，又有杜预、范宁等，不守成说，自出心裁的学派。至于王弼的《易注》、何晏的《论语集解》等，兼采玄言，则为魏晋时之哲学思想，侵入经学领域的。南北朝时，南方的经学，这两派都盛行。北方还守着汉人之说，然至隋并天下后，而北方的经学，反为南方所征服。郑玄的《易注》废，而王弼的《易注》行。马、郑的《尚书》废，而伪古文《尚书》行，服虔的《左氏》废，而杜预注的《左氏》大行了。

颓废的人生观，是这时代人的一个大病。如王羲之作《兰亭集序》，说："修短随化，终期于尽。古人云：死生亦大矣，岂不痛哉？"这一类灰心绝望，贪生怖死的话，到处都是。此时国势的所以不振，社会的所以无活气，这实在是一个大原因。而这时代的人，所以崇尚文辞，则亦由于此。隋朝的李谔说："自魏之三祖，崇尚文辞。竞聘浮华，遂成风俗。江左齐、梁，其弊弥甚。"可见崇尚文辞的风气，是起于魏、晋之世的。魏、晋之世，为什么要崇尚文辞呢？我们看魏文帝说："年寿有时而尽，荣乐止乎其身。二者必至之期，未若文章之无穷。"就可以知其所由来了。人之年寿有尽，神仙等求长生之术，又不可恃，则不免侥幸于"没世不可知之名"。而文辞原是美术之一，爱好文辞，也不免有些"及时行乐"的意思。所以这时候的文学，多带颓废的色彩。从东汉以后，骈文渐兴，不过，一是句调渐趋整齐；二是用字务求美丽，尚未大离其本。至齐梁以后，则"隶事"日益繁富，字句愈趋雕琢。始而辞胜其意，浸至不能达意了。于是有文笔之分。然笔不过参用俗语。其语调仍是整齐啴缓，和自然的语言相去很远的，仍不能十分适用。又古人文字，不甚讲调平仄。齐、梁以后，则渐重

四声。于是诗和文都生出律体。虽然音调和谐，而雄壮朴实之气，则远逊古人了。此亦是其时的人，注意于修饰的一证。

文字本所以代语言。我国的文字，则因其构造的特殊，而亦成为美术之一。古代文字，意近图画，本有美的意味。秦时，官、狱务繁，改用隶书，这是专为应用起见。然而后来又渐求其美观。于是又有"挑法"的隶书，谓之八分。汉之末世，章程书兴，即今所谓正书，而草书亦分章草和狂草两种。前者字字分离，后者则一笔不断。草书离正书太远了，乃又有行书，以供藁草之用。凡此种种，无一不求其美化。其风气起于后汉，而极盛于晋代。东晋的右军将军王羲之，即是擅名当世，而后人称其"善隶书，为古今之冠"的。然南朝的帖，虽为后人所宝贵，而北朝的碑，朴茂遒逸，至近世，亦很为书家所推重。

第十八章 魏晋南北朝的社会

魏、晋、南北朝,是一个长期战乱的世界。其时的民生,自然是很为困苦的。然而其中,也有几件可以特别注意的事情。

其一是两汉人均田的思想,至此而实行。汉代的人,本都有个恢复井田或限名田的思想,然终未能实行。及王莽行之,而反以致弊。于是当时的人,又有一种议论:以为井田之制,当于大乱之后,人民稀少,土田无主之时行之。天下事,大家无此思想则已。如其有之,而又为多数人所公认,成为一种有力的舆论,则终必有一次试行的机会。晋武帝的户调式,便是实行此种理想的,其制:男女年十六至六十为正丁。十三至十五,六十一至六十五为次丁。男子一人,占地七十亩,女子三十亩。其外:丁男课田五十亩,丁女三十亩。次丁男半之,女则不课。丁男之户,岁输绢三匹、绵三斤、女及次丁男为户者半输。令天下的人,依年龄属性之别,而各有同等之田,因之而输同等之税。其于平均地权之意,可谓能极意规划了。然而井田制之难行,不难在授人以田,而难在夺人之田。无论如何大乱,土田总不会完全无主的。夺有主之田,而畀之他人,必为人情所不愿,而其法遂难推行。所以北魏孝文帝的均田令,又有桑田、露田之别。桑田为世业,露田则受之于官,而亦还之于官。案《孟子》说"五亩之宅,树之以桑",则此所谓桑田,疑即是宅田;或者是久经垦熟,世代相传的田,人情必不肯轻弃,所以听其私有。而其余则归之于公。这亦可谓善于调和了。晋武定户调式后,天下不久即乱,究竟曾否实行,很成疑问。便是魏孝文的均田令,曾实行至如何程度,亦很难说。然而以制度论,则确为平均地权的一种良法了。

其二是自古相沿的阶级,这时代,因环境的

适宜，又有发达之势。社会有所谓士庶，其根源，大约是古代的贵族和平民。古代的贵族，其世系都有史官替他记录。所以家世不至于无考，而士庶亦不至于混淆。自封建制度破坏，国破家亡之际，此等记录，未必更能保存。加以秦人灭学，诸侯史记，被他一把火烧尽。于是秦、汉以来，公侯子孙，就都"失其本系"了。汉朝是兴于平民的。其用人，亦不论门第。自古相沿的阶级，到此本可铲除。然而政治上一时的设施，拗不过社会上自古相传的观念。向来称为贵族的，还是受人尊敬；称为平民的，还不免受人轻蔑，这又是势所必然。两汉时代的社会，大约便系如此，此乃当时习为固然，而又极普遍的现象，所以没人提起。汉末丧乱，士流播迁。离其本土者渐多。其在本土，人人知其为贵族，用不着特别提起。到播迁之后，就不然了。这时代的人，所以于氏族之外，尤重郡望，职此之由。而五胡之族，颇多冒用汉姓的。中国士大夫，耻血统与异族相混淆，而要自行标举，自然也是一个理由。再加以九品中正的制度，为之辅助。士庶的阶级，自然要划若鸿沟了。

区别士庶，当以魏、晋、南北朝为最严。不但"婚姻不相通，膴仕不相假"，甚至"一起居动作之微，而亦不相偕偶"。看《陔餘丛考·六朝重氏族》一条可知。但是当时的士族，已有利庶族之富，和他们结婚、通谱的。隋、唐以后，此风弥甚。如此，则血统淆混，士庶之别，根本动摇。所以在隋、唐之世，门阀制度虽尚保存，其惰力性。一到五代之世，就崩溃无余了。魏晋南北朝，正是门阀制度如日中天的时代。此时的贵族，大抵安坐无所事事。立功立事，都出于庶族中人，而贵族中亦很少砥砺名节，与国同休戚

第十九章 隋之统一与政治

的。富贵我所固有，朝代更易，而其高官厚禄，依然不改。社会不以为非，其人亦不自以为耻。这真是阶级制度的极弊。

这时候，是个异族得势的时代。汉族为所压服，自然不免有种种不平等的事。而社会上的媚外，亦遂成为风气。这真是闻之而痛心的。

《颜氏家训》说："齐朝一士夫，尝谓吾曰：我有一儿，年已十七，颇晓书疏。教其鲜卑语及弹琵琶，稍欲通解。以此伏事公卿，无不宠爱。"我们看《隋书·经籍志》，所载学鲜卑语的书籍很多，便知这样的，绝不是一两个人。这是士大夫。至于小民，则史称高欢善调和汉人和鲜卑。他对鲜卑说："汉人是汝奴。夫为汝耕，妇为汝织，输汝粟帛，令汝温饱。汝何为陵之？"又对汉人说："鲜卑是汝作客。得汝一解粟、一匹绢，为汝击贼，令汝安宁。汝何为疾之？"一为武士，一为农奴，此时北方汉人所处的地位，就可想而知了。但是两汉以前，北方的文化，本高于南方，富力亦然。自孙吴至陈，金陵为帝王都者三百六十年。五胡乱后，北方衣冠之族，纷纷南渡。南方的文化，遂日以增高。浸至驾北方而上之，而富力亦然。试看隋唐以后，江淮成为全国财富之区。自隋至清，帝都所在，恒借江淮的转漕以自给，就可明白了。这也是中国社会的一大转变。

从南北朝至隋，可以算我国历史上一个由乱入治之世。但是其为治不久。

论起隋文帝的为人来，也可以算一个英明的君主。他的勤于政治和其持身的节俭，尤其是数一数二。所以承南北朝丧乱之后，取民未尝有所增加，对于杂税等，反还有所减免。而其时府库极为充实。重要的去处，仓储亦极丰盈。其国富，古今少可比拟的。

但是隋文帝有个毛病，便是他的性质，失之于严酷和猜忌。所以他的对付臣下，是要运用手腕的。而其驭民，则偏于任法。因此其所任用的人，如杨素、苏威等，非才知之士，则苟免之徒，并无立朝侃侃，与国同休戚的。而人民也没有感恩的观念。他又偏信皇后独孤氏，废太子勇而立炀帝。荒淫暴虐，兼而有之。而隋遂不免于二世而亡，与嬴秦同其运命了。

南北朝以后，荒淫暴虐的君主颇多。其性质，有近乎文的，如南朝的陈后主是。亦有近乎武的，则如北朝的齐文宣是。这大约和当时异族的得势，不无关系，而南朝的君主，多出身微贱，也是其中的一个原因。当隋及初唐之世，此等风气还未尽除。如隋炀帝，便是属于前一种的。如唐太宗的太子承乾，则是属于后一种的。

炀帝即位之后，即以洛阳为东都。他先开通济渠，引谷、洛二水，通于黄河，又自河入汴，

◎ 北宋 赵佶 听琴图（局部）

◎ 北宋 赵佶 瑞鹤图（局部）（见下页）

上篇 中古史

自汴入淮，以接淮南的邗沟。又开江南河，从京口到余杭，长八百里。他坐了龙舟，往来于洛阳、江都之间。又开永济渠，引沁水，南达黄河，北通涿郡。又开驰道，从太行到并州，由榆林以达于蓟。开运河，治驰道，看似便利交通之事，然而其动机非以利民，而由于纵欲；而其工程，又非由顾募，而出于役使。如此，人民就未蒙其利，而先受其害了。

当南北朝末年，突厥强盛。周、齐二国，恐其为敌人之援，都和他结婚姻，而且还厚加赠遗，以买其欢心。然而突厥益骄，边患仍不能绝。隋文帝劳师动众，又运用外交手腕，才把他克服下来。突厥的启民可汗，算是称臣于隋。又从慕容氏侵入中原之后，辽东空虚，为高句丽所据。至隋时不能恢复。这确是中国的一个大损失。为炀帝计，对于突厥，仍应当恩威并用，防其叛乱之萌。对于高句丽，则应先充实国力，军事上也要有缜密的计划，方可谋恢复国土。至于西域诸胡，则本和中国无大关系。他们大抵为通商而来。在两利的条件下，不失怀柔远人之意就好了。而炀帝动于侈心，任用裴矩，招致西域诸胡。沿途盛行供帐，甚至有意使人在路旁设了饮食之肆，邀请胡人饮食，不取其钱，说中国物力丰富，向来如此的。胡人中愚笨的，都惊叹，以为中国真是天上。其狡黠的，见中国也有穷人，便指问店主人道：你这白吃的饮食，为什么不请请他们？店中人无以为答。如此，花了许多钱，反给人家笑话。他又引诱西突厥，叫他献地数千里。设立西海、河源、鄯善、且末四郡。谪罪人以戍之。这些都是荒凉之地，要内地转输物品去供给他。于是西方先困。他又发大兵去征伐高句丽。第一次在六一一年，大败于萨水。六一三年、六一四年，又两次兴兵，高句丽仅貌为请降。而这三次，征兵运饷，却骚动天下。当他全盛时，曾巡行北方。幸突厥始毕可汗衙帐，始毕可汗极其恭顺。到六一五年再往，始毕可汗便瞧他不起，把他围在雁门。靠内地的救兵来了，才算解围。明年，炀帝又坐着龙船到江都。这时候，天下已乱，他遂无心北归。后来又想移都江南，而从行的都是关中人，心上很不愿意。宇文化及等乘机煽惑。炀帝遂于六一八年为化及等所弑。

隋末，首起创乱的，是杨素的儿子玄感。炀帝再征高句丽时，他在黎阳督运，就举兵造反。当时李密劝他直遏炀帝的归路，次之则先取关

第二十章 唐的开国及其盛世

中，以立自己的根基。玄感都不能听，而顿兵于东都之下，遂致失败。后来群盗蜂起，李密和河南的强盗翟让合伙，旋把他杀掉，自成一军。据兴洛、回洛诸仓，招致饥民，至者数十万，声势很盛。在河北，则群盗之中，窦建德最有雄略。而隋炀帝所遣的将王世充，则据东都，和李密相持。唐高祖李渊，本是隋朝的太原留守。以其次子世民——后来的唐太宗——的计策，于六一七年，起兵先取长安，次平河西、陇右。刘武周据马邑，以宋金刚为将，南陷并州，亦给唐兵打败。李密为王世充所败，降唐，旋又借招抚为名，出关想图再举，为唐人伏兵所杀。秦王世民攻王世充，窦建德来救，世民留兵围城，引兵迎击于虎牢，大破之。擒建德，世充亦降。建德将刘黑闼，两次反叛，亦给唐兵打平。长江中流，梁朝之后萧铣，称帝于江陵，地盘颇大。唐朝亦派兵把他灭掉。其下流：陈稜、李子通、沈法兴等，纷纷割据。后皆并于杜伏威。而伏威降唐。割据北边的，有高开道、范君璋、梁师都等，大都靠突厥为声援。然天下定后，突厥亦不能拥护他。遂次第为唐所平定。这时候，已在太宗的初年了。

汉与唐，同称中国的盛世，汉之治称文、景，唐之治则称贞观与开元。

唐高祖的得国，本是靠秦王世民之力。太子建成和齐王元吉忌他，彼此结党互争。而高祖晚年，颇惑于嬖妾近习。这竞争倘使扩大了，也许可以演成干戈，人民重受其祸。幸而唐高祖封世民于东方之说，未曾实行。玄武门之变，解决迅速，建成、元吉都为世民所杀。高祖亦传位于太宗。于是历史上遂见到所谓贞观之治。

太宗是三代下令主。他长于用兵，又勤于听政，明于知人，勇于从谏。在位时，任房玄龄、杜如晦为相，魏徵为谏官，都是著名的贤臣。所以其武功、文治，都有可观。参看第二十一、二十三两章自明。

太宗死后，高宗即位，初年任用旧臣，遵守太宗治法，所以永徽之治，史称其媲美贞观。中年后，宠信武才人，废王皇后，立为皇后。国戚旧臣，如长孙无忌、褚遂良等，都遭贬斥。高宗因苦风眩，委政武后，后遂为其所制，唐朝的衰颓，就自此开始了。高宗死后，武后废中宗而立豫王旦——就是后来的睿宗。六九〇年，又把他废掉，自称则天皇帝，改国号为周。中宗初废时，幽禁于房陵。后来因狄仁杰的谏劝，才还之于洛阳，代睿宗为皇嗣。七〇五年，宰相张柬之等，乘武后病卧，阴结宿卫将士，迎接中宗复位。

武后以一女主，而易姓革命，这是旷古未有之事，自然要疑心人家暗算她。于是：

（一）大杀唐宗室，又大开告密之门，任用酷吏周兴、来俊臣、索元礼等，用严刑峻法，以挟制天下。

（二）一方面又滥施爵禄，以收拾人心。虽然其用人颇有不测的恩威，进用速而黜退亦速，然而幸进之门既开，仕途遂不免于淆杂。

（三）武后虽有过人之才，然而并无意于为治，所用多属佞媚之臣。其嬖宠，如薛怀义、张昌宗、张易之等，无不骄奢淫逸。武后亦造明堂，作天枢，所费无艺，民不堪命。

（四）一面骄奢淫逸，一面又要尽心防制国内，自然无暇对外。于是突厥、契丹蹂躏河北。发数十万大兵而不能御。吐蕃强盛，西边也时告紧急。

这都是武后革命，及于政治上的恶影响。中宗是身受武后幽废的，论理当一反其所为，而将武后时之恶势力，铲除净尽。而以武后之才，把持天下二十余年，亦终于失败，则即有野心的人，亦当引以为鉴。然而天下事，每有出于情理之外的。中宗复位之后，即唯皇后韦氏之言是听，任其妄作妄为，不加禁止。而韦后，亦忘却自己是和中宗同受武后幽禁，几遭不测的，反与上官婕妤俱通于武后之侄武三思。于是武氏的势力复盛。张柬之等反都遭贬谪而死，韦后、上官婕妤、韦后的女儿安乐公主等，都骄奢淫逸，卖官鬻爵。政治的浊乱，更甚武后之时。七一〇年，中宗竟为韦后所弑。玄宗起兵定乱。奉其父睿宗为皇帝。睿宗立玄宗为太子。时韦后及安乐公主已死，唯武后女太平公主仍在。公主当武后时，即多与密谋，后来中宗复辟，及玄宗讨韦后之乱，又皆参预其事。属尊而势力大，在朝的人，都有些怕她，附和她的亦很多。公主惮玄宗英明，竭力谋危储位，睿宗又不能英断。其时情势甚险。幸而玄宗亦有辅翼的人，到底把她除去。而睿宗亦遂传位于玄宗。这是七一二年的事。当睿宗在位时，贵戚大臣的奢侈，二氏营造的兴盛，还是同武、韦时一样。而从中宗时，韦后和上官婕妤、太平、安乐公主等，都可以斜封墨敕授官。仕途的混杂，尤其不可思议。直到玄宗即位，任姚崇为宰相，才把它铲除掉。玄宗初相姚崇，后相宋璟。崇有救时之才，璟则品性方刚，凡事持正。崇、璟之后，又相张九龄，亦是以风骨著闻的。武韦以后的弊政，到此大都铲除。自高宗中叶以后，失坠的国威，到此也算再振。这个于下一章中叙述。从贞观到开元，虽然中经武、韦之乱，然而又有开元的中兴，总算是唐之盛世。自天宝以后，则又另是一番局面了。

第二十一章 隋唐的武功

隋、唐两代的武功，是互相继续的。隋朝的武功，虽不如唐朝之盛，然而是唐朝开拓的先声。其规模，较汉代尤为广远。这也是世运进步、交通日益发达的缘故。

中国历代的大敌是北狄。隋、唐时代，自然也是如此。后汉时，匈奴败亡，鲜卑继续据其地，已见第七章。两晋时，鲜卑纷纷侵入中国，于是丁令入居漠北。丁令便是今日的回族。异译称敕勒，亦作铁勒，中国人称为高车。当拓跋魏在塞外时，今热、察、绥境诸部落，殆悉为所并。只有热河境内的奚、契丹，未全随之入中国。又有一个部落，称为柔然的，则始终与之为敌。从魏孝文迁都以前，北魏根本之地，实在平城。所以其防御北族，较侵略中国，更为重要。太武帝之世，曾屡出兵击破柔然。柔然败后，逃至漠北，收服铁勒之众，其势复盛。太武帝又出兵征讨，把他打败。这时候，铁勒之众，降者甚多。太武帝都把他迁徙到漠南。柔然遂不能与魏抗。这是四二〇年至四三〇年间的事。东、西魏分立后，柔然复强。然其势不能久。至五五二年，遂为突厥所破。突厥也是回族，兴于金山的。既破柔然之后，又西破嚈哒，尽服西域诸国。其最西的可萨部，直抵亚洲西界，与罗马为邻，东方则尽服漠南北诸族。其疆域之广，远过汉时的匈奴。

然而突厥声势虽盛，其组织却不甚坚凝。各小可汗的势力，都和大可汗相仿佛。隋文帝于是运用外交手腕，先构其西方的达头可汗和其大可汗沙钵略构兵。突厥由是分为东西。后又诱其东方的突利可汗，妻以宗女。其大可汗都蓝怒，攻突利，突利逃到中国。隋处之于夏、胜二州之间，赐号曰启民可汗。都蓝死后，启民因隋援，尽有其众。

于是突厥一时臣服于隋。隋末大乱，华人多往依突厥，突厥复盛，控弦之士至百万。北边的群雄，无不称臣奉贡。便唐高祖初起时，也是如此。天下定后，还很敷衍他。而突厥贪得无厌，仍岁侵边，甚至一岁三四入。太宗仍运用外交手腕，离间其突利可汗。而是时突厥的大可汗颉利政衰，北边诸部多叛。又连遭荒歉。六三〇年，颉利遂为太宗所擒。突厥或走西域，或降薛延陀，而来降的尚十余万。太宗初用温彦博之言，处之河南，后来又徙之河北。这时候，薛延陀继据漠北。六四四年，又为太宗所灭。回纥继居其地。率先铁勒诸部，尊中国的天子为天可汗。突厥的遗众也曾屡次反叛,然都不成大患。到六八二年,骨咄禄自称可汗,中国就不能平定。骨咄禄死后,弟默啜继之。尽复颉利以前旧地,大举入攻河北,破州县数十。武后兴大兵数十万御之而不胜。直到七四四年,玄宗才乘其内乱,出兵直抵其庭,把他灭掉。至于西突厥,则是六五七年,高宗乘内乱,把他灭掉。西突厥在当时,本是亚洲西方唯一的大国。西突厥灭亡后,诸国皆震恐来朝,中国所设的都督府州,遂西至波斯。

葱岭以东,汉时十六国之地,后来互相吞并,其兴亡不尽可考。唐时,高昌、焉耆、龟兹、于阗、疏勒较大,太宗于高昌、焉耆、龟兹三国,都用过兵。其余小国,则皆不烦兵力而服。

青海本羌地。晋时,为鲜卑吐谷浑所据。至后藏,则为今藏族兴起之地。其族之北据于阗,臣服葱岭以西,和波斯兵争的为嚈哒,为突厥所灭。而印度阿利安人,又有一支入藏,居于雅鲁藏布江流域,是为吐蕃王室之祖。吐蕃至唐时始强。太宗时,因求尚主不得,入寇松州。太宗遣将击破之。然仍妻以宗女文成公主。公主好佛,是为吐蕃人受佛教感化之始。至今还尊为圣母。弃宗弄赞尚主后,对中国极其恭顺。死后,其大

臣钦陵、赞婆等专国,才猾起夏来。东灭吐谷浑,西破西域四镇。高宗、武后时,与之战争,屡次失败。武后时,王孝杰恢复四镇之地,吐蕃对西域一方面,稍受牵制;而中宗时,又畀以河西九曲之地。由是河湟之间,受祸尤烈。直到玄宗时,才把它恢复过来。

印度和中国,虽久有宗教和商业上的关系,至于国交上的关系,则很少的。唐时,有个和尚,法名唤作玄奘,即是后来被尊为三藏法师的,因求法至印度。这时候,印度乌苌国的尸罗逸多二世在位。遣使入贡。太宗又遣王玄策报使。玄策至其国,适值尸罗逸多薨逝,其臣阿罗那顺篡立。发兵拒击玄策。玄策走吐蕃西鄙,发吐蕃、泥婆罗两国的兵,把他打败,擒阿罗那顺送阙下。这要算中国对西南,兵威所至最远的一次了。

东北一带,雄据辽东的是高句丽。在今热河境内的是奚、契丹。在松花江流域的,则是靺鞨。中国对东北,国威的涨缩,要看辽东西的充实与否。自汉至晋初,辽东西比较充实。所以高句丽等不能跋扈。慕容氏侵入中国后,辽东空虚,遂至为其所据。辽西亦受侵掠。热河境内的契丹且不能免,吉林境内的靺鞨,其折而入之,

第二十二章 隋唐的对外交通

交通是随世运而进步的，而世运亦随交通而进步，二者是互为因果的。两汉对外的交通，已见第八章。隋、唐时代，国威之盛，不减汉时，而世运又经三百余年的进步，交通的发达，自更无待于言了。

语云："水性使人通，山性使人塞。"观于中、欧陆路相接，而其交通之始，反自海道而来，已可知之。魏晋而后，海道的交通，更形发达。据阿拉伯人《古旅行记》，则公元一世纪后半，西亚细亚海船，始达交趾。其时实在后汉的初叶。及中叶，大秦的使节和商人，大概都是由此而来的。至第三世纪中叶，则中国商船，渐次西向，由广州而达槟榔屿。第四世纪至锡兰，第五世纪至亚丁。终至在波斯及美索不达米亚，独占商权。至第七世纪之末，阿拉伯人才代之而兴。然则自东晋中叶，至唐武后之时，我国的商权，在亚洲可称独步了。

还有一惊人之事，则中国在当时，似已与西半球有交通。古书上说东方有个扶桑国，其道

自更不必说了。隋朝东征的失败，固由炀帝不善用兵，亦由东北空虚，军行数千里，大敌不能猝克，而中国又不能屯兵与之久持的缘故。唐太宗亦蹈其覆辙。六四四年之役，自将而往，未能大克，而损失颇巨。直到高宗时，因其内乱，才于六六三、六六八两年，先后把百济和高句丽灭掉。于是分其地置都督府州，而设安东都护府于平壤以统之。中国的疆域，才恢复两汉时代之旧。然新罗人即阴嗾丽、济余众叛唐，而因之以略唐地。而武后时，契丹反叛，因此牵动了入居营州境内的靺鞨。其酋长大祚荣，逃至吉林境内。武后遣兵追击，不胜。大氏遂自立为国。尽并今吉、黑两省及俄领阿穆尔、东海滨省，暨朝鲜半岛北部之地，是为渤海。于是安东都护，内徙辽东，唐朝对东北的威灵，就失坠了。但是新罗、渤海，对中国都尚恭顺。其文化，也都是模仿中国的。而日本，亦于是时，年年遣使通唐，其一切制度，亦皆学自中国。中国对东北的政治势力，虽不十分充分，其声教所及，则不可谓之不远了。

里及位置,很难证实。而《南史·四夷传》载四九九年,其国有沙门慧深,来至荆州。述其风俗制度,多与中国相似。而贵人称对卢,与高句丽,同婚姻之先,婿往女家门外作屋,晨夕洒扫,颇似新罗人风俗。然则扶桑似是朝鲜半岛的民族,浮海而东的。慧深说其国在大汉东二万里,而大汉国在文身国东五千余里,文身国在倭[9]东北七千余里,核其道里,其当在美洲无疑。所以有人说:扶桑就是现在墨西哥之地。但亦有人说:古书所载道里,多不足据,从种种方面看来,扶桑实是现今的库页岛。这两说,我们姑且悬而不断。但亦还有一个证据,足证中国人之曾至西半球。法显《佛国记》载其到印度求法之后,自锡兰东归,行三日而遇大风,十三日到一岛。又九十余日而至耶婆提。自耶婆提东北行,一月余,遇黑风暴雨。凡七十余日,折西北行,十二日而抵长广郡。近人章炳麟《法显发见西半球说》,说耶婆提就是南美洲的耶科陁尔,法显实在是初陷入太平洋中而至此。至此之后,不知地体浑圆,仍向东方求经,又被黑风吹入大西洋中。超过了山东海岸,再折回来的。其计算方向日程,似乎很合。法显的东归,在东晋义熙十二年,即四一六年。其到美洲,较哥伦布要早一千零七十七年,其环游地球较麦哲伦要早一千一百零三年了。

唐中叶后,阿拉伯海运既兴,中国沿海,往来仍极繁盛。据唐李肇《国史补》,则安南、广州,每年皆有海舶前来,《国史补》所记,多系开元、长庆百余年间之事。然则八、九世纪间,外国海舶，必已来交、广无疑。所以当八世纪之初，我国在广州业已设有市舶司。而据《唐书·田神功传》，则七六〇年，神功兵在扬州大掠，大食、波斯贾胡，死者数千。又八三四年，文宗诏书，曾命岭南、福建、扬州，存问蕃客，不得加重税率。则今江苏、福建之境，也有外国商人踪迹了。

陆路的交通，历代亦迄未尝绝。试看南北朝时，币制紊乱，内地多以谷帛代用，独岭南以金银为市，而河西亦用西域金银钱，便可知当时对西域贸易之盛。所以隋世设官，陆路有互市监。炀帝招致诸国，来者颇多。当时裴矩曾撰有《西域图记》，惜乎今已不传。而史官记录，亦多无存，以致《隋书》的《西域传》，语焉不详罢了。隋时通西域的路有三：北道出伊吾，过铁勒、突厥之地，而至拂菻；中道出葱岭，经昭武九姓诸国而至波斯；南道渡葱岭至北印度。唐时，陆路交通，益形恢廓，《唐书·地理志》载贾耽所记入四夷之路，最要者有七：其中第一、第三、第四、第五、第六都是陆路。除第三夏州塞外通大同、云中道，全在今日邦域之内。第五自安西入西域道，与隋时入西域之路略同外。又有，第一，营州入安东道。自今热河境，东经辽东至平壤，南至鸭绿江，北至渤海。第四，中受降城入回鹘道。自今绥远境内黄河北岸的中受降城起，渡沙漠，至色楞格河流域。再北逾蒙古和西伯利亚的界山，而至贝加尔湖。东北经呼伦湖，而通兴安岭两侧的室韦。第六，安南通天竺道。自安南经现今的云南至永昌。分为南北两道。均经缅甸境入印度。而安南又别有一路，过占城真腊而至海口，与第七广州通海之道接。其第二自登州海行入高丽、渤海道，至鸭绿江口，亦分歧为二：由陆路通渤海、新罗。第一道自平壤南至鸭绿江，也是与此道接的。

陆路的交通，道路的修治既难，资粮的供给又不易。所以大陆交通的发达，转在海洋交通之后。唐时，国威遐畅，于这两点，亦颇费经营。《唐书·回鹘传》说：太宗时，铁勒诸部来降，请于回纥、突厥部治大涂，号参天至尊道，于是诏碛南鹈鹕泉之阳，置过邮六十八所，具群马、湩、肉，以待使客。《吐蕃传》亦说：当时轮台、伊吾屯田，禾菽相望。虽然为物力所限，此等局面不能持久，然而一时则往来之便，确有可观。中外文化的能互相接触，也无怪其然了。

第二十三章 隋唐的制度

隋唐的制度，大略是将魏、晋、南北朝的制度，加以整理而成的。但自唐中叶以后，因事实的变迁，而制度亦有改变。

自魏、晋以后，平时不设宰相，而尚书、中书和门下，迭起而操宰相之权。隋改中书为内史。唐初复旧。以三省长官为宰相。中书取旨，门下封驳，尚书承而行之。其后多不除人，但就他官加一个同平章事，或同中书门下三品的名目。而中书门下之事，实亦合议于政事堂，并非真截然分立的。尚书，历代都分曹治事。至隋才设六部，以总诸曹。自唐以后，都沿其制。御史一官，至唐而威权渐重。所属有三院：台院，侍御史属焉；殿院，殿中御史属焉。监院，监察御史属焉。御史弹劾，本来只据风闻。唐贞观中叶，才于台中置东、西二狱。自此，御史台渐受词讼，侵及司法的权限。专制之世，君主威权无限。和君主接近的人，便为权之所在。而君主又每好于正式机关之外，另行委任接近之人。唐朝的学士，本只是个文学侍从之官，翰林尤其是杂流待诏之所，并不是学士。但是后来，渐有以学士而居翰林中的。初代中书舍人掌文诰。后来就竟代宰相，参与密谋。这也和魏晋以后的中书门下如出一辙。

外官则因东晋以来，州的区域缩小，至隋世，遂并州郡为一级。唐代因之，而于其上更置"监司之官"。这颇能恢复汉代的旧规。但中叶以后，节度握权，诸使名目尽为所兼，而支郡亦受其压制，尽失其职，不复能与朝廷直接。名为两级，实在仍是三级制了。

两汉行今文经说，只有一大学。晋武帝时，古文经之说既行，才别设国子学。自此历代或国子大学并置，或但设国子学。至隋，国子始自为一监，不隶太常。唐有国子学、太学、四门学、律学、书学、算学六学，都隶国子监。但其学生，多以皇亲、皇太后亲、皇后亲和大臣子弟，分占其额，不尽是平民进的。从东汉以后，学校已不是学问的重心，只是进取之阶，选举上之一途而已。

选举制度，隋唐时有一大变迁。隋炀帝始设进士科，而其制不详。唐时则设科甚多，其常行的为明经、进士两科。明经试帖经、墨义，进士试诗赋。一则但责记诵，失之固陋。一又专务辞藻，失之浮华。然所考试的东西，虽不足取，而以考试之法论，则确是选举制度的一大进步。原来隋唐时的科举，原即两汉以来的郡国选举。前此无正式考试之法，则举者不免徇私。士有才德而官不之举，亦属无可奈何。唐制，则士可投牒自列，州县就加考试，送至京师，而试之于礼部。则举否之权，不全操于州县长官，而毫无应试本领的人，也就不敢滥竽充数了。此外唐朝还有一种标明科目，令臣下荐举的，谓之制科。是所以待非常之才的。其选官，则文选属于吏部，武选属于兵部。吏部于六品以下的官，都始集而"试"，观其书判。已试而"铨"，察其身言。已铨而"注"，乃询其便利而"拟"。唐初铨选，仍有衡鉴人才之意。裴光庭始创循资格，以限年蹑级为事，又专以资格用人了。汉世郡县之佐，都由其长官自辟。所辟的大都是本地人。历代都沿其制。隋文帝才尽废之，别置品官，悉由吏部除授。这两事，都是防弊之意多，求才之意少。然而仕宦既成为利禄之途，其势亦不得不如此。

兵制：隋、唐两朝，都是沿袭后周的。而唐朝的府兵，制度尤为详备。其制：全国设折冲府六百三十四，而在关内的二百六十一。每府各置折冲都尉，而以左右果毅都尉为之副。上府一千二百人，中府千人，下府八百。诸府皆分隶于卫，平时耕以自养，战时召集，临时命将统率。师还，则将上所佩印，兵各归其府，颇得兵农合一之意。但是练兵是所以对外的，承平无事之时，当然不免废弛。所以高宗、武后之世，其法业已渐坏，至于不能给宿卫。宰相张说，乃请代以募兵，谓之彍骑。如此，边庭上的兵，自然也不能仰给于府兵，而不免别有所谓藩镇之兵了。唐初戍边的兵，大者称军，小者或称守捉，或称城，或称镇，都有使而总之以道。道有大总管，后来改称大都督。高宗以后，都督带使持节的，则谓之节度使。玄宗时，于沿边设十节度经略使。其兵多强。而内地守备空虚，遂酿成安史之乱。安史乱后，则藩镇遍于内地。到底不可收拾，而酿成五代的分裂了。

隋、唐的法律，大体也不过沿袭前朝。而刑罚种类等级，则至隋时又一进步。自汉文帝除肉刑而代以髡笞。髡法过轻，而略无惩创。笞法过重，而至于死亡。后乃去笞而独用髡。减死罪一等，即止于髡钳，进髡钳一等，即入于死罪。轻重失宜，莫此为甚。从隋唐以后，才制笞、杖、徒、流、死五刑。其中又各分等级。自此以后，刑罚轻重得宜，前此复肉刑的议论，就无人提起了。又隋以前的法律，只有刑法，到唐朝，则又有所谓《六典》。此书是仿照《周礼》，以六部为大纲而编纂的。一切国家大政都具其中，俨然是一部完备的行政法典。后来明清的《会典》，都是渊源于此的。

明 仇英 玉洞仙源图（局部）

第二十四章 隋唐的学术和文艺

隋、唐承南北朝之后，在思想界，佛学的发达，可谓臻于极盛。这个留待下章再讲。而儒家的辟佛，亦起于此时。首创其说者为韩愈。宋人辟佛的，颇乐道其说。经学，自魏、晋以后，两汉专门的授受，渐次失传，于是有义疏之学。在南北朝时，颇为发达。然其说甚繁杂，于是又有官纂的动机，其事至唐代而告成。便是太宗敕修，至高宗时再加订定而颁行的《五经正义》。唐人经学本不盛，治经的大多数是为应明经举起见。既有官颁之本，其他遂置诸不问了，于是义疏之学亦衰。唯啖助、赵匡的治《春秋》，于《三传》都不相信，而自以其意求之于经文，则实为宋人经学的先声。

自汉以后，作史的最重表志纪传和编年两体，已见第九章。而表志纪传一体，尤为侧重。又新朝对于旧朝，往往搜集其史料，勒成一书，亦若成为通例。唐朝自亦不能外此。唯前此作史的，大抵是私家之业，即或奉诏编撰，亦必其人是素来有志于此，或从事于此的。唐时所修晋、宋、齐、梁、陈、魏、周、齐之史，都系合众撰成。自此以后，"集众纂修"遂沿为成例。旧时论史学的，都说众纂之书，不如独撰。在精神方面，

固然如此，然后世史料日繁，搜集编排，都非私人之力所及，亦是不得不然的。又众纂之书，亦自有其好处。因为从前的正史，包蕴宏富，一人于各种学问，不能兼通，非合众力不可。《晋书》的纪传，虽无足观，而其志则甚为史学家所称许，即其明证。唐代的史学，还有可特别记述的。其一，专讲典章经制的，前此没有，至唐而有杜佑的《通典》。其二，前此注意于史法的很少，至唐而有刘知几的《史通》。

与其说隋、唐是学术思想发达的时代，不如说隋、唐是文艺发达的时代。散文和韵文，在其时都有很大的变化。从齐梁以后，文字日趋于绮靡，以致不能达意，已见第十七章。在此种情势之下，欲谋改革，有三条路可走：其一是废弃文言，专用白话。唐代禅家的语录，以及民间通行的通俗小说，就是从此路进行的。此法在从前尚文之世，不免嫌其鄙陋。而且同旧日的文章，骤然相隔太远，其势亦觉不便，所以不能专行。其二则以古文之不浮靡者为法。如后周时代，诏令奏议，都模拟三代是。此法专模仿古人的形式，实亦不能达意，而优孟衣冠，更觉可笑，所以亦不可行。第三条路，则是用古人作文的义法，来

运用今人的语言。如此，既不病其鄙陋，而又便于达意。文学的改革，到此就可算成功了。唐时，韩愈、柳宗元等人所走的，就是这一条路。此项运动，可说起于南北朝的末年，经过隋代，至唐而告成功的。此项新文体虽兴，但旧时通行的文体，仍不能废。中国文字，自此就显分骈、散两途了。后人以此等文体，与魏晋以来对举，则谓之散文。作这一派文字的人，自谓取法于古，则又自称为古文。

　　韵文之体，总是随音乐而变化的。汉代的乐府，从东晋以后，音节又渐渐失传了。隋唐音乐，分为三种：一为雅乐，就是所谓古乐。仅用之于朝庙典礼。一为清乐，就是汉代的乐府，和长江流域的歌词，存于南朝的，隋平陈之后，立清商署以总之。其中在唐代仍可歌唱的，只有绝句。只有外国输入的燕乐，流行极盛。依其调而制作，则为词，遂于韵文中别辟新体。但是唐代最发达的，不是词而是诗。诗是汉朝以来，久已成为吟诵之物。大抵韵文的起源，必由于口中自然的歌调——歌谣。而其体制的恢廓，辞藻的富丽，则必待文人为之，而后能发挥尽致。在唐代，正是这个时候了。其时除五言古诗，沿袭前人体制外，自汉以来的乐府，则又变化而成歌行。自齐、梁以来，渐渐发生的律体，亦至此而告大成。这是体制的变化，其内容，则前此的诗，都是注重于比兴。唐人则兼长叙事。其中最有力的人物就是杜甫。他所作的诗，能把当时政治上的事实和社会上的情形，一一写出，所以后人称为"诗史"。其后韩愈、元稹、白居易等，也是很长于叙事的。唐诗，旧说有初、盛、中、晚之分，虽没有截然的区别，也可代表其变化的大概。大抵初唐浑融，盛唐博大，中唐清俊，晚唐稍流于纤巧，然亦是各有特色的。宋朝人的诗，非不清新，然而比之唐人，就觉其伧父气了。

　　书法，唐人擅长的也很多。大抵承两晋、南北朝之流，而在画学上，则唐代颇有新开创。古代绘画，最重人物。别的东西，都不过人物的布景。后来分歧发达，才各自成为一科。而山水一科，尤为画家才力所萃。唐时王维和李思训，号称南北两派之祖。南派神韵高超，北派勾勒深显。宋元明清的画家，都不能出其范围。其擅长人物的，如吴道子等，亦盛为后世所推重。又有杨惠之，善于塑像。最近，在江苏吴县、昆山间的甪直镇，曾发现其作品。现已由当地郑重保存了。

明 赵左 秋山读书图（局部）

第二十五章 佛教的分宗和新教的输入

中国的文明，在各方面都颇充实的，唯在宗教方面，则颇为空虚。此由中国人注重于实际的问题，而不甚措意于玄想之故。信教既不甚笃，则凡无害于秩序和善良风俗的，都可以听其流行。所以在政治上、社会上，都没有排斥异教的倾向。而各种宗教，在中国都有推行的机会。

其中最发达的，自然要推佛教。佛教初输入时，大约都是小乘。四〇一年，鸠摩罗什入长安，大乘经论才次第流传，佛教遂放万丈光焰。

佛教中典籍甚多。大概分之，则佛所说为经；其所定僧、尼、居士等当守的戒条为律；菩萨所说为论。佛教中亦分派别，是之谓宗。各宗各有其所主的经、论。虽然殊途同归，而亦各有其独到之处。自晋至唐，佛教的分宗，凡得十余，其中发挥哲理最透彻的，要推华严、法相、天台三宗，是为教下三家。禅宗不立文字，直指心源，谓之教外别传。净土一宗，弘扬念佛，普接利钝，在社会上流行最广。

中国的佛教有一特色，便是大乘的发达。大乘是佛灭后六百年，才兴于印度的。其时已在汉世。至唐中叶，而婆罗门教复兴。佛教在印度，日渐衰颓，所以大乘在印度的盛行，不过六七百年之谱。其余诸国，不能接受大乘教义，更不必论了。独在中国，则隋唐之间，小乘几于绝迹，而且诸宗远祖，虽在印度，其发挥精透，则实在我国，华严和禅宗皆然。天台宗则本为智者大师所独创，这又可见我国民采取融化他国文化的能力了。

佛教而外，外国宗教输入的，还有几种：

一为祆教（Mezdeisme），即火教，亦称胡天。此教为波斯的国教，系苏鲁支（Zoroaster）所创。立"善""恶"二元，以光明代表"净"和"善"，黑暗代表"秽"与"恶"。所以崇拜火和太阳。南北朝时，其教渐传至葱岭以东，因而流入中国。北朝的君主颇有崇信他的。唐时，大食盛强。波斯和中亚细亚都为所占。祆教徒颇遭虐待，多移徙而东，其流行中国亦渐盛。

二为摩尼教（Manicheism）。此教原出火教。为巴比伦人摩尼（Mani）所创。时在二二四年，亦为波斯所尊信。六九四年，波斯拂多诞，始持经典来朝。七一九年，吐火罗国又献解天文人大慕阇。据近来的考究，都是摩尼教中人。七三二年，玄宗诏加禁断。然回纥人信奉其教。安史乱后，回纥人在中国得势。摩尼教复随之而入，传布及于江淮。文宗时，回纥为黠戛斯所破。武宗乃于八四五年，更加禁止。武宗这一次所禁，是并及于佛教的。但是佛教在中国，根柢深厚，所以宣宗即位之后，禁令旋即取消。摩尼教却不能复旧了。然南宋时，其教仍未尽绝。其人自称为明教。教外之人，则谓之吃菜事魔。其教徒不肉食，崇尚节俭，又必互相辅助，所以致富的颇多。

三为景教，是基督教中乃司脱利安（Nestorius）一派。因为创立新说，为同教所不容，谪居于小亚细亚。波斯人颇信从它。渐次流行于中亚细亚。六三八年，波斯阿罗本（Olopen）赍其经典来长安，太宗许其建立波斯寺。七四五年，玄宗因波斯已为伊斯兰教徒所据，而景教原出大秦，乃改波斯寺为大秦寺。七八一年，寺僧景净，建立《大秦景教流行中国碑》，于明末出土。于基督教初入中国的情形，颇足以资考证。

四为伊斯兰教（Islam）。此教今日通称为回教，乃因回纥人信奉之而然，其实非其本名。此教当唐末，才流行到天山南路。其时适回纥为黠戛斯所破，遁逃至此，渐次信从其教。至元时，西域和天山南路的回族，多入中国，其教遂随之而流行。然其初来，则实从海道。何乔远《闽书》卷七，述其历史，谓吗喊叭德[10]门徒，有大贤四人。唐武德中来朝，遂传教中国。一在广州，一在扬州，其三在泉州云云。其说虽不尽足据。然回教的初至，当随大食人从海道而来，则似无疑义了。

第二十六章 中外文化的接触

"文化"两字，寻常人对于它，往往有一种误解，以为是什么崇高美妙的东西。其实文化只是生活的方式。各国民所处的境界不同，其生活方式自然不同，文化也因之有异了。人类是富于模仿性的，见他人的事物和自己不同，自会从而仿效。而彼此的文化，遂可以互相灌输。

中国是文明古国，尤其在东洋，是独一无二的文明之国，其文化能够裨益他人的自然很多，然而他人能裨益我的地方，亦复不少。

在东方，朝鲜半岛的北部，本来是中国的郡县，后来虽离我而独立，可是其民族，久经我国的教导启发。所以高句丽、百济，在"四夷"之中，要算和我最为相像，简直可说是我国文化的分支。而此文化，复经半岛而输入日本。日本初知中国文字，由百济博士王仁所传，其知有蚕织，则由归化人弓月君所传。这两人，据说都是中国人之后，这大约是东晋时代的事。至南北朝时，日本也自通中国，求缝工、织工。隋时，其使小野妹子，始带着留学生来。唐时，其国历朝都遣使通唐，带来的留学生尤多。归国后，大革政治，一切都取法于我。从此以后，日本遂亦进为文明之国。朝鲜是我的高第弟子，日本都是我的再传弟子了。

其在南方，则后印度半岛的一部分，自唐以前，亦是我国的郡县。所以华化亦以此为根据，而输入南洋一带。其中如澜沧江下流的扶南，其知着衣服，实由我国使者的教导。又如马来半岛的盘盘、投和，其设官的制度，颇和中国相像。大约是效法交州诸郡县的。后印度半岛，其文化以得诸印度者为多，然而传诸我国者，亦不是没有了。

西南方及西方，有自古开化的印度和西亚及欧洲诸国，和东南两方榛榛狉狉的不同。所以在文化方面，颇能彼此互有裨益。其裨益于我最大的，自然要推印度。佛教不必说了。我国人知有字母之法，亦是梵僧传来的。此外建筑，则因佛教的输入，而有寺塔。南北朝、隋、唐，崇宏壮丽的建筑不少。绘画则因佛教的输入，而有佛画。雕刻之艺，亦因之而进步。其中最伟大的，如北魏文成帝时的武州石窟及宣武帝时的伊阙佛像，当时虽稍劳费，至今仍为伟观。在日常生活上，则木棉的种植和棉布的织造，虽不知道究竟从哪一方面输入，然而世界各国的植棉，印度要算很早。我国即非直接从印度输入，亦必间接从印度输入的。而蔗糖的制法，亦系唐太宗时，取之于印度的摩揭陀国。西域文化，影响于我最大的，要算音乐。自南北朝时开始流行，至隋时，分乐为雅、俗二部。俗部中又分九部，其中除清乐、文康，为中国旧乐及高丽之乐，来自东方外，其余六部，都出自西域。

唐太宗平高昌，又益之以高昌乐，共为十部。自古相传的百戏，亦杂有西域的成分。其中最著称的，如胡旋女、泼寒胡等都是。西域各国输入的异物，大抵仅足以广见闻，无裨实用。唯琉璃一物，于我国的工业，颇有关系。此物夙为我国所珍贵。北魏太武帝时，大月氏商人来到中国，自言能造。于是采矿山中，令其制造。《北史》说："自此琉璃价贱，中土不复珍之。"可见所造不少。其后不知如何，其法又失传，隋时，又尝招致其人于广东，意图仿造，结果未能成功。然因此采取其法而施之于陶器，而唐以后的瓷器，遂大放其光焰。这可称所求在此，其效在彼了。西方人得之于我的，则最大的为蚕织。此物在西方，本来最为贵重。罗马时代，谓与黄金同重同价。安息所以要阻碍中国、罗马，不便交通，就在独占丝市之利；而罗马所以拼命要通中国，也是如此。直至五五〇年，才由波斯人将蚕种携归君士坦丁堡。欧洲人自此，始渐知蚕织之事。

北俗最称犷悍，而其生活程度亦最低，似无能裨益于我。然而我国的日常生活，亦有因之而改变的。我国古代的衣服，本是上衣而下裳。深衣则连衣裳而一之。脚上所着的，则是革或麻、丝所制的履或草履。坐则都是席地。魏晋以后，礼服改用袍衫，便服则尚裙襦。要没有短衣而着袴的。靴则更无其物。虽亦渐坐于床，然仍是跪坐。而隋唐以后，袴褶之服，通行渐广。着靴的亦日多。这实是从胡服而渐变。坐则多据胡床，亦和前此的床榻不同了。这是说北族的文化，被我来取的。至于我国的文化，影响于北族，那更指不胜屈。凡历史所谓去腥膻之习、袭上国之法，无一不是弃其旧俗而自同于我的。如渤海便是一个最好的例证。其事既多，自无从一一列举了。

第二十七章 唐中叶以后的政局

军人跋扈，是紊乱政治的根本，而亦是引起外患的原因。唐中叶后，却内外俱坐此弊。

其原因，起于武力的偏重。唐自府兵制坏，而玄宗置十节度、经略使以备边。于是边兵重而内地的守备空虚，遂成尾大不掉之势。其时，东北和西北两边，兵力尤重。而安禄山又以一胡人而兼范阳、平卢两镇，遂有潜谋不轨之心。玄宗在位岁久，倦于政事。初用李林甫为相，任其蔽聪塞明。继又因宠杨贵妃之故，而用杨国忠。国忠是和禄山不合的，又以事激之使反。七五五年，禄山遂反于范阳。禄山既反，不一月而河北皆陷。进陷河南，遂入潼关。玄宗奔蜀。至马嵬，兵变，迫玄宗杀贵妃和国忠。而父老都请留太子讨贼。玄宗许之。太子即位于灵武，是为肃宗。禄山本一军人，并无大略。其部下尤多粗才。既入长安，日唯置酒高会，贪求子女玉帛，更无进取之意。所以玄宗得以从容入蜀，而肃宗西北行，亦无追迫之患。禄山旋又为其子庆绪所杀，贼将多不听命令，其势益衰。于是朔方节度使郭子仪，以兵至行在。先出兵平河东，次借用回纥和西域的兵，收复两京。遂合九节度的兵，围安庆绪于邺。其时官军不置统帅，号令不一，军心懈怠。而贼将史思明，既降复叛。自范阳发兵南下。官军大败。思明杀安庆绪，复陷东京。旋进陷河阳、怀州。

唐命李光弼统兵，与之相持。思明旋亦为其子朝义所杀。七六二年，肃宗崩，代宗立。朝义诱回纥入寇。代宗命番将仆固怀恩，往见其可汗，与之约和。即借其兵以讨朝义，才算把他打平。然而唐室自此就不能复振了。其原因：

（一）回纥自此大为骄横。又吐蕃乘隙，尽陷河西、陇右。自玄宗时，南诏并六诏为一，后亦叛中国，与吐蕃合。边患日棘。

（二）史朝义败亡时，仆固怀恩实为大将。怀恩意欲养寇自重，贼将投降的，都不肯彻底解决，而就授以官。于是昭义、成德、天雄、卢龙、平卢诸镇，各据土地，擅赋税，拥兵自固。唐朝一方面，亦藩镇遍于内地，跋扈不听命令的很多，甚至有与安、史遗孽互相影响的。

然而根本的大患，还不在此。从来遭直艰难之会，最紧要的是中枢。中枢果能振作，不论如何难局，总可设法收拾的。而唐自中叶以后，其君又溺于宦侍。肃宗既信任李辅国，代宗又信任程元振。遂至吐蕃的兵，打入京城。代宗逃到陕州。洮西的神策军，自安史乱后，驻扎于此。吐蕃兵退后，宦官鱼朝恩，即以这一支兵，护卫代宗回京城。于是神策军渐与禁军齿，变成天子的亲兵了。

代宗死后，德宗继立，颇思振作。其时昭义

已为天雄所并，卢龙对朝廷亦恭顺，而成德、天雄、平卢，联兵拒命，山南东道亦叛。德宗命神策及河东兵与卢龙合攻三镇，淮西兵讨平山南。而卢龙及淮西复叛，发泾原兵东讨。过京师，以不得赏赐，作乱。奉朱泚为主。德宗奔奉天，为泚所围攻。赖浑瑊力战，又得河中节度使李怀光入援，围乃解。怀光恶宰相卢杞，欲面陈其奸，为杞所阻，又反。德宗再奔梁州。于时叛者四起，而朝廷的兵力、财力，都很薄弱。不得已，乃听陆贽的话，赦其余诸人的罪，专讨朱泚。幸赖李晟忠勇，得以收复京城。又得马燧，打平河中。然而其余诸镇，就只好置诸不问了。而德宗回銮以后，鉴于人心的反复，遂至文武朝臣，一概不信，而专信宦官。命其主管神策军。而神策军的饷赐，又最优厚，诸军多自愿隶属。其数遂骤增至十五万。宦官得此凭借，遂起而干涉朝政。唐朝的中央政府，就更无振作之望了。

德宗崩后，子顺宗立。顺宗为太子时，即深恶宦官。及即位，用东宫旧臣王叔文等，要想除去宦官。而所谋不成，顺宗以疾传位于宪宗，叔文等多贬谪而死。宪宗任用裴度，讨平淮西、河北三镇，亦都听命，实为唐事一大转机。宪宗被弑，穆宗即位。因宰相措置失宜，三镇复叛。用兵不克，只得赦其罪而罢兵。自此河北三镇，终

唐之世，不能复取了。穆宗之后，传敬宗以至文宗。初用宋申锡为相，继又不次擢用李训、郑注，谋诛宦官，都不克。甘露之变以后，帝遂为宦官所制，抑郁而崩。武宗立，颇英武，能任用李德裕，讨平刘稹之叛。宣宗立，政治亦颇清明，人称为小太宗。当德宗时，西川节度使韦皋，招徕南诏，与之共破吐蕃。文宗时，回纥为黠戛斯所破。宣宗时，吐蕃内乱，中国遂乘机收复河湟之地。天宝以后的外患，至此亦算解除。然而自宪宗以后，无一君非宦官所立，中央的政治，因此总不能清明；而外重之势，亦无术挽回，总不过苟安罢了。宣宗之后，懿宗、僖宗两代，又均荒淫。僖宗年幼，尤尽信宦官田令孜，一切都听他主持。流寇之祸又起，到底借外力打平，唐室就不能支持了。

沙陀是西突厥别部。西突厥亡后，依北庭都护府以居。后引吐蕃陷北庭。又为吐蕃所疑，乃举部归中国。中国人处之河东，简其精锐的为沙陀军。懿宗时，徐、泗兵戍桂州的作乱，北还。靠着沙陀兵打平。于是其酋长朱邪赤心，赐姓名为李国昌，用为大同节度使。后又移镇振武。国昌的儿子克用，叛据大同，为幽州兵所破。父子俱奔鞑靼。八七五年，黄巢作乱。自河南经山南，沿江东下，入浙东，经福建，至岭南，再北出，

第二十八章 隋唐的社会

渡江，陷东都，入潼关。田令孜挟僖宗走蜀。诸方镇多坐视不肯出兵。讨贼的兵，亦不肯力战。不得已，赦李克用的罪，召他回来。李克用带着沙陀、鞑靼万余人而南，居然把黄巢打平。然而沙陀之势，就不可复制了。

黄巢乱后，唐室的威灵，全然失坠。沙陀雄踞河东。黄巢的降将朱全忠据宣武。韩建、王行瑜、李茂贞等，又跋扈关内。僖宗崩后，昭宗继立。百计以图挽回，终于无效。朝廷每受关内诸镇的胁迫，多借河东以解围。自黄巢亡后，其党秦宗权复帜，横行河南。此时朱全忠的情势，甚为危险。而全忠居围城之中，勇气弥厉。到底乘宗权兵势之衰，把他灭掉。又吞并山东和淮北，服河北三镇，并河中，降义武。取泽、潞及邢、洺、磁。连年攻逼太原，于是河东兵势亦弱，唯全忠独强。昭宗和宰相崔胤谋诛宦官，宦官挟李茂贞以自重。崔胤召朱全忠的兵。宦官遂劫帝如凤翔。全忠进兵围之。茂贞不能抗，奉昭宗如全忠营。于是大诛宦官。而昭宗亦被全忠劫迁于洛阳，旋弑之而立昭宣帝。九〇七年，唐遂为梁所篡。

这时候，除河东以外，又有吴、吴越、楚、闽、南汉、前蜀六国，遂入于五代十国之世。

从南北朝到隋唐，是由战乱而入于升平的。隋文帝本是个恭俭之主。

在位时，国富之盛，甲于古今。虽然中经炀帝的扰乱，然而不久，天下即复见清平。唐太宗尤为三代以下令主。贞观、永徽之治，连续至三十年，亦和汉代的文、景，相差不远。以理度之，天下该复见升平的气象了。果然，《唐书·食货志》说太宗之治，"行千里者不赍粮，断死刑岁仅三十九人"。这话虽或言之过甚，然而当时，海内有富庶安乐的气象，大约不是虚诬的。然而这亦不过总计一国的财富，有所增加，无衣无食的人，或者减少些，至于贫富的不均，有资本的人，对于穷人的剥削，则还是依然如故。所以一方面号为富庶，一方面，自晋以来，一贯的平均地权的政策，不但不能因承平日久而推行尽利，反因其有名无实而并其法亦不能维持了。

晋朝的户调式、北魏的均田令、唐朝的租庸调法，三者是相一贯的，而唐制尤为完备。其制：丁男年十八以上，授田一顷。老及笃、废疾四十亩。寡妻妾三十亩——当户的加二十亩。都以二十亩为世业，余为口分。田多可以足其人的为宽乡，不足的为狭乡。狭乡授田，减宽乡之半。乡有余田，是要以给比乡的。州县亦然。庶人徙乡和贫无以葬的，得卖世业田。其自狭乡徙宽乡的，得并卖口分田。这大约是奖励其迁徙，即以卖田所得，作为迁徙的补助费的意思。其取之之法：则岁输粟二石为租。用人之力，岁二十日，闰加二日；不役的每日折输绢三尺，为庸。随乡所出，输丝、绵、麻或其织品为调。此等制度果能尽力推行，亦足使农人都有田可种，而且无甚贫甚富之差。然而政治上有名无实的措施，敌不过社会上自古相沿的习惯，所以民间的兼并如故。而史称开元之世，其兼并，且过于汉代成、哀之时。授田之法，既已有名无实，却因此又生一弊。汉代的田租，所税的是田，口赋所税的是人，二者本厘然别。自户调法行，各户既有相等之田，自然该出相等之税，两者遂合为户赋。授田之法既废，田之有无多寡，仍不相等，而仍按其丁中，责以输相同之赋，就不免有田者无税，无田者有税；田多者税少，田少者税多了。于是人民不逃之宦、学、释、老，即自托于客户。版籍混淆，而国家的收入，亦因之而大减。唐玄宗时，宇文融曾请括籍外羡田，以给逃户，行之未有成效。七八〇年，德宗的宰相杨炎，才定两税之法。

不再分别主客户，但就其现居之地为簿，按其产业的多少以定税。于是负担的重轻和贫富相合；而逃税的人，亦多变而要输税。财政上的收入，自然可以增加。然而制民之产之意，则荡焉以尽了。从晋武平吴创户调式至此，为时恰五百年。

要解决民生问题，平均地权和节制资本，二者必须并行。节制资本，一则宜将事业之大者，收归官营；一则要有良好的税法。官营事业，在从前疏阔的政治之下，不易实行。至于税法，则从前的人，泥于古制，以为只有田租口赋，是正当的收入。于是各种杂税，非到不得已时，不肯收取。一遇承平，就仍旧把它罢免。隋文帝得位之后，即将盐池、盐井、酒坊、入市之税，概行罢免，即其一例。唐中叶以后，虽亦有盐、茶等税，然皆因财政竭蹶而然，节制资本之意，丝毫无有，所以资本反而更形跋扈。即如两税以资产为宗，不以身丁为本，似得平均负担之意。然而估计资产，其事甚难。所以当时陆贽就说：有"藏于襟怀囊箧物，贵而人莫窥"的；有"场圃困仓，直轻而众以为富"的。有"流通蓄息之货，数寡而日收其赢"的；有"庐舍器用，价高而终岁寡利"的。"计估算缗，失平长伪。"须知社会的情形复杂了，赋税便应从多方面征收，尤应舍直接而取间接。而当时的人，只知道以人为主，而估计其家赀，自然难于得实了。而从此以后，役法亦计算丁资两者而定，贻害尤烈，详见三十一和三十六章。

要社会百业安定，必须物价常保其平衡。《管子·轻重》诸篇，所说的就是这个道理。后世市场广大，而国家的资力有限，要想控制百物的价格，自然是办不到的。只有食粮，因其与民生关系最大，所以历代政府，总还想控制其价格。其办法，便是汉朝耿寿昌所倡的常平仓。谷贱时增价而籴，谷贵时减价而粜。既可以平市价，而其本身仍有微赢，则其事业可以持久。这原是个好法子。但亦因市场广而资本微之故，不能左右物价。即使当粮食腾贵之时，能将他稍稍压平，其惠亦仅及于城市中人，大多数的农民，实在得不到救济。所以隋朝的长孙平，又创义仓之法。以社为范围，收获之日，劝课人民，量出粟麦，即在当社，设仓贮蓄。遇有歉岁，则以充赈济。此法令人民以互助为自助，亦是很好的法子。惜乎其法仅限于凶荒时的赈济，则用之有所不尽。后来有移之于州县的，那更全失其本意了。

社会的阶级制度，当隋、唐之世，亦是一个转变的时代。六朝时门阀之盛，已见第十八章。隋、唐时，表面上虽尚保持其盛况，然而暗中已潜起迁移。原来所谓门阀，虽不以当时的官位为条件，然而高官厚禄，究是维持其地位的重要条件。魏晋以后，门阀之家，所以能常居高位，实缘九品中正之制，为之维持之故。隋时，把此制废了，又尽废乡官。于是要做官的人，在本乡便无甚根据，而不得不求之于外。门阀之家，在选举上占优势，原因其在乡里有势力之故。离开了乡里，就和"白屋之子"无甚不同。而科举之制，又使白屋之子，可以平步而至公卿。于是所谓"阀阅之家"，除掉因相沿的习惯，而受社会的尊敬外，其他便一无所有。此种情势，终难持久，是不待言而可知的。所以一到五代，就要"取士不问家世，婚姻不问阀阅"了。这固然有阶级平夷之美，然而举士本于乡里，多少要顾到一点清议。清议固然不能改变人的心术，却多少能检束其行为。所以无耻之事，即在好利干进之徒，亦有所惮而不敢出。至于离开了乡里，就未免肆无忌惮。就有蹇驴破帽，奔走于王公大人之门的。所谓气节，遂荡焉以尽。藩镇擅土，士亦争乐为之用。其结果，自然有像冯道般的长乐老出来了。宋代士大夫的提倡气节，就是晚唐、五代的一个反动。

◎ 明 仇英 西园雅集图（局部）

第二十九章 五代的混乱

五代时的国,原不过唐朝藩镇的变形。这许多武人,虽然据土自专,其实并无经营天下的大志,不过骄奢淫逸而已。所以除中原之地战争较烈外,其余列国之间,兵事颇少。

本族纷争不已,必然要引起外患,这是最可痛心的事。当唐之末年,梁之形势,本已独强,所以能篡唐而自立。然而梁太祖死后,末帝懦弱。而晋则李克用死后,子存勖继立,年少勇于攻战。于是形势骤变。河北三镇和义武都入于晋。梁人屡次攻战,都不得利,只得决河以自守。李存勖自称皇帝,建国号为唐。是为后唐庄宗。九二三年,庄宗破梁兵于郓州。乘梁重兵都在河外,进兵直袭大梁。末帝自杀。梁亡,后唐迁都洛阳。

后唐庄宗,本是个骄淫的异族。虽然略有犷悍之气,却并不懂得什么叫政治的。所以灭梁之后,立刻骄侈起来。宠信伶人宦官,政治大坏。九二五年,命宰相郭崇韬,傅其幼子魏王继岌伐蜀,把前蜀灭掉。而皇后刘氏,听信宦官的话,自为教与继岌,令其把郭崇韬杀掉。于是中外震骇,讹言四起。魏博的兵,乘机据邺都作乱。庄宗命李克用的养子李嗣源去打他。嗣源手下的兵也变了，劫嗣源以入邺。嗣源以计诳叛人得出。又听其女婿石敬瑭的话，回兵造反。庄宗为伶人所弑。嗣源即位，是为明宗。明宗在五代诸君中，要算比较安静的。在位八年，以九三三年死。养子从厚立，是为闵帝。时明宗养子从珂镇凤翔，石敬瑭镇河东，闵帝想把他俩调动，从珂便举兵反。闵帝派出去的兵，都倒戈投降。闵帝出奔，被杀。从珂立，是为废帝。又要调动石敬瑭，敬瑭又造反，就把契丹的兵引进来了。

废帝鉴于闵帝的兵的倒戈，所以预储着一个不倒戈的将，那便是张敬达。于是发兵，把晋阳困起来。石敬瑭急了，乃以割让燕、云十六州为条件，求救于契丹。刘知远劝他："契丹只须饵以金帛，便肯入援，不必要这么优厚的条件。"而石敬瑭急何能择，不听。于是契丹太宗发大兵入援，打破张敬达的兵，挟着石敬瑭南下。废帝自焚死。敬瑭受册于契丹，国号为晋，是为晋高祖，称臣于契丹。沙陀虽是异族，业已归化中国。他自己并无根据地，迟早要同化于中国的。李克用等虽是异族的酋长，一方面亦可算作中国的军人。梁、唐的兴亡，也可算是中国军人的自相凌摔，其性质还不十分严重。至于契丹，则系以另一国家的资格侵入的，其性质，就非沙陀之比了。以地理形势论，中国的北部，本该守阴山和黄河。守现在的长城，已非上策。自燕、云割后，不但宣、大全失，山西方面，只有雁门内险可守；河北方面，则举居庸等险而弃之，遂至专恃塘淲之类，以限戎马。宋朝所以不敢和契丹开衅，最大的原因，实缘河北方面，地利全失之故。燕、云不能恢复，女真之祸，自然接踵而来了。所以十六州的割弃，实在是中国最大的创伤。然而外有强敌，而内争不已，其势必至于此而后止。

晋高祖的称臣于辽，臣下心多不服。高祖知国力不足与辽敌，唱高调的人，平时唱着高调，临事未必肯负责任，甚且有口唱高调，实怀通敌之心的。所以始终不肯上当，对辽总是小心翼翼，不失臣礼。九四二年，高祖死了。兄子重贵立，是为出帝。听信侍卫景延广的话，罢对辽称臣之礼。辽人来诘问，景延广又把话得罪他，两国的兵端遂启。国与国的竞争不但在兵力，而亦在纲纪。纲纪整饬，即使兵力不足，总还可以支持。纲纪荡然，那就无从说起了。晋辽启衅之后，辽兵连年入寇，晋兵从事防御，胜负亦还相当。然而国力疲敝，调兵运饷，弄得骚然不宁，本已有岌岌可危之势。加以假借外力，晋祖既开其端，安能禁人之效尤。于是有替契丹力战的赵延寿，又有举兵以降敌的杜重威。九四六年，辽人遂入大梁，执出帝而去。明年，辽太宗入大梁。

辽太宗是个粗才，不懂得治理中国的——假使这时，来的是太祖，汴梁能否恢复，就成为问题了——于是遣打草谷军，四出抄掠。又遣使诸道，搜括财帛。多用其子弟亲信为刺史。一班汉奸，因而依附着他，扰害平民，弄得群盗四起。太宗无可如何，反说："我不料中国人难治如此。"乃弃大梁北归，行至滦城而死。刘知远先已自立于太原，及是，发兵入大梁，是为后汉高祖。

后汉高祖，也是沙陀人，入汴后两年而死。子隐帝立。三年而为郭威所篡，中原之地，自后唐入据以来，至此始复脱沙陀的羁轭，而戴汉人为主。汉高祖之弟旻，称帝于太原，称侄于辽，受其封册，是为北汉。

后周高祖篡汉后，三年而殂。养子世宗立。世宗性英武，即位之初，北汉乘丧，合辽兵来伐，世宗自将，大败之于高平。当时天子的卫兵，实即唐朝藩镇之兵的变相，自唐中叶以后，地擅于

第三十章 宋的统一及其初年的政治

将，将擅于兵，已成习惯。小不如意，或有野心之家饵以重利，便可杀其将而另戴一人，此时的藩镇，看似生杀自由，实则不胜其苦。五代时的君主，所以事势一有动摇，立刻势成孤立，亦由于此。全是老弱充数，所以卖主则有余，御敌则不足，这要算是五代时最根本的大患了。世宗自高平回来，深知其弊。于是大加裁汰，又命诸州招募壮勇，送至阙下。择其优者，为殿前诸军。又裁冗费，修政事，于是国富兵强。这时候，南唐、后蜀，都想勾结契丹，以图中原。世宗乃先出兵伐后蜀，取其阶、成、秦三州。次伐南唐，尽取江北之地，南唐称臣奉贡。九五九年，世宗遂自将伐辽。时值辽穆宗在位，沉湎于酒，国势中衰。世宗恢复瀛、莫、易三州，直趋幽州，恢复亦在旦夕。惜乎天不假年，世宗因患病回军，不久就死了。子恭帝立，还只七岁。当时兵力最强的是殿前军，而赵匡胤是殿前军的都点检。当主少国疑之日，自不免有人生心，于是讹言契丹入寇，匡胤带兵去防他。至陈桥驿，兵变，拥匡胤回汴京，废恭帝而自立，是为宋太祖。当时偏方诸国，本都微弱不振，而中原经周世宗的整顿，业已富强，加以宋太祖的英明，因而用之，而统一的机运就到了。

于此，得将十国的情形，略一叙述。当唐末，割据的有两种人。其一是藩镇。如下：

【吴】杨行密，本是唐朝的庐州刺史。八八六年，乘淮南的扰乱，进据广陵。后来秦宗权的将孙儒来攻，行密被他打败，逃回庐州，又逃到宣州，仍被孙儒围起，后乘儒军大疫，把他灭掉。还据广陵，尽并淮南之地。

【吴越】钱镠，是唐朝的杭州刺史。平越州董昌之乱，保据两浙。时在八九六年。

【南汉】刘隐，以九〇五年，做唐朝的岭南节度使。死后，其弟岩继之。保据岭南。

【前蜀】王建，是神策军将田令孜的养子。随令孜入蜀，为利州刺史。时令孜以其弟陈敬瑄为西川节度使。王建和他翻脸。八九三年，把成都攻破。八九七年，又攻并东川。

其二是流寇。

【楚】孙儒死后，其将刘建锋、马殷等，逃据湖南。八九五年，建锋为其下所杀，推殷为主。

【闽】王潮，河南固始人。寿州人王绪造反，攻破固始，用潮为军正。绪因避秦宗权，渡江而南，直流入福建。后为其下所杀，推潮为主。八九三年，占据福州，潮死后，弟审知继之。

诸国之中，吴的地势和中原最为接近。行密

子渥，又尽并江西，地亦最大。九三七年，吴为李昪所篡，改国号为唐，是为南唐。传子璟，乘闽、楚的内乱，把它灭掉。遂有觊觎中原之意。前蜀亡后，后唐以孟知祥为西川节度使。知祥攻并东川。于九三三年自立。传子昶，昏愚狂妄，亦想结契丹以图中原。所以周世宗对于这两国，要加以膺惩。湖南自楚亡后，南唐在实际上并未能有其地。其明年，即为辰州刺史刘言所据。自此王逵、周行逢，相继有其地。都居朗州。受署于后周。荆、归、峡三州之地，九〇五年，梁太祖以其将高保融为节度使。从后唐以来，自立为一国，是为南平。宋初诸国皆仅自守，唯北汉倚恃辽援与周本系世仇。至宋初，关系亦未能改善。其情势如此。

宋太祖的政策和周世宗不同。周世宗是想先恢复燕、云的，宋太祖则主张先平定中国。这不但避免与辽启衅，亦且西北一带，自五代以来，中国对他的实力，不甚充足。存一北汉，虽然是个敌国，却可替中国屏蔽两面，所以姑置为缓图。九六二年，周行逢卒，子保权幼。潭州将张文表，意图吞并朗州。保权来求救，宋太祖出兵，先因假道，袭灭南平。文表已为朗州兵所击破，宋兵却前进不已。到底将朗州打破，执保权以归。诸国最昏乱的是后蜀，最淫虐的是南汉。宋于九六五、九七一两年，先后把它们灭掉。南唐是事中国最谨的，亦以征其入朝不至为名，于九七五年，把它灭掉。如此，吴越知道不能自立了。灭南唐之岁，太祖崩，太宗立。九七八年，吴越遂纳土归降。其明年，太宗自将伐北汉。先是宋亦屡次伐它，其意只在示威，使之不敢南犯，这一次，则决意要灭掉它。于是先分兵绝辽援兵。北汉遂出降。自朱全忠篡唐自立至此，凡七十三年。

五代时偏方诸国，既不大，又不强，扑灭它们，原不算得什么事。但是从唐中叶以来，所以召乱而致分裂之源，则不可不把他除掉。所以召乱而致分裂之源是什么呢？一是禁军的骄横，一是藩镇的跋扈。禁军虽经周世宗的整顿，究竟结习未除。宋太祖便是因此而得大位的。此弊不除，肘腋之间，就不能保其无变，还说得上什么长治久安之计？所以宋太祖先于杯酒之间，讽示典宿卫之将石守信等，令其自请解去兵权。至于藩镇，

第三十一章 变法和党争

唐时业已跋扈不堪，五代时更不必说了。宋太祖乃用渐进的手段。凡藩镇出阙的，逐渐代以文臣。属于节度使的支郡，都令直达中央。各州官出阙，都令京朝官出知，以重其体，又特设通判，以分其权。

中央的大权旁落，总是由于兵权和财权的旁落。宋太祖有鉴于此，所以特设转运使于各路，以收财赋之权。诸州的兵，强的都升为禁军，直隶三衙；弱的才留在本州，谓之厢军。不甚教阅，名为兵，其实不过给役而已。如此一来，前此兵骄和外重之患，就都除掉了。然而天下事有利必有弊。宋朝的政策，是聚天下强悍不轨之人以为兵，而聚天下之财于中央以养之。到后来，养兵未得其用，而财政却因之而竭蹶，就成为积弱之势了。又历代的宰相，于事都无所不统。宋朝则中书治民，三司理财，枢密主兵，各不相知，而言路之权又特重。这原是因大权都集于中央，以此防内重之弊的。立法之初，亦可谓具有深意。然而宰相既无大权，而举动又多掣肘，欲图改革，其事就甚难了。这就是后来王安石等所以不能有所成就，而仅致酿成党争的原因。

宋辽的竞争，开始于九七九年。太宗既灭北汉，即举兵以攻幽州，大败于高梁河。九八五年，太宗听边将的话，命曹彬、田重进、潘美等分道伐辽，又不利。自此以后，宋就常立于防御的地位。一〇〇四年，辽圣宗自将入寇，至澶州。是时太宗已崩，真宗在位。宰相寇准，力劝帝亲征。真宗车驾渡河，乃以岁币银十万两、绢二十万匹成和议。辽主以兄礼事帝。一〇四二年，辽兴宗又遣使来求关南之地。宋仁宗使富弼报之，又增岁币银、绢各十万两、匹。当仁宗时，夏元昊造反。宋人屯大兵于陕西，屡战不胜。一〇四三年，亦以银、绢共二十五万五千成和议，谓之岁赐。

对外的不竞如此，内之则养兵之多，至

一百一十六万，财政为之困敝，而仍不可以一战。宋代的财政和前代不同。前代开国之时，大抵取于民者甚轻，所以后来还有搜刮的余地。宋朝则因养兵之故，唐中叶后所兴盐、茶等税，都没有除掉。就是藩镇的苛税，虽说是削平之时，都经停罢，实亦去之未尽。所以人民的负担，在承平之时，业已不胜其重了。

内治则从澶渊和议成后，宋真宗忽而托言有天书下降。于是封泰山，祀汾阴，斋醮宫观之事纷起，财用始患不足。而政治亦日益因循。真宗之后，仁宗继之。在位最久，号为仁君，然而姑息弥甚。仁宗之后，英宗继之，则在位不过四年而已，未能有所作为。当仁宗时，范仲淹为相。曾有意于改革。然未久，即不安其位而去。至一〇六八年，神宗即位，用王安石为宰相，力行新法，而政治的情势始一变。

王安石的新法，范围所涉甚广。然举其最重要的，亦不过下列三端：

其一，青苗、免役之法，是所以救济农民的。宋承唐、五代之后，版籍之法既坏，又武人擅土，暴政亟行，其时的农民，很为困苦。而自两税法行之后，估计丁、货之数，以定户等，而签差以充役。役事重难，有破产不能给的。人民因此，至于不敢多种田；父子兄弟，不敢同居；甚至有自杀以免子孙之役的，其惨苦不可胜言。王安石乃立青苗之法，将各处常平、广惠仓的蓄积，当农时借与人民，及秋，随赋税交纳。取息二分，谓之青苗钱。又立免役之法，令本来应役之户出免役钱，不役之户出助役钱，以其钱雇人充役，免却签差。

其二，裁兵、置将及保甲，是所以整顿军政的。宋朝既集兵权于中央，沿边须戍守之处，都由中央派兵前往，按时更调，谓之番戍。其意原欲令士卒习劳，不至于骄惰。然而不悉地形，又和当地的百姓不习熟，不能得其助力，往往至于败北。却因此多添出一笔"衣粮"之费，财政更受其弊。安石先将兵额大行裁减。置将统兵，分驻各地，以革番戍之弊。安石之意，以为根本之计，是要行民兵的。于是立保甲之法。令人民以五家为一保，五十家为一大保，五百家为一都保。保有保长，大保有大保长，都保有都保正、副。户有二丁的，以其一为保丁。初令保丁每日轮派五人，警备盗贼。后来教保长以武艺，令其转教保丁。募兵阙，则收其饷，以充民兵教阅之费。

其三，改革学校、贡举之法，是所以培养人才的。自魏、晋以后，学校久已有名无实，不过是进取之一途而已。科举则进士、明经，所学都失之无用。王安石是主张行学校养士之法的。于是于太学立三舍。初入学的居外舍，以次升入内舍、上舍。上舍生得免礼部试，授之以官。又立律学、武学及医学。于科举，则因自唐以来，俗重进士而轻诸科。乃罢诸科，独存进士。改试经义、论、策。其所谓经义，则改墨义为大义。又立新科明法，以待士之不能改业的。

王安石所行的新法，以这几件为最有关系。此外尚有农田水利，方田均税等。变法之初，特设制置三司条例司，以规划财政。安石对于理财，最为注意。当其时，一岁的用度，都编有定式。经其整顿之后，中央和各州的财政，都有盈余。宋初官制，最为特别。治事都以差遣，官不过用以定禄、秩而已。神宗才革新官制。一切以唐代为法。遂罢三司，还其职于户部。枢密仅主兵谋，所管兵政，亦还之兵部。新设的机关，亦都废罢。

王安石的新法，范围既广，流弊自然不能没有的。特如青苗，以多散为功，遂不免于抑配。抑配之后，有不能偿还的，又不免于追呼，甚或勒令邻保均赔。保甲则教阅徒有其名，而教阅的人，反因此而索诈。都是显而易见的。然而宋朝当日，即处于不能不改革之势，则应大家平心静气，求其是而去其弊。而宋朝人的风气，喜持苛论，又好为名高。又因谏官权重，朋党之风，由来已久。至此，反对新法的人，遂纷纷而起。反对无效，则相率引去。安石为相，前后凡七年。终神宗之世，守其法不变。一〇八五年，神宗崩，哲宗立。年幼，太皇太后高氏临朝。以司马光、吕公著为宰相。新法遂尽废。安石之党，多遭斥逐。当时朝臣都奉太皇太后为主，于哲宗的意思，不甚承顺。哲宗怀恨在心。太皇太后崩后，遂相章惇，复行新法，谓之"绍述"。旧党亦多遭斥逐。一一〇〇年，哲宗崩，徽宗立。太后向氏权同听政。颇进用旧党，欲以消弭党见，而卒无成效。徽宗亲政后，亦倾向新党，复行新法。然用一反复无常的蔡京。徽宗性本奢侈，蔡京则从各方面搜刮钱财，去供给他。于是政治大坏，北宋就迫于末运了。

第三十二章 辽夏金的兴起

文化是逐渐扩大的。中国近塞诸民族，往往其初极为野蛮，经过若干年之后，忽崭露头角。其政治兵力和社会的开化，都有可观。这并非其部落中一二伟人所能为，而实在是其部落逐渐进化的结果。辽、夏、金的兴起，都是此例。

现在的热河，自秦、汉至唐，本系中国的郡县。不过地处边陲，多有异族杂居罢了。杂居在这区域中的异族，主要的是鲜卑。当两晋时，鲜卑部落纷纷侵入内地，独有所谓奚、契丹的，仍居住于西辽河上游流域，没有移动。南北朝时，契丹曾为柔然及高句丽所破。隋时，休养生息，渐复其旧。唐武后时，其酋长李尽忠造反，又遭破坏。于是其酋长大贺氏亡，遥辇氏起而代之。然亦积弱不振。到唐末，而其部落中有一伟人出，是为契丹太祖耶律阿保机。契丹旧分八部，部各有一大人。尝公推一大人司旗鼓。"及其岁久，或国有疾疫而畜牧衰。"则公议，更立其次。太祖始并八部为一。遂于九一六年，代遥辇氏，为契丹的君长。这时候，北方适无强部。于是太祖东征西讨，东北灭渤海，服室韦。西北服黠戛斯。西征回鹘，至于河西。其疆域，东至海，西接流河，北至胪朐河，南与中国接壤，俨然北方一大国了。

太祖初与李克用约为兄弟，后又背之，通好于梁，所以李克用很恨他。后唐之世，契丹和中国交兵。其时后唐兵力尚强，契丹不得逞。然而后唐的幽州守将周德威恃勇，弃渝关不守，平州遂为契丹所陷。至于营州，则唐朝设立都督府，本所以管理奚、契丹的。此时契丹盛强，唐室的威灵，久已失坠，其为所占据，更不待言了。太祖死于九二六年，次子太宗立。越十年，而石晋来求援，安坐而得燕云十六州。两河之地，遂为契丹所控制。

太宗是个粗才，所以入中国而不能有。先是太祖的长子名倍，通诗书，善绘画，又工医药等杂技，是个濡染中国文化极深的人。而太祖的皇后述律氏，不喜欢他。平渤海之后，封为东丹王，命其镇守东垂，东丹王浮海奔后唐。废帝败亡时，先杀之而后死。太宗死后，述律后又要立其第三子李胡。李胡暴虐，国人不附。于是契丹人就军中拥立东丹王的儿子，是为世宗。李胡发兵拒敌，给世宗打败。世宗在位仅四年。死后，太宗的儿子穆宗继立。沉湎于酒，不恤国事。中国当此时，很有恢复燕、云的机会，惜乎周世宗早死，以致大功不成。九六九年，穆宗被弑，世宗之子景宗立，在位十四年。子圣宗继之。

圣宗年幼，太后萧氏同听政。圣宗时，为辽的全盛时代。澶渊之盟，即成于此时。一○三一年，圣宗死，子兴宗立。年少气盛，于是有派人

元 王蒙 溪山高逸图（局部）

南宋 佚名 柳塘寻句图

到中国来求割关南之举。中国遣富弼报使，反复争辩，才算把求地之议打消。此次所增岁币，中国和契丹，争论"纳""贡"两个字。《宋史》上说系用"纳"字，《辽史》上则说用"贡"字的，未知孰是。然而即使用"纳"字，也体面得有限了。兴宗时，算是契丹蒙业而安的时代。一〇五五年，兴宗死，子道宗立。任用佞臣耶律乙辛，政治始坏。一一〇一年，道宗死，孙天祚帝立。荒于游畋，于国事简直置诸不管。而东北方的女真，适于此时兴起，辽人就大祸临头了。

西夏是党项部落。唐太宗时，归化中国。其酋长姓拓跋氏。后裔思敬，以讨黄巢功，赐姓李，为定难节度使。世有夏、银、绥、宥、静五州。传八世，至继捧，以宋太宗时来降。尽献其地。而其族弟继迁叛去。九八五年，继迁袭据银州。明年，降于辽。一〇〇二年，又袭据灵州。明年，为蕃族潘罗支所杀。子德明立。三十年未曾窥边。然以其间西征回鹘，取河西，地益大，一〇三二年，德明子元昊立。立二年，遂反。至一〇四三年才成和。元昊定官制；造文字；设立蕃、汉两学；区划郡县；分配屯兵。其立国的规模，亦颇有可观。

金室之先，是隋、唐时的黑水靺鞨。渤海盛时，靺鞨都役属于它。渤海亡后，改称女真。在混同

第三十三章 宋和辽夏的关系

江以南的，系辽籍，谓之熟女真。以北的不系籍，谓之生女真。金朝王室的始祖，是高丽人，名函普。入居生女真的完颜部，劝解部人和他部的争斗。娶其六十未嫁之女，遂为完颜部人。生女真文化程度本来很低，函普以高丽的文化教导之，才渐次开化。函普的曾孙献祖，徙居安出虎水，始筑室，知树艺。其子昭祖，渐以条教，统辖诸部。昭祖耀武，至于青岭、白山，入于苏滨、耶懒之地。至其子景祖，则统门、五国诸部，亦来听命。女真民族，渐有统一之望了。景祖始受辽命，为生女真部族节度使。其三子世祖、肃宗、穆宗，相继袭职。以至于世祖之子太祖，遂有叛辽之举。

女真人虽甚野蛮，然自渤海立国以来，业已一度地开化。更加以高丽人的启发，遂渐起其民族自负之心。当这时候，女真人的强悍，非辽人所能敌，女真人亦自知之。特苦于部族众多，势分而弱，不足以与辽敌。从景祖以来，诸部渐次统一，而金朝人的欲望，亦渐次加大。刚又遇着天祚帝的荒淫，年年遣使到海上去求海东青，骚扰无所不至，为诸部族所同怨。金太祖遂利用之以叛辽。金太祖的叛辽，时在一一一四年。兵一举而咸州、宁江州、黄龙府，次第陷落。天祚帝本是个不懂事的，得女真叛信，立刻自将大兵去征讨。兵未全到，闻后方有人叛乱，又忽遽西还。其兵遂为金人所袭败。东京亦陷落。天祚帝忽又把金事置诸度外，恣意游畋[11]。而遣使与金议和，迁延不就。至一一二一年，金太祖再进兵，遂陷辽上京。旋辽将耶律余睹来降。金人用为向导，中京、西京，又次第陷落。南京拥立秦晋国王淳，亦不能自立。而宋人夹攻之兵又起。

宋自仁宗以前和辽、夏的关系，已见第三十一章。神宗时，对辽还保守和平，对夏则又开兵衅。夏元昊死于一〇五一年，子谅祚立。十六年而死。子秉常立，年方三岁。是年，宋鄜州将种谔袭取绥州。明年，为神宗元年，夏人请还前此所取塞门、安远两寨。以换取绥州。神宗许了他。而夏人并无诚意。于是改筑绥州，赐名绥德。又进筑了许多寨。夏人遂举兵来犯。神宗用韩绛、种谔，以经营西边，迄不得利。而开熙河之议起。熙河是现在甘肃南部之地。唐中叶后，为吐蕃所陷。后来虽经收回，而蕃族留居其地的很多。大的数千家，小的数十百家为一族。其初颇能助中国以御西夏，后来亦不免有折而入之的。神宗时，王韶上平戎之策。说欲取西夏，必先复河湟。王安石主其议，用为洮河安抚使。王韶就把熙、河等州，先后恢复，建为一路。时在一〇七三年。其后八年，有人说秉常为其母所囚。神宗乃发兵五路，直趋灵州，未能达到。明年，给事中徐禧城永乐，又为夏人所败。这两役，中国丧失颇多。一〇八六年，为哲宗的元年。是岁，秉常死，子乾顺立。来归永乐之俘。当时执政的人不主张用兵，就还以神宗时所得的四个寨。而夏人侵寇仍不绝。于是诸路同时拓地进筑。夏人国小,不能支持,乃介辽人以乞和。一〇九九年,和议成。自此终北宋之世,无甚兵衅[12]。

天下事最坏的是想侥幸。宋朝累代,武功虽无足称,以兵力论,并不算薄。然而对辽终未敢轻于启衅。实以辽为大国,自揣兵虽多而战斗力实不足恃之故。徽宗时,民穷财尽,海内骚然。当时东南有方腊之乱。虽幸而打平,然而民心的思乱,兵备的废弛,则已可概见了。乃不知警惕,反想借金人的力量,以恢复燕、云,这真可谓之"多见其不知量"了。宋朝的交通金人,起于一一一八年。所求的,为石晋时陷入契丹故地。金太祖答以两国夹攻,所得之地即有之。一一二二年,童贯进兵攻辽,大败。是岁,辽秦晋国王淳死。辽人立天祚帝次子秦王定。尊淳母萧氏为太后,同听政。辽将郭药师来降。童贯乘机再遣兵进攻,又败。贯大惧,遣使求助于金。于是金太祖从居庸关而入,攻破燕京。辽太后和秦王都逃掉。明年,而金太祖死,弟太宗立。是时,辽天祚帝尚辗转西北。传言夏人将遣兵迎至。金人分兵经略。夏人亦称藩于金。至一一二五年,而天祚帝卒为金人所获。辽朝就此灭亡。宋朝去了一个和好百余年的契丹,而换了一个锐气方新的女真做邻国了。

以契丹的泱泱大风,而其灭亡如此之速,读史的人,都觉得有点儿奇怪。然而这亦并无足异。原来契丹的建国,系合三种分子而成,即:(一)部族,(二)属国,(三)汉人州县。(二)(三)的关系,本不密切。便(一)也是易于土崩瓦解的。国民没有什么坚凝的团结力,仅恃一个中心人物,为之统驭;这个中心人物而一旦丧失,就失其结合之具;一遇外力,立即分崩离析,向来的北族，本是如此的，契丹也不过其中之一罢了。

当金人初起兵时，其意至多想脱离辽人的羁绊，而自立一国。说这时候，就有灭辽的思想，是绝无此理的。辽人的灭亡，全是自己的崩溃。在金人，只可谓遭直天幸。然而虽有如此幸运，而灭辽之后，全辽的土地，都要经营，也觉力小而任重，有些消化不掉了。所以燕、云的攻克，都出金人之力，而仍肯以之还宋。但是金人此时，亦已有些汉人和契丹人代他谋划了。所以其交涉，亦不十分易与，当时金人提出的条件是：燕京之得，全出金人之力，所以应将租税还给金人。营、平、滦三州，都非石晋所割，所以不能还宋。交涉久之，乃以宋岁输金银、绢各二十万两、匹，别输燕京代税钱一百万缗的条件成和。于是燕、云之地，金人都次第来归。平心而论，以这区区的代价，而收回燕、云十六州，如何不算是得计？然而营、平、滦三州的不复，却不但金瓯[13]有缺，而且是种下一个祸根。这不得不怪交涉的人的粗心，初提条件时，连这一点都不曾想到了。于是金人以平州为南京，命辽降将张觉守之。金人这时候，所有余的是土地，所不足的是人民。尤其是文明国民，若把他迁徙得去，既可免土满之患，又可得师资之益，真是一举两得。于是还宋燕京之时，把人民都迁徙而去，只剩得一个空城。宋人固然无可如何。而被迁徙的人民，颠沛流离，

不胜其苦。路过平州，乃劝张觉据城降宋。张觉本是个反复无常的人，就听了他们的话。而宋朝人亦就受了他。等到金人来攻，张觉不能守，逃到燕山。金人来质问，宋人又把张觉杀掉，函首以畀金。徒然使降将离心，而仍无补于金人的不满。一一二五年，金人遂分两道入寇。

第三十四章 宋和金的关系

当时的宋朝，万无能抵敌金人之理。于是宗望自平州，宗翰自云州，两道俱下。宗翰之兵，为太原张存纯所扼。而宗望陷燕山，渡黄河，直迫汴京。徽宗闻信，先已传位于钦宗，逃到扬州。金兵既至，李纲主张坚守。宋人又不能始终信用。宋朝的民兵，本来有名无实。募兵当王安石时，业已裁减。蔡京为相，又利用其阙额，封桩其饷，以备上供。这时候，不但有兵而不可用，亦几于无可用的兵。到底陕西是多兵之地，种师道、姚古，又算那方面的世代将家，先后举兵入援。然亦不能抵抗。不得已，乃以割太原、中山、河间三镇；宋主尊金主为伯父；宋输金金五百万、银五千万两，牛马万头，表缎百万匹；以亲王宰相为质的条件成和。旋括京城内金二十万两，银四十万两，交给金兵。金兵才退去。这是一一二六年的事。此时宗翰还顿兵太原，听得这个消息，也差人来求赂。宋人说既已讲和，如何又来需索？不给。宗翰大怒。分兵攻破威胜军、隆德府。宋人以为背盟，遂诏三镇固守。又把金朝派来的使臣萧仲恭捉起来。这萧仲恭，是辽之国戚。急了，要想脱身之计。乃假说自己亦故国之思，能替宋朝招降耶律余睹。宋朝人信了他，给以蜡书。仲恭到燕山，便把蜡书献给宗望。于是宗望、宗翰，再分兵南下。此时太原已陷，两路兵都会于汴京。京城不守，一一二七年，徽、钦二宗及后妃、太子、宗室诸王等，遂一齐北狩。金人立张邦昌为楚帝。

此时只有哲宗的废后孟氏，因在母家，未被掳去。兵退之后，张邦昌乃让位，请她出来垂帘，立高宗为皇帝。即位于归德。

高宗初即位时，用李纲为相，命宗泽留守汴京。二人都是主张恢复的。然而当时北方的情势，实在不易支持。于是罢李纲，而用汪伯彦、黄潜善。高宗南走扬州。这时候，宋使王师正请和于金，又暗中招谕汉人和契丹人，为金人所发觉。于是宗望、宗翰，会师濮州，遣兵南下。高宗逃到杭州。金人焚扬州而去。这是一一二九年的事。未几，金宗弼又率兵渡江。陷建康，自独松关入，陷杭州，高宗先已逃到明州。金兵进逼，又逃入海。金人以舟师入海追之三百里，不及，乃还。宗弼聚其掳掠所得，自平江北还。韩世忠邀击之于江中。相持凡四十八日，宗弼乃得渡。自此以后，金人以"士马疲敝，粮储未丰"，不再渡江，宋人乃得偏安江南。然而东南虽可偷安，西北又告紧急。当宗翰与宗望会师时，曾遣娄室分兵入陕西。宋人则以张俊为京湖川陕宣抚使。俊以金兵聚于淮上，出兵以图牵制。而宗弼渡江之后，亦到陕西参战。两军会战于富平，宋兵大败。陕西之地多陷。幸而张俊能任赵开以理财，又有吴玠、吴璘、刘子羽等名将主持军事，总算把四川保全。

这时候，宋人群盗满山。自一一二九年之后，金人不复南侵，乃得以其时平定内乱。而金人亦疲敝已极。于是立宋朝的叛臣刘豫于汴京，国号为齐，畀以河南、陕西之地。想借为缓冲，略得休息。而刘豫又起了野心，想要吞并江南，屡次借兵于金以入寇。又多败衄。至一一三七年，遂为金人所废。先两年，金太宗死了，熙宗继立。挞懒专权用事。当金人立张邦昌时，秦桧为御史大夫，上状于金人，请立赵氏之后。为金人所执。金太宗以赐挞懒。后来乘机逃归。倡言要"南人归南，北人归北"，天下才得太平。高宗用为宰相。至此，遣使于金，请将河南、陕西之地相还。挞懒答应了。一一三八年，遂以其地来归。明年，挞懒以谋反伏诛。宗弼入政府。金朝的政局一变，和议遂废。宗弼和娄室，再分攻河南、陕西。此时宋朝的兵力，已较前此略强。而宗弼颇有轻敌之意。前锋至顺昌，为刘琦所败。岳飞亦自荆襄出兵，败金人于郾城。吴璘亦出兵收复陕西州郡。而秦桧主和议，召诸师班师。一一六〇年，以下列的条件成和：东以淮水，西以大散关为界。宋称臣于金，宋岁输金银、绢各二十五万两、匹。

宋南渡以后之兵，以韩、岳、张、刘为大。四人在历史上，都号称名将，而且都是我国民族的英雄。可惜刘光世死后，其兵忽然叛降伪齐，留下韩世忠、岳飞、张俊之兵，号为三宣抚司。秦桧与金言和，乃召三人论功，名义上虽各授以枢府，而实际上则罢其兵柄。未几，岳飞被害，韩世忠骑驴湖上，亦做了个闲散的军官了。于是诸军虽仍驻扎于外，而改号为某州驻扎御前诸军，直隶中央，各设总领，以司其饷项。

和议成后八年，金熙宗被弑，海陵庶人立。先迁都于燕，后又迁都于汴。一一六〇年，发大兵六十万入寇。才到采石，东京业已拥立世宗。海陵想尽驱其兵渡江，然后北还。仓促间，为虞允文所败。改趋扬州，为其下所弑。金兵遂自行撤退。一一六二年，高宗传位于孝宗。孝宗是有志于恢复的。任张俊为两淮宣抚使。张俊使李显忠等北伐，大溃于符离。一一六五年，和议复成。宋主称金主为伯父。岁币银、绢各减五万。地界则如前。

金世宗时，是金朝的全盛时代。当海陵时，因其大营宫室，专事征伐，弄得境内群盗蜂起，世宗为图镇压起见，乃将猛安、谋克户移入中原，夺民地以给之。于是女真人的村落，到处散布，中国人要图反抗更加不容易了。然而金朝的衰弱亦起于此时，诸猛安、谋克人，都唯酒是务，"有

第三十五章 宋的学术思想和文艺

一家百口，垄无一苗"的。既失其强悍之风，而又不能从事于生产，女真人就日趋没落了，然而还非宋人所能侮。

宋孝宗亦以生时传位于光宗，光宗后李氏，与孝宗不睦；光宗又有疾，因此定省之礼多阙。群臣以为好题目，群起谏诤。人心因之颇为恐慌。一一九四年，孝宗崩。光宗因病不能出。丞相赵汝愚，乃因阁门使韩侂胄，请命于高宗的皇后吴氏，请其出来主持内禅之事，光宗遂传位于宁宗。宁宗立后，韩侂胄亦想专权，而为赵汝愚所压。乃将汝愚挤去。朱熹在经筵，论其不当。侂胄遂将朱熹一并排斥。此时道学的声势正盛，侂胄因此大为清议所不与，要想立大功以恢复名誉。当光宗御宇之日，亦即金章宗即位之年。章宗初年，北边仍岁叛乱，河南、山东又颇有荒歉。附会韩侂胄的人，就张大其辞，说金势有可乘。韩侂胄信了他。暗中预备。至一二○六年，遂下诏伐金。开战未几，到处皆败。襄阳、淮东西，失陷之处甚多。侂胄复阴持和议。金人复书，要斩侂胄之首。侂胄大怒，和议复绝。而宁宗的皇后杨氏，和侂胄有隙，使其兄次山和礼部侍郎史弥远密谋，诱杀侂胄，函首以畀金，和议乃成。岁币增为三十万两。时为一二○八年。明年，金章宗死，卫绍王立，而蒙古兵亦到塞外了。

宋朝是一个有创辟的时代。其学术思想和文艺，都有和前人不同之处。

天下事物极必反，有汉儒的泥古，就有魏晋人的讲玄学。有佛学的偏于出世，就有宋学的反之而为入世。

宋学的巨子，当推周、程、张、朱。周子名敦颐，道州人。著有《太极图说》和《通书》。其大意，以为无极而太极。太极动而生阳，静而生阴。因其一动一静，而生五种物质，是为五行，再以此为原质，组成万物。人亦是万物之一，所以其性五端皆具。但其所受之质，不能无所偏胜，所以人之性，亦不能无所偏。当定之以仁、义、中正而主静。张子名载，陕西郿县[14]横渠镇人。他把宇宙万物，看成一汇。物的成毁，就是气的聚散。由聚而散，为气的消极作用，是为鬼。由散而聚，为气的积极作用，是为神。所以鬼神就在万物的本身，而幽明只是一理。气是一种物质。各种物质相互之间，本有其好恶迎拒的。人亦气所组成，所以对于他物，亦有其好恶迎拒，此为物欲的根源。此等好恶，不必都能合理。所以张子分性为气质之性和义理之性，而说人当变化其气质。周、张二子所发明的，都是很精妙的一元论。二程所发明，则较近于实行方面。二程是弟兄，洛阳人，大程名颢，小程名颐。大程主"识得此理，以诚敬存之"。小程则又提出格物，说"涵养须用敬，进学在致知"。朱子名熹。他原籍婺源，而居于闽，所以周、程、张、朱之学，亦称为濂、洛、关、闽。朱子之学，是承小程之绪的。他读书极博，制行极谨严。对于宋代诸家之说，都有所批评，而能折中去取，所以称为宋学的集大成。但同时有金溪陆九渊，以朱子即物穷理之说为支离。他说心为物欲所蔽，则物理无从格起，所以主张先发人本心之明。大抵陆子之说，是为天分高，能直探本源的人说法的。朱子之说，则为天分平常，须积渐而致的人说法的。然正唯天分高，然后逐事检点不虑其忘却本源；亦唯天分平常，必先使他心有所主。所以清代的章学诚说朱、陆是千古不能无的同异，亦是千古不可无的同异。以上所说，是宋学中最重要的几个人。此外在北宋时，还有邵雍，则其学主于术数。南宋时，张栻、吕祖谦和朱熹，同称乾淳三先生。祖谦喜讲史学。永嘉的陈傅良、叶适，永康的陈亮，都受其影响。其说较近于事功。讲宋学的人，不认为正宗。然实亦互相出入。宋学家反对释氏。他们说"释氏本心，吾徒本天"。而他们所谓天，就是理，所以其学称为理学，尊信其说的人，以为其说直接孔、孟；而孔、孟之道，则是从尧、舜、禹、汤、文、武、周公，相传下来的，所以

又称为道学。后来的考据家，则谓宋学的根源，是《先天》《太极》两图；而此两图，都是出于宋初华山道士陈抟的，所以说宋学实出道家。又有因宋儒好谈心性，以为实是释氏变相的。然后一时代的学问，对于前一时代的学问，虽加反对，势不能不摄取其精华；而学问的渊源，和其后来的发展、成就，也并无多大的关系，往往有其源是一，其流则判然为两的。所以此等说，都无足计较。宋学总不失为一种独立而有特色的学术。

清代的汉学家，对于宋学，排斥颇力。其实考据之学的根源，亦是从宋代来的。宋儒中如著《困学纪闻》的王应麟，著《日钞》的黄震，都是对于考据很有功夫的。所以宋朝人对于史学，亦很有成绩。自唐以后，正史必出于合众纂修，已成通例。只有宋代，《新五代史》是欧阳修所独撰，《新唐书》为修及宋祁等合撰。虽出多人之手，亦去独撰的不远。司马光修《资治通鉴》，自战国迄于五代，为编年史中的巨著。朱子因之而作纲目，虽其编纂不如《通鉴》的完善，而其体例，则确较《通鉴》为优。袁枢又因《通鉴》而作《纪事本末》，为史书开一新体。马端临因《通典》而作《文献通考》。其事实的搜辑，实较《通典》为备，而门类的分析，亦较详。郑樵包括历代的史书而作《通志》，虽其编纂未善，

然论其体例，确亦能囊括古今，删除重复的。而二十略中，尤多前人未及注意之点。此外宋朝人对于当代的史料，搜辑之富，亦为他时代所不及。而史事的考证和金石之学，亦始自宋人。

唐朝虽为古文创作时代，其实当时通行的仍是骈文。至于宋朝，则古文大盛。如欧阳修、王安石、"三苏"父子、曾巩等，都为极有名的作家。宋朝人的骈文，亦生动流利，和唐以前人所作，虽凝重而不免失之板滞的不同。诗亦于唐人之外别开新径。唐人善写景，宋人则善言情。比较起来，自然是唐诗含蓄而有余味。然而宋人亦可谓能开拓诗的境界，有许多在唐代不入诗的事物，至此都作入诗中了。词则宋代尤推独绝，南北宋都有名家。宋学家是讲究道理，不注重词华的。所以禅家的语录，宋学家亦盛行使用。又其时平民文学，甚为发达。说话之业甚盛。后来笔之于书，就是所谓平话体的小说了。

印刷术的发达，是推动宋代文化的巨轮。古

代的文字，书之于简牍。要特别保存得长久的，则刻之于金石。不论金石和简牍，总是供人观览，而非以为摹拓之用的。汉魏的《石经》，还是如此。但是后来渐有摹拓之事。摹拓既兴，则刻之于木，自较刻之于石，为简易而省费。据明代陆深所著的《河汾燕闲录》，说隋文帝开皇十年——五九〇年——敕天下废像遗经，悉令雕版。这是我国印刷术见于记载之始。然当隋、唐之世，印刷之事还不盛行。所以其时的书，还多是钞本，得书尚觉艰难。至九〇八年，即后唐明宗长兴三年，宰相冯道、李愚，才请令国子监校正《九经》，刻板印卖。是为官家刻书之始。此后官刻和私人为流传而刻，书贾为牟利而刻的就日多。宋以后的书籍传于世的，远非唐以前所能比，就是受印刷术发达之赐。活字板是宋代毕昇所创，时在仁宗庆历中——一〇四一年至一〇四八年——其时字以泥制。到明代，无锡华氏才改用铜制。

五代宋初 黄居寀 山鹧棘雀图（局部）

第三十六章 宋的制度和社会

宋代的兵制和北宋以前学校选举之制,已见第三十一和三十四章。今再补述其余的制度如下:

宋代的制度都是沿袭唐代的。其取之于民的,共分五项:(一)为公田之赋。(二)为民田之赋,这都是田税。(三)为丁口之赋,是身税。(四)为城郭之赋,是宅税和地税。(五)为杂变之赋,亦谓之沿纳,是唐行两税之后,复于两税之外,折取他物,而后遂变为常赋的。凡此种种,其取之都用两税之法,于夏、秋分两次交纳。宋代病民的,不在于税而在于役。自王安石行青苗法后,元祐复行科差,绍圣再变为雇役。自后,差、雇两法并行。因欲行签差之法,必须调查人民的资产。其中责令人民自行填报的,谓之"手实"。由官派人查轧的,则谓之"推排"。卖买田产时,将物力簿同时改正,则谓之"推割"。诸法都难得公平,又难于得实,总是厉民之政。在中国法律上,官和人民交易,亦同人民和人民交易一样,谓之"和"。所以和籴及和买,本应确守私法上的原则。然而其后,都有短给和迟给的,甚或竟不给钱,而所籴所买,遂变为赋税。这亦是厉民之政。

两税以外的赋税,都起于唐中叶以后。因其时藩镇擅土,中央的收入减少,不得不求之于此。宋代养兵太多,遂沿而未改。其中最重要的是盐税。其法起于唐之刘晏。借民制盐,而免其徭役,谓之灶户,亦称亭户。在刘晏时,还是行就场征税之法。一税之后,任其所之。后来渐变为官卖。又或招商承买,则谓之通商。茶法,亦起于唐中叶之后。制茶的人,谓之园户。岁输定额的茶,以代赋税。其余悉数由官收买。官买茶的价钱,都是先给的,谓之"本钱"。于江陵、真州、海州、汉阳军、无为军、蕲州的蕲口,设立榷货务六处。除淮南十三场外,其余的茶,都运到这六榷货务,由官发卖。酒:州郡都置务官酿。县、镇、乡、间,则听民酿而收其税。坑冶:官办的置监、冶、场、务等机关,民办的,则按一定分数,"中卖"于官。商税:起于唐代的藩镇,而宋因之。州县各置收税的机关,名之为务。税分过税和住税两种。过税取百分之二,住税取百分之三。所税的物品和其税额,各处并不一律。照例都应得榜示出来,然而实际能否一一榜示,榜示之后,能否确实遵守,就很难言之了。这实在也是厉民之政,和清代的厘金无异。宋代还有一种借官卖以省漕运的办法,是为"入边"和"入中"。其法:令商人入刍粟于边,或入现钱及金帛于京师榷货务。官给以钞,令其到指定的地方,支取货物。其初只解池的盐,用此办法,为陕西沿边之备。后来东南茶盐和榷货务的缗钱,都许

南宋 马麟 层叠冰绡图（局部）

商人指射，谓之三说。更益以犀、象、香药，则谓之四说。在实物经济时代，运输货物，本是件最困难的事。如此，既省行政上的麻烦，又省转运时的弊窦，本是个好法子。但官吏和商人，通同作弊，把商人所入的刍粟，高抬其价，谓之"虚估"，而官物遂不免虚耗。又且入刍粟的土人，并不会做盐、茶等买卖，得钞都是卖给商人或京师的交引铺，他们都要抑勒钞价，实际入刍粟的并无利益，群情遂不踊跃，边备仍不充实。后来乃令商人专以现钱买茶，官亦以现钱买刍粟。于是茶不为边备所需，而通商之议起。通商之议既起，乃停给茶户本钱，但计向者所得的息钱，取之茶户，而听其与商人卖买。到蔡京出来，又变茶法。由官制长引、短引，卖给商人。商人有此引的，即许其向茶户买茶。如此，便只是一种买茶的许可证了。后来淮浙之盐，亦用此法，为后世所沿袭。南渡之后，地方削小，而费用增广。盐、茶等利，较北宋都有所增加。又有所谓经总制钱、板帐钱等。系将各种杂税，或某种赋税上增取之数，以及其他不正当的收入凑起来的。其厉民更甚。

宋代的人民是很为困苦的。因为唐中叶以后，武人擅土，苛税繁兴，又好用其亲信做地方官或税收官吏之故。宋兴，此等苛税，多所捐除，然而仍不能尽。至于豪强兼并，则自天宝以来，本未有抑强扶弱的政令；加以长期的扰乱，自然更为厉害了。所以宋代的平民，其受剥削特甚。当时民间借贷，自春徂秋，出息逾倍。而且各种东西，都可以取去抵债。折算之间，穷人自然格外吃亏了。当时司马光上疏，诉说农民的疾苦，曾有这几句话：

幸而收成，公私之债，交争互夺。谷未离场，帛未下机，已非己有。所食者糠秕而不足，所衣者绨褐而不完。直以世服田亩，不知舍此更有何可生之路耳。

可谓哀切极了。王安石所以要推行青苗法，其主意，就是为防止民间的高利贷。然而以官吏办借贷之事，总是无以善其后的。所以其法亦不能行。在宋代，得人民自助之意，可以补助行政的，有两件事：其一是社仓。社仓之法，创于朱子。其以社为范围，俾人民易受其益，而且易于感觉兴味，便于管理监督，和义仓之法同。而在平时可兼营借贷，则又得青苗法之意。其二是义役。义役是南宋时起于处州的松阳县的。因为役事不能分割，所以负担不得平均。乃由众出田谷，以助应役之家。此两法若能推行尽利，确于人民

南宋 佚名 槐荫消夏图（局部）

很有益处，而惜乎其都未能。南渡之后，两浙映田，多落势家之手，收租很重。末年，贾似道当国，乃把贱价强买为官田，即以私租为税额。田主固然破家者众，而私租额重而纳轻，官租额重而纳重，农民的受害更深。南宋亡后，虽其厉民之政，亦成过去。然而江南田租之重，则迄未尝改。明太祖下平江。恶其民为张士诚守，又即以私租为官赋。江南田赋之重，就甲于天下。后来虽屡经减削，直到现在，重于他处，还是倍蓰不止。兼并之为祸，可以谓之烈了。

宋代士大夫的风气，亦和前代不同。宋人是讲究气节的。这固然是晚唐、五代以来，嗜利全躯的一个反动，而亦和其学术有关系。宋朝人的议论，是喜欢彻底的，亦是偏于理论的。所以论事则好为高远之谈，论人则每作诛心之论。这固然也有好处，然而容易失之迂阔，亦容易流于过刻。而好名而激于意气，则又容易流为党争。自辽人强盛以来，而金，而元，相继兴起，宋人迭受外力的压迫，其心理亦易流于偏狭。所以当国事紧急之时，激烈的人，往往发为"只论是非，不论利害""宁为玉碎，毋为瓦全"的议论。这固然足以表示正义，而且也是民族性应有的表现。然而不察事势，好为高论，有时亦足以偾事。而此等风气既成之后，野心之家，又往往借此以立名，而实置国家之利害于不顾，则其流弊更大。此亦不可以不知。

第三十七章 元的勃兴和各汗国的创建

当十三世纪之初，有一轩然大波，起于亚洲的东北方，欧、亚两洲，都受其震撼。这是什么事？这便是蒙古的兴起。

蒙古，依中国的记载，是室韦的分部。唐时，其地在望建河南。但其人自称为鞑靼。鞑靼是靺鞨别部，居于阴山的。据蒙古人[15]自著的《元朝秘史》看起来，他始祖名孛儿帖赤那，十传而至孛儿只吉歹。孛儿只吉歹的妻，唤作忙豁勒真豁阿。忙豁勒真豁阿，译言蒙古部的美女。我们颇疑心孛儿只吉歹是鞑靼人。因其娶蒙古部女，才和蒙古合并为一。和金朝王室的始祖，以高丽人而为生女真的完颜部人一样。

蒙古部落，自孛儿只吉歹之后，又十一传而至哈不勒，是为成吉思汗的曾祖，始有可汗之号。可以想见其部落的渐强。哈不勒死后，从弟俺巴孩，继为可汗。为金人所杀。部人立哈不勒子忽都剌为可汗。向金人报仇，败其兵。忽都剌死后，蒙古无共主，复衰。成吉思汗早年，备受鞑靼、蔑儿乞及同族泰亦赤兀诸部的龁[16]。后来得客列部长王罕、札答剌部长札木合为与部，乃把诸部次第打平。此时沙漠西北的部落，以乃蛮为最强。而金朝筑长城，自河套斜向东北，直达女真旧地，使汪古部守其冲。乃蛮约汪古部同伐蒙古。汪古部长来告。成吉思汗先举兵伐乃蛮，

破之。一二〇六年，漠南北诸部，遂大会于斡难木涟之源，公上成吉思汗的尊号。

成吉思汗既即汗位，其目光所注，实在中原。于是于一二一〇年，伐夏。夏人降。明年，成吉思汗遂伐金。此时金朝的兵力，业已腐败。加以这一次，汪古与蒙古言和，放其入长城，出其不意。于是金兵四十万，大败于会河堡。蒙古兵遂入居庸关，薄燕京。明年，成吉思汗再伐金。留兵围燕京。自将下山东，分兵攻河东和辽西。到处残破，黄河以北，其势就不可守了。此时金人已弑卫绍王，立宣宗。成吉思汗还兵，屯燕城北。金人妻以卫绍王之女请和。蒙古兵已退，金宣宗迁都于汴。成吉思汗说他既和而又迁都，有不信之心。再发兵陷燕京。此时金人的形势，本已岌岌待亡，因成吉思汗有事于西域，乃又得苟延残喘。

成吉思汗的西征，是花剌子模国的骄将所引起的。先是唐中叶以后，大食强盛，葱岭以西诸国，悉为所并。然不及三百年，威权渐替。东方诸酋，多据地自擅，其间朝代的改变甚多。当辽朝灭亡时，雄视西亚的塞尔柱克朝已衰，花剌子模渐盛。辽朝的宗室耶律大石，逃到唐朝的北庭都护府，会合十八部王众，选其精锐而西。遂灭塞而柱克，服花剌子模。立国于吹河流域的虎

元 盛懋 山居纳凉图（局部）

思斡耳朵,是为西辽。乃蛮既亡,其酋长太阳罕的儿子古出鲁克,逃到西辽。和花剌子模王阿拉哀丁·穆罕默德内外合谋,篡西辽王之位。于是乃蛮复立国于西方,而花剌子模亦乘机拓土,成为西方的大国。这时候,雄张于西域的,实在仍是回族。成吉思汗既定漠南北,在天山北路的畏吾儿[17]和其西的哈剌鲁都来降。蒙古和西域交通的孔道遂开。花剌子模王有兵四十万,都是康里人。王母亦康里部酋之女。将士恃王母而骄恣,王母亦因举国的兵,都是其母族人,其权之大与王埒。所以国虽大而其本不固。成吉思汗既侵入中原,古出鲁克和前此逃往西域的蔑儿乞酋长忽秃,都乘机谋复故地。成吉思汗怕漠北根本之地或有摇动,乃于一二一六年北还。命速不台打平忽秃,哲别打平古出鲁克。于是蒙古的疆域就和花剌子模直接。成吉思汗因商人以修好于花剌子模,花剌子模王也已应允了。未几,蒙古人四百余,随西域商人西行。花剌子模讹打剌城的镇将,指为蒙古间谍,把他尽数杀掉。其中只有一个人,得逃归报信。成吉思汗闻之,大怒,而西征的兵遂起。

成吉思汗的西征,事在一二一九年。先打破讹打剌和花剌子模的都城寻思干,花剌子模王遁走。成吉思汗命哲别、速不台追击。王辗转逃入里海中的小岛而死。其子札剌哀丁逃到哥疾宁,成吉思汗自将追之,破其兵于印度河边,乃东归。时在一二二二年。哲、速二将的兵,别绕里海,越高喀斯山败阿速、撒耳柯思和钦察的兵。钦察的酋长逃到阿罗思,二将追击。阿罗思人举兵拒敌,战于孩儿桑。阿罗思大败。亡其六王七十侯,兵士死掉十分之九。列城都没有守备,只待蒙古兵到迎降。而二将不复深入,但平康里而还。

成吉思汗东归后,于一二二七年,再伐西夏,未克而殂,遗命秘不发丧。夏人乃降。一二二九年,太宗立,再伐金。金人从南迁后,尽把河北的猛安谋克户,调到河南。又夺人民之地以给之。人民怨入骨髓,而这些猛安谋克户,既不能耕,又不能战,国势益形衰弱。于是宋人乘机,罢其岁币。金人想用兵力胁取,又和夏人因疆场细故关和,三方都开了兵衅。国力愈觉不支。到一二二五年,宣宗困,哀宗立,才和夏人以兄弟之国成和,而对于宋朝的和议,则始终不能成就。当成吉思汗西征时,拜木华黎为太师国王,命其经略太行以南。这时候,蒙古兵力较薄,在金人,实在是个恢复的好机会。然而金人亦不能振作。仅聚精兵二十万,从邠州到潼关,列成一道防线。太宗因此线不易突破,乃使拖雷假道于宋,宋人不允,拖雷遂强行通过。从汉中历襄、邓而北,与金兵战于三峰山，金兵大败。良将、锐卒都尽。太宗又自白坡渡河，命速不台将汴京围起，攻击十六昼夜，因金人守御坚，不能破，乃退兵议和。而金朝的兵，又逞血气之勇，把蒙古使者杀掉，和议复绝。汴京饥窘不能立。金哀宗乃自将出攻河北的卫州，想从死里求生，又不克，乃南走蔡州。而宋人此时，又袭约金攻辽的故智，和蒙古人联合以攻金，金人遂亡。时在一二三四年。

约元攻金，是袭约金攻辽的故智，而其轻于启衅，亦是后先一辙的。金宣宗死的明年，宋宁宗也死了。宁宗无子，史弥远援立理宗，因此专横弥甚。弥远死后，贾似道又继之。贾似道的为人，看似才气横溢，实则虚浮不实，专好播弄小手段，朝政愈坏。灭金之后，武人赵葵、赵范等，创议收复三京，宰相郑清之主之。遣兵北侵。入汴，而不能守，却因此和蒙古启了兵衅。川、楚、江淮，州郡失陷多处。这时候是蒙古太宗时代，还未专力于攻宋。一二四一年，太宗死了。到一二四六年，定宗才立。又因多病，不过三年而殂。所以此时，宋人还得偷安旦夕。一二五一年，蒙古宪宗立。命弟阿里不哥留守漠北，忽必烈专制漠南。一二五八年，宪宗大举入蜀，围合州。先是忽必烈总兵自河洮入吐蕃，平大理。留兀良合台经略南方而北还。及是，忽必烈亦自河南南下，围鄂州。兀良合台又出广西、湖南，和他会合。贾似道督兵援鄂，不敢战，遣使于忽必烈，约称臣，输岁币，划江为界以请和。适会蒙古宪宗死于合州城下，忽必烈急于要争夺汗位，乃许宋议和而还。贾似道却讳其和议，以大捷闻于朝。

明年，忽必烈自立，是为元世祖。时世祖以各方面多故，颇想与宋言和，而贾似道因讳和为胜之故，凡元使来的，都把他拘囚起来。一二六四年，元世祖迁都于燕。明年，理宗崩，度宗立。此时元人尚未能专力攻宋，而宋将刘整，因与贾似道不合，叛降元，劝元人专力攻襄阳。一二六八年，元人就把襄阳围起。围经六年，宋人竟不能救。一二七三年，襄阳陷落，宋势遂危如累卵。一二七四年，度宗崩，恭帝立。年幼，太后谢氏临朝。元使伯颜总诸军入寇。伯颜分兵平两湖。自将大军，长驱东下。陷建康。一二七六年，临安陷。太后及恭帝皆北狩。宋故相陈宜中等立益王于福州。旋为元兵所逼，走惠

○ 元 倪瓒 梧竹秀石图（局部）

元 唐棣 松溪归渔图（局部）

州。后崩于碙洲。宋人又立其弟卫王,迁于厓山。一二七九年,元将张宏范来攻。宋宰相陆秀夫,负帝赴海而死。大将张世杰收兵到海陵山,亦舟覆而死。中国至此,遂整个为蒙古所征服。汉族武力之不竞,至此可谓达于极点了。

蒙古不但征服中国,当太宗时,又尝继续遣兵西征。再破钦察,入阿罗思。遂进规字烈儿和马札剌。入派特斯城。西抵威尼斯。欧洲全境震动,会太宗凶问至,乃班师。宪宗时,又遣兵下木剌夷,平报达。渡海收富浪岛。当金末,辽东和高丽之间,叛乱蜂起。蒙古因遣兵平定,和高丽的兵相遇,约为兄弟之国。后来蒙古使者,为盗所杀,蒙人疑为高丽人所为,两国遂起兵衅。直至一二五九年,和议才成。高丽内政,自此常受元人的干涉。甚至废其国王而立征东行省于其地。对于南方,则兀良合台尝用兵于安南。其后世祖时,又尝用兵于安南、占城及缅,都不甚利。然诸国亦都通朝贡。对于南洋,曾一用兵于爪哇,其余招致而来的国亦颇多。唯用兵于日本,最为不利。世祖先命高丽人往招日本,后又自遣使往招,日本都不应。一二七四年,遣忻都往征,拔对马,陷壹歧,掠肥前沿海。以飓

风起而还。一二八一年,再遣忻都、范文虎率兵二十万东征。兵至鹰岛,以"飓征"见,文虎等择坚舰先走。余众遂多为日人所杀。世祖大怒,更谋再举,以正用兵安南,遂未果。以当日蒙古的兵力,实足以踏平日本而有余,乃因隔海之故,致遭挫衄[18],在日本,亦可谓之遭直天幸了。

综观蒙古用兵,唯对于东南两方,小有不利,其余则可谓所向无前。这也是遭际时会,适逢其时各方面都无强国之故。蒙古是行封建之制的,而成吉思汗四子,分地尤大。因为蒙人有幼子袭产的习惯,所以把和林旧业,分与第四子拖雷。此外长子术赤,则分得花剌子模、康里、钦察之地。三子窝阔台,即太宗,则分得乃蛮故地。二子察合台,则分得西辽故地。其后西域直到宪宗之世,才全行戡定。其定西北诸部,功出于术赤之子拔都;而定西南诸部,则功出于拖雷之子旭烈兀。所以术赤分地,拔都之后,为其共主。伊兰高原,则旭烈兀之后君临之。西史所谓窝阔台汗国,就是太宗之后。察合台汗国,是察合台之后。钦察汗国,是拔都之后。伊儿汗国,是旭烈兀之后。总而言之,世祖灭宋之日,就是元朝最盛之时。然而其分裂,也就于此时开始了。

第三十八章 中西文化的交通

从近世西方东渐以前，有元一代，却算得一个中西交通最盛的时代。

因为前此中西交通，差不多只靠海路，至此时，则陆路也发达了。

在西半球尚未发现绕行非洲南端之路，亦未通航，黑海、地中海、红海、波斯湾，实在是东西两洋交通的枢纽。而其关键，实握于大食人之手。所以在当时，东西交通，以大食人为最活跃。当北宋中叶，十字军兴，直至南宋之末，这二百年之中，虽然天方教国和景教国喋血相争，极宗教史政治史上的惨苦，然而开发文明的利器，罗盘针、印刷术、火药，中国人所发明的，都经大食人之手，而传入欧洲。给近世的欧洲以一个大变化。至元代西征成功之后，其疆域跨据欧洲，而其形势又一变了。

元太宗时，曾因奉使的人都经民地，既费时又扰民，商诸察合台，拟令千户各出夫马，设立站赤。察合台也赞成了。他即于所辖境内设立。西接拔都，东接太宗辖境。如此，欧亚两洲之间，就不啻开辟出一条官道了。

当时景教诸国，正因和天方教国兵争，要想讲远交近攻之策。于是一二四五年，罗马教皇派柏朗嘉宾（Plano Carpini），一二五三年，法王路易第九又派路卜洛克（Rubruk），先后来到和林。而当时的商人,更为活跃。他们或从中央亚细亚经天山南路,或从西伯利亚经天山北路,远开贩路于和林及大都。至于水路,则自唐宋以来,交通本极繁盛。在宋时,浙江的澉浦、杭州、秀州、明州、台州、温州,福建的福州、泉州,广东的广州,以及今江苏境内的华亭和江阴,山东境内的板桥镇,都曾开作通商港。输入的犀、象、香药等,很为社会所宝贵。政府至用以充籴本,称提钞价。而税收或抽分所得,尤为岁入大宗。元时,还继续着这般盛况。

蒙古是新兴的野蛮民族[19],戒奢崇俭、不宝远物等古训,是非其所知的。所以对于远方的珍品,极其爱好。尤优待商人和工人。其用兵西域时,凡曾经抗拒的城池,城破后都要屠洗,独工人不在其列。太宗时,西商售物于皇室的,都许驰驿。太宗死后,皇后乃蛮氏称制,信任西商奥鲁剌合蛮,至于把御宝宫纸交给他,听其要用时填发。又下令:凡奥鲁剌合蛮要行的事,令史不肯书写的,即断其腕。此等行为,给久经进化的中国人看起来,真是笑话。然却是色目人在元朝活动的唯一好条件。元代本是分人为三级,以蒙古为上,色目次之,汉人、南人为下的。所以当时,大食、波斯的学者、军人,意大利、法兰西的画家、职工,都纷集于朝。特如意大利的马可·波罗（Marco Polo），以一二三七年来到中国。仕至扬州达鲁花赤。居中国凡三十年。归而刊行游记，为欧人知道东方情形之始。

和元朝关系最深的，自然还是大食的文化。蒙古本来是没有文字的。成吉思汗灭乃蛮之后，获塔塔统阿，才令其教太子、诸王"以畏兀字书国言"。后来世祖命八思巴造新字，于一二七〇年颁行。案成吉思汗的灭乃蛮，时在一二〇四年，则蒙古人专用畏兀字，实在有六十余年。

蒙古字颁行之后，虽说"玺书颁降，皆以蒙古字书之，而以其本国字为副。百官进上表章，则以汉字为副。有沿用畏兀字者罚之"，然而后来又说：亦思替非文字，便于计账，依旧传习。而终元之世，回回国子学[20]，亦是和普通学及蒙古国子学并立的。西方输入中国的文化，除宗教而外，要推美术和工业两端。《元史·阿尔尼格传》，说他善于画塑及铸金为像。当时元朝，有王楫使宋所得明堂针灸铜像。年久坏掉了，没有会修的人。世祖叫把给他看。他居然制成了一具新的。关鬲脉络，无不完备。当时两京寺观的像，多出其手。元代诸帝的御容，织锦为之的，亦是阿尔尼格所制。当时的人，叹为图画弗及。其弟子刘元，则精于西天梵像。两都名刹的塑像，出于其手的很多。又火药的发明，虽起自中国，而火炮的制造，则中国人似乎反从欧洲学来。《明史·兵志》说：古代的炮，多系以机发石。元初得西域火炮，攻蔡州始用之，而造法不传。直到明成祖平交趾，得其枪炮，才设神机营肄习。至武宗末，白沙巡检何儒，得佛郎机炮。一五二九年，中国才自行制造起来。有最初的发明，而后来不能推广之以尽其用。这个，中国人就不能不抱愧了。

第三十九章 元的制度

凡异族入居中国的，其制度，可以分作两方面来看：其一，他自己本无所有，即使略有其固有的习惯，入中国以后，亦已不可复用，乃不得不改而从我。在这一点上，异族到中国来做皇帝，和中国人自己做差不多，总不过将前代的制度，作为蓝本，略加修改罢了。又其一，则彼既系异族，对于中国人，总不能无猜防之心。所以其所定的制度，和中国人自己所定的，多少总有些两样。元朝的制度，便该用这种眼光来看。

元朝中央的官制，是以中书省为相职，枢密院主兵谋，御史台司监察，而庶政则分寄之于六部的。这可说大体是沿袭宋朝。至于以宣政院列于中央，而管理吐蕃，则因元朝人迷信喇嘛教[21]之故，这也不足为怪。其最特别的，乃系于路、府、州、县之上，更设行省。在历代，行省总是有事时设置，事定则废的。独至元朝而成为常设之官。这即是异族入居中国，不求行政的绵密，而但求便于统驭镇压的缘故。这本不是行政区域，明朝乃废其制而仍其区域，至清代，督抚又成为常设之官，就不免政治日荒，而且酿成外重之弊了。元代定制，各机关的长官，都要用蒙古人的。汉人、南人，只好做副贰，而且实际见用的还很少。这也是极不平等之制。

学校，元朝就制度上看，是很为注重的。虽在当时未必实行，却可称为明朝制度的蓝本。我国历代，学校之制，都重于中央而轻于地方。元制，除京师有普通的国子学和蒙古国子学、回回国子学外，一二九一年，世祖诏诸路、府、州、县都立学。其儒先过化之地，名贤经行之所和好事之家，出钱粟以赡学的，都许立为书院。诸路亦有蒙古字学、回回学。各行省所在之地，都设儒学提举司，以管理诸路、府、州、县的学校。江浙、湖广、江西三省，又有蒙古提举学校官。其制度，总可算得详备了。

其科举，则直到一三一五年才举行。那已是灭金之后八十一年，灭宋之后三十七年了。其制：分蒙古、色目人和汉人、南人为二榜。第一场：汉人、南人试经疑、经义，蒙古、色目人则但试经问。第二场：蒙古、色目人试策，汉人、南人试古赋诏诰章表内科一道。第三场：汉人、南人试策，蒙古、色目人则不试。案宋自王安石改科举之制后，哲宗立，复行旧制。然士人已有习于经义，不能作诗赋的，后来乃分经义，诗赋为两科。金朝在北方开科举，亦是如此。至此则复合为一。此亦明制所本。而其出身，则蒙古人最高，色目人和汉人、南人，要递降一级，这也是不平等的。

其猜防最甚的为兵制。元朝的兵，出于本族的，谓之蒙古军。出于诸部族的，谓之探马赤军。入中原后，发中国人为兵，谓之汉军。平宋所得，谓之新附军。蒙古和诸部族，是人尽为兵的。男子年十五以上，七十以下，都入兵籍。调用汉人之法：其初或以户论，或以丁论，或以贫富论。天下既定之后，则另立兵籍，向来当过兵的人都入之。其镇戍之法：边徼襟喉之地，命宗王带兵驻扎。河洛、山东，戍以蒙古军和探马赤军。江淮以南，则戍以汉兵和新附军。都是世祖和其一二大臣所定。元朝的兵籍，是不许汉人阅看的。在枢密院中，亦只有长官一二人知道。所以有国百年，而汉人无知其兵数者。其民族的色彩，可谓很显著了。

法律亦很不平等的。案辽当太祖时，治契丹及诸夷[22]，均用旧法，汉人则断以律令。太宗时，治渤海亦依汉法。到道宗时，才说国法不可异施，命更定律令，把不合的别存之，则辽已去亡不远了。金朝到太宗时，才参用辽宋旧法。熙宗再取河南，才一依律文。这都是各适其俗的意思。元朝则本族人和汉人，宗教徒和非宗教徒，都显分畛域。如蒙古人杀死汉人，不过"断罚出征"和"全征烧埋银"。又如"僧、道、儒人有争，止令三家所掌会问""僧人唯犯奸盗诈伪，至伤人命，及诸重罪，有司归问。其僧侣相争，则田土与有司会问"等都是。

赋税，行于内地的，分丁税及地税，仿唐的租庸调法。行于江南的，分夏税及秋税，仿唐朝的两税法。役法称为科差，有丝料和包银之分。丝料之中，又有二户丝、五户丝之别。二户丝输官，五户丝则输于本位。包银之法：汉人纳银四两。二两输银，二两折收丝绢颜色。此外又有俸钞一项。把诸项合起来，作一大门摊，分为三次征收。赋役而外，仍以盐、茶两税为大宗。其行盐各有郡邑，是为"引地"之始。此外总称为额外课。就是征收随其多少，不立定额的意思，其名目颇为琐碎。

宋、金、元、明四代，有一厉民之政，便是钞法。钞法是起于北宋时的。因宋于四川区域之内，行使铁钱，人民苦于运输的不便，乃自造一种纸币，名为交子。一交一缗。三年一换，谓之一界。以富人十六户主之。后来富人穷了，付不出钱来，渐起争讼。真宗时，转运使薛田，才请改为官办。这本是便民的意思。然而后来，官方遂借以筹款，而推行于他处。蔡京时谓之钱引。南宋则始称交子，末造又造会子，成为国家所发行的纸币了。交、会本当兑换现钱的，然而后来，往往不能兑换，于是其价日跌。大约每一缗只值二三百文。然而这还算好的。金朝亦行其法于北方，名之为钞，则其末造，一文不值，至于以八十四车充军赏。金朝的行钞，原因现钱缺乏，不得不然。后来屡谋铸钱。然而所铸无多，即铸出来，亦为纸币所驱逐。所以元定天下之后，仍不得不行钞。乃定以钞与丝及金、银相权。丝、金、银是三种东西，岂能一律维持其比价？这本是不通的法子。况且后来所造日多，其价日落，就连对于一物的比价，也维持不住了。至于末年，则其一文不值，亦与金代相同。明有天下，明知其弊，然因没有现钱，仍无法不用钞。而行用未几，其价大落。至宣宗宣德初——一四二六年——明朝开国不满六十年，已跌得一贯只值一两文了。于是无可如何，大增税额；又创设许多新税目，把钞都收回，一把火烧掉。从此以后，钞就废而不用了。当金朝末年，民间交易，已大多数用银。至此，国家亦承认了它。一切收入及支出，都银钱并用。银亦遂成为正式的货币。然而量物价的尺，是不能有二的。银、铜并用，而不于其间定出一个主辅的关系来，就成为后来币制紊乱的根源了。

第四十章 元帝国的瓦解

元朝从太祖称汗，到世祖灭宋，其间不过七十四年，而造成一个空前的大帝国，其兴起可谓骤了。然而其大帝国的瓦解，实起于世祖自立之时，上距太祖称汗之岁，不过五十五年。而其在中国政府的颠覆，时在一三六八年，上距太祖称汗之岁，亦不过一百七十一年；其距世祖灭宋，则不过九十年而已，为什么瓦解得这么快？

原来，元朝人既不懂得治中国之法，而其自身又有弱点。蒙古人的汗，本系由部众公推的。忽图剌之立，便系如此。太祖之称成吉思汗，则是汉南北诸部的大汗，亦系由诸部公推。太祖以后，虽然奇渥温氏一族，声势煊赫，推举大汗，断无舍太祖之后而他求之理。然而公举之法，总是不能遽废的。所以每当立君之际，必须开一"忽烈而台"。宗王、驸马和诸管兵的官，都得与议。太宗之立，因有成吉思汗的遗言，所以未有异议。太宗死后，太宗的后人和拖雷的后人，已有竞争。定宗幸而得立。又因多病，三年而死。这竞争便更激烈起来。太宗后人，多不惬众望；而拖雷之妃，很有交际的手腕，能和宗王中最有声望的拔都相结。宪宗遂获登大位。太宗之孙关烈门等谋叛，为宪宗所杀。并杀太宗用事大臣，夺太宗后王兵柄。蒙古本族的裂痕，实起于此。宪宗死后，世祖手下汉人和西域人多了，就竟不待忽烈而台的推戴，自立于现在的多伦。于是阿里不哥亦自立于漠北。拖雷后人之中，又起了纷争。后来阿里不哥总算给世祖打败。而太宗之孙海都，复自擅于远。察合台、钦察两汗国都附和他。蒙古大帝国，遂成瓦解之势。

因海都的抗命，于是常须派亲王宿将镇守和林。世祖是用汉法立太子的，而又早死。其时成宗戍守北边。世祖死后，伯颜以宿将重臣归附成宗，所以未曾有乱。成宗既立，武宗继防北边。成宗死后，皇后伯岳吾氏，要立安西王阿难答。而右丞相哈剌哈孙，要立武宗。因为武宗在远，先使人迎其弟仁宗于怀州，监国以待。武宗既至，杀安西王，弑伯岳吾后而自立。武宗以仁宗为太子。武宗死后，仁宗继之。却自立其子英宗为太子，而出武宗之子明宗于云南。其臣奉之奔阿尔泰山，依察合台后王。仁宗死，英宗立。为奸臣铁木迭儿所弑。无子。泰定帝立。死于上都。子天顺帝立。签密院燕帖木儿，追胁大都百官，迎立武宗之子。于是抄袭武宗的老文章，一面先使人迎文宗于江陵，先即皇位。发兵陷上都。天顺帝不知所终。明宗至漠南，即位。文宗和燕帖木儿入见，明宗暴死。文宗再即位。然而心不自安。遗命必立明宗之子。文宗死后，燕帖木儿要立其子燕帖古思。文宗皇后翁吉剌氏不肯。于是先迎立宁宗。数月而死。燕帖木儿又要立燕帖古思。翁吉剌氏仍不肯。乃再迎顺帝。顺帝既至，燕帖木儿不让他即位。迁延数月，恰好燕帖木儿死了，顺帝乃得立。既立之后，追治明宗暴死故事。毁文宗庙主。流翁吉剌氏和燕帖古思于高丽，都死在路上。

如此，每当继承之际，必有争乱，奸臣因之擅政，政治自然不会清明。况且蒙古人本也不知道治中国之法。他无非想朘削中国人以自利。试看他户、工二部，设官最多，便可见其一斑。其用人，则宿卫勋臣之家，以及君主的嬖幸、诸王公主的私属，都得以平流而进。真是所谓"仕

元 佚名 春景货郎图（局部）

进有多途，铨衡无人定法"。再加以散居各处的蒙古、色目人对于汉人的凌侮，喇嘛教僧侣的骚扰，自然弄得不成个世界了。

元代之主，唯世祖最为聪明，颇能登用人才，改定制度，然亦好用言利之臣。后来则唯仁宗以李孟为相，政治稍见清明。此外大都仍是游牧部落酋长的性质，全不了解中国文化的——元代诸主，大都不认得汉字的——而又都运祚短促。在位长久的，世祖而外，唯有顺帝，而其荒淫又特甚。客帝的宝位，自然要坐不住了。

元朝当世祖时，江南还屡有叛乱，后来才逐渐镇定。顺帝初年，反者屡起。然尚未为大患。至一三四八年，方国珍起兵于台州，元朝就不能戡定。于是白莲教徒刘福通，起兵安丰，奉教主之子韩林儿为主。李二起于徐州。徐寿辉起于湖北。郭子兴起于濠州。张士诚起于高邮。长江流域，几于非元所有。

顺帝既荒淫无度，其臣脱脱、太平、韩嘉纳等，因而结党相争。嬖臣哈麻、雪雪，初和脱脱相结，后又变而互排。南方乱起，脱脱的兄弟也先铁木儿带兵去征讨，连年无功，反大溃于沙河，军资器械，丧失殆尽。脱脱不得已，自出督师。已把李二打平，进围张士诚。而二人把他排掉。

于是大局愈坏。革命军之中，气势最盛的，要算刘福通。居然于一三五八年，分兵三道北上。自挟韩林儿陷开封。但元朝的兵虽无用，而其时，有起兵河南，护卫元朝的察罕帖木儿和李思齐，则颇有能力。刘福通攻陕西的兵，给他打败。回兵再救山东。刘福通的将，遣人把察罕刺死。其子库库帖木儿，代将其军，到底把山东也打平。刘福通还有一支兵，北出晋冀的，虽然打破上都，直攻到辽东，也终于破散了。福通在开封站不住，只得走回安丰。革命军的势力又一挫。然而驻扎大同的孛罗帖木儿，先已因图据冀宁之故，和察罕相攻。至此，仍与库库构兵不止。顺帝次后奇氏，生太子爱猷识里达腊。后及太子，都阴谋内禅。哈麻、雪雪，亦与其谋。事发，二人都杖死。然宰相搠思监，仍系因谄事奇后的阉人朴不花而得的。搠思监和御史大夫老的沙不协，因太子言于顺帝，免其职。老的沙奔大同。搠思监遂诬孛罗谋反。孛罗举兵犯阙。杀搠思监和朴不花。太子奔库库。库库奉以还京。此时孛罗已给顺帝遣人刺死。而奇后又要使库库以兵力胁顺帝内禅。库库不可。顺帝封库库为河南王，命其总统诸军，进平南方。李思齐自以和察罕同起兵，耻受库库节制，和陕西参政张良弼连兵攻库库。库库之将貊高、关保，亦叛库库。于是下诏削库库官爵，命太子总统天下兵马讨之。未几，明兵北上，又复库库官爵，叫他出兵抵抗，然而已来不及了。

明太祖朱元璋，初从郭子兴起兵。后自为一军，渡江，取集庆。时徐寿辉为其将陈友谅所杀，据江西、湖北，形势最强。而张士诚徙治平江，亦在肘腋之下。太祖先后把他打定，又降方国珍。一三六八年，乘北方的扰乱，命徐达、常遇春分道北伐。达自河南，遇春自山东，两道并进。会于德州。北扼直沽。顺帝遂弃大都而去。于是命徐达下太原，乘胜定秦陇。库库逃奔和林。顺帝匿居上都，太祖命常遇春追击。顺帝又逃到应昌。未几而死。太祖再命李文忠出击。爱猷识里达腊逃奔和林，未几亦死。子脱古思帖木儿袭。时元臣纳哈出，尚据辽东。一三八七年，太祖命蓝玉等把他讨平。乘胜袭破脱古思帖木儿于捕鲁儿海。脱古思帖木儿北走，为其下所弑。其后五传都遇弑。蒙古大汗的统绪，就此中绝了。元朝分封诸王，大都不能自振。唯梁王把匝剌瓦尔密，据云南不降。太祖当出兵北伐之时，即已分兵平定闽、广。徐寿辉死后，其将明玉珍，据四川自立，传子升，亦为太祖打平。一三八一年，又遣兵平云南。南方亦都平定。

明 仇英 人物故事图（局部）

第四十一章 明初的政局

明朝虽然驱逐胡元，把中国恢复过来，然而论其一代的政治，清明的时候，却是很少的。这个推源其始，亦可说是由于太祖治谋之不臧。

太祖初定天下，即下诏禁止胡服、胡语，把腥膻之俗扫除。所定制度，亦颇详备。边防的规模，亦是很远的。然而专制的气焰太盛，私天下之心又太重。只要看其废除宰相，加重御史之权，及其所定的兵制，就可知道了。而其治害尤巨的，则为封建之制。

太祖定都金陵，称为应天府。以开封为北京。又择名城大都，分封诸子，共计二十五人。虽定制不许干预政治，然而体制崇隆，又各设有卫兵，在地方政治上，总觉得不便。而燕王棣在北平，晋王㭎在太原，均得节制诸将，威权尤重。太祖太子早死，立建文帝为太孙。太祖崩，建文帝立。用齐泰、黄子澄之谋，以法绳诸王。燕王就举兵反。太祖时，功臣宿将，杀戮殆尽。这时候，更无能够抵御的人。燕兵遂陷京城。建文帝不知所终。燕王即位，是为成祖。改北平为北京，于一四二一年迁都。

成祖是个暴虐的人，当其破南京时，于建文诸臣，杀戮甚惨。后来想迁都北京，营建宫室，又极扰累。在位时，北征鞑靼、瓦剌，南平安南，又遣郑和下南洋，武功亦似乎很盛。然而太祖时所定北边的防线，到成祖时，规模反缩小了。原来明初北边的第一道防线，是开平卫。这就是元朝的上都。据此，则可以俯临漠南，宣、大都晏然无事了。后来元朝的大宁路来降，又设泰宁、朵颜、福余三卫。其地直抵今吉林境。都隶北平行都司。使宁王权居大宁以节制之。明朝这时候，东北方的防线，实在超越辽河，而达到现在的松花江流域。所以对于女真人，威力所至，亦极远。一四〇九年所设的奴儿干都司，远至黑龙江口，库页岛亦来臣服。成祖起兵，怕宁王议其后，诱而执之，而徙北平行都司于保定。把三卫地方，给了兀良哈。开平卫的形势就孤了。一四二四年，成祖崩，仁宗立，在位仅一年。宣宗继立。就徙开平卫于独石。于是宣、大的形势赤露，而兀良哈为瓦剌所胁服，其势愈张，遂有土木之变。

明太祖定制，内侍本不许读书。成祖起兵，颇得阉人内应之力。即位后，就选官入内教习。又设京营提督，使之监军。又命随诸将出镇。并有奉使外国的。当太祖时，以锦衣卫治诏狱，本已轶出正式司法机关之外。成祖又立东厂。以司侦缉，亦命宦官主其事。于是自平民以至官吏，无不在宦官伺察之中。终明之世，毒害所及，真乃不知凡几。宣宗崩后，英宗即位。年幼，宠信司礼太监王振。此时瓦剌强盛，王振不度德、不量力，轻与挑衅。瓦剌酋长也先入寇，王振又劝帝亲征。至大同，知不敌，急班师。又因振家在蔚州，想邀英宗临幸，定计走紫荆关，后来又变计走居庸关。回旋之间，遂为敌兵追及于土木堡。英宗北狩。振死于乱军之中。警报达京师，议论蜂起。侍讲徐有贞等主张迁都。侍郎于谦则主张坚守。到底于谦一派战胜了。于是以太后之命，奉英宗的兄弟郕王监国。旋即位，是为景帝。尊英宗为太上皇。也先挟太上皇，自紫荆关入攻京城。于谦督总兵石亨等力战，总算把他击退。谦乃整顿边备，以重兵守大同、宣府。也先屡入寇，总不得志，乃奉太上皇还。

这是明人一天之喜。君主被掳，仍能安稳归来，和西晋、北宋，可谓大不相同了。然而政变即因此而起。徐有贞因于谦有功，自觉惭愧。石亨亦因恃功骄恣，为谦所裁抑，内怀怨望。乃和太监曹吉祥等结托，乘景帝卧病，以兵闯入宫中，迎接太上皇复位，是为"夺门"之变。于谦被杀。有贞旋为石亨所排挤，贬死。亨又以谋反伏诛。英宗复辟之后，亦无善政。死后，宪宗立。宠任太监汪直。于东厂之外，别立西厂，使直主其事。

宪宗崩，孝宗立。任用刘健、谢迁、李东阳等，政治总算清明。宪宗之后，武宗继之。则其荒淫，又较前此诸君为甚。初宠东宫旧竖刘瑾，日事游戏。别立内厂，使瑾主其事，并东西厂亦在监察之中。武宗坐朝，有人投匿名书于路旁，数瑾罪恶。瑾便矫诏，诏百官三百余人，跪在午门外，加以诘责。至于半日之久，然后把他送入狱中。其专横如此，朝臣自然无从举发他的罪恶了。后来安化王寘鐇，反于宁夏。都御史杨一清，前往征讨，把他打平。凯旋之日，杨一清劝监军太监张永，举发刘瑾罪恶。武宗才算省悟，把他除掉。又有个大同游击江彬，交结内监家奴，以蹴鞠侍帝。导帝出游宣、大、延、绥等处。于是人心惶惶。宁王宸濠，又因此反于南昌，幸得南赣巡抚王守仁，起兵蹑其后，总算一战而平。武宗却又借亲征为名，出游江南而还。此时畿南、山东，盗贼横行，连年不得平定。其不至于土崩瓦解，只算侥幸罢了。一五二一年，武宗崩。无子，世宗入继大统。世宗颇知学问，性质亦近于严厉。驾御宦官颇严。明自中叶以后，宦官的敛迹，无过于世宗时的。然严而不明。中年以后，又溺于神仙，不问政事。严嵩因之，盗窃朝权，一味蒙蔽。内政既坏，外患又深。明朝遂几成不可收拾之局了。

第四十二章 明和北族的关系

明朝是整个中国被胡人陷没之后，把它恢复过来的。论理，对于北方的边防，应较历代格外注重。然而终明之世，只有太祖一朝，规模稍远。成祖时，虽兵出屡胜，而弃地实已甚多。从此以后，就更其不能振作了。

明代的北方，是鞑靼、瓦剌，迭起称雄的时代。瓦剌，元时称为斡亦剌，亦系北方部族之一。明初，其部落分而为三。成祖时来降，都封其首领以王号。而顺宁王马哈木最强。元朝的大汗统绪绝后，有个唤作鬼力赤的，自称鞑靼可汗。后为知院阿鲁台所杀，迎立元朝后裔本雅失里。成祖曾亲征，把他们打破。又曾打破马哈木。后来本雅失里，到底为马哈木所杀。其子脱欢，并瓦剌三部为一。又袭杀阿鲁台，要想自立为可汗，其部下的人不肯。乃迎立元裔脱脱不花。脱欢子也先，声势更甚，并兀良哈亦为所胁服。遂有土木之变。此为瓦剌极盛时代。土木变后，也先杀脱脱不花自立。一四五二年，为知院阿剌所杀。瓦剌复衰。

于是鞑靼酋长，有名为孛来的，杀阿剌，立脱脱不花的儿子麻儿可儿，号为小王子。麻儿可儿死后，众共立马古可儿吉思，为孛来所杀。有唤作毛里孩的，又杀孛来，迎立他可汗。又有唤作斡鲁出的，和毛里孩互相仇杀。先是鞑靼的入寇，或在辽东，或在宣府、大同，或在宁夏、庄浪。往来无常，为患不久。英宗复辟后，斡鲁出才入据河套，和别部孛鲁乃合。至宪宗时，则孛来、小王子、毛里孩，先后皆至，为患益深。孛来死后，又有唤作满鲁都的，继之而至。这便是明朝所谓"套寇"。总而言之，自也先死后，瓦剌之患已衰；此时的鞑靼，亦只是些零碎部落，并不足为大患。然而明朝措置无方，北边遂迄无息肩之日。到一五○四年，达延汗再即汗位，而其形势又一变了。

为蓝玉所袭破而遇弑的脱古思帖木儿，《明史》谓是爱猷识里达腊之子，《蒙古源流考》则谓系爱猷识里达腊之弟。其子曰额勒伯克汗，尝杀其臣而娶其妻，是为洪斡斡拜济。洪斡斡拜济归汗时，有了三个月的身孕。又四个月而生一子，名为阿寨。阿寨的儿子名阿噶巴尔济，是个助瓦剌以攻蒙古的人。阿噶巴尔济生子曰哈尔固楚克，为也先的女婿。生子，名巴图蒙克。是为达延汗。达延汗为中兴蒙古的伟人。他有四个儿子：长名图鲁特，早死。季子格埒森札赉尔，留守漠北，是为喀尔喀诸部之祖。达延汗以次子乌鲁斯为右翼，三子巴尔苏为左翼。乌鲁斯为满鲁都所杀。

明 戴进 渭滨垂钓图（局部）

达延汗怒，命巴尔苏击杀满鲁都。这时候，漠南北本无强部，满鲁都死后，蒙古遂复呈统一之观。达延汗和图鲁特之卜赤，徙牧南近长城，称为插汉儿部，就是现在的察哈尔。巴尔苏二子：长名衮必里克图，为鄂尔多斯部之祖。次为阿勒坦汗，即《明史》的俺答，为土默特部之祖。衮必里克图早死，其众皆归于俺答，所以俺答独强。世宗时，屡为北边之患，一五五〇年、一五五九年、一六三三年，曾三次进犯京畿。严嵩以華毂之下，败不可掩，戒诸军不得与战，因此寇益得志。后来俺答之孙把汉那吉，娶妻而美，为俺答所夺，发怒来降。把汉那吉是幼孤而育于俺答之妻的。俺答之妻，怕中国把他杀掉，日夜哭泣。俺答才遣使请和。于是穆宗于一五七〇年，封俺答为顺义王。此时俺答亦已受了喇嘛教的感化，自此不复犯边。而东方的插汉儿部转盛。其时高拱当国，用戚继光守蓟镇，李成梁守辽东。继光持重，善守御，而成梁屡战却敌。神宗时，张居正当国，对于这两个人，任用更专。所以十六七世纪之间，北边颇获安息。明朝末年，漠南诸部，仍以插汉儿为最盛。插汉儿的林丹汗，为达延汗的八世孙。

第四十三章 明朝的殖民事业和外患

其妻，为叶赫部女。而叶赫为清所灭，所以林丹汗与清为仇。明朝就重加岁赐，命其联合诸部，以牵制满洲[23]。然林丹汗骄恣，为同族所恶。先是一五九三年，蒙古东方的科尔沁等部，曾联合满洲诸部以伐清，为清太祖所败，科尔沁等遂附于清。至是，并西方的土默特等部，亦和清通声气。一六三八年，清太宗会合蒙古诸部，出其不意，袭击林丹汗。林丹汗欲拒战，而下不听命，乃出走，死于青海的大草滩。明年，其子额哲降清。于是漠南蒙古，就全为清人所征服了。

有明一代，对于北方的边防，不可谓不认真。现在的长城，就大都是明代造的。最初防线撤废之后，后来又以辽东、蓟州、宣府、大同、榆林、宁夏、甘肃、固原、太原为九边，都成为节制调度的重心。沿边的兵额，配置颇为充足。兵额亦常能维持。器械亦比较精利。论其实力，本可以扫荡漠南北而有余。然而将骄卒惰之弊，亦在所不免，玩敌而不恤士卒，尤为通常之弊。所以兵力虽厚，而士气不盛，始终只立于防御的地位。对于区区的套寇，尚且不能扫穴犁庭，更无论绝漠而北了。

中国人移殖的能力，是很大的。照第八章和第二十二章所述，则在很古的时代，中国人在海外的航线，业已很远；而第三世纪以后，已几乎把欧、亚的航路打通了。在这很长的时期中，中国人一定有在海外经营拓殖之业的。惜乎年深月久，文献多已无征。现在可考见的，大都是明以来的事迹罢了。

在大陆上，最易和海洋接触的是半岛。亚洲大陆，有三个最大的半岛——前后印度、朝鲜——其中两个，本来都有一部分属于中国的。自唐、五代以来，才逐渐的丧失了。明成祖时，因安南陈、黎二氏的篡夺，发兵戡定其地。于一四〇六年设立交趾布政司，和内地的制度一样。因守土的官吏，不尽得人；奉使的中官，尤多暴横，土人叛乱不绝。于是一四二七年，宣宗又把它弃掉。然当元、明两代，西南的土司，还几于包括伊洛瓦底江流域。安南、暹罗，虽各列为国，亦都朝贡于我。南洋群岛的交通，亦是历代不绝的，所以航行很为便利。

元朝人是好勤远略的。当世祖时，曾遣唆都、李庭璧招致南洋诸国。当时南洋之国，以俱蓝、

金 佚名 雪栈牛车图（局部）

马八儿为纲维。马八儿便是今印度的马拉巴尔（Malabar）。俱蓝为其后障，当在马拉巴尔之北。当时先后来朝的，共有十国。都是今印度沿岸和南洋群岛之地。明初，使节所至亦远。成祖又命中官郑和往使。和乃自造大船，长四十四丈，宽十八丈的。共有六十二只，带着士卒三万七千人，从苏州娄家港出海，遍历南洋诸国。有不服的，则威之以兵。自一四○五年至一四三三年，三十年之间，凡七奉使，三擒番长。后来奉使海外的，无不盛称和以炫耀诸国。其事业，亦可谓之伟大了。《明史·郑和传》，于和事迹，记载不详。近代梁启超作《郑和传》，推考其航路：则当自南海入暹罗湾。沿马来半岛南下，至新加坡。绕苏门答腊和爪哇两岛，入孟加拉湾。循行印度半岛的两岸。绕锡兰岛，又入波斯湾。沿东岸北航，至底格里斯河口。再循西岸南航，至亚丁，越亚丁湾，入红海。北航至麦加。南航，出莫三鼻给海峡，掠马达加斯加岛的南端而东归。其航线所至，亦可谓之极远了。当时华人移殖海外的甚多。在小吕宋一带，尤为繁盛。而作蛮夷大长的，亦大有其人。其见于《明史》的，则有吕宋的潘和五、婆罗的王，爪哇新邦的邦主，三佛齐的梁道明、陈祖义。其事在明开国至万历年间，约当十四世纪后半叶至十五世纪之末。梁启超作《中国殖民八大伟人传》，得诸口碑的，又有戴燕国王吴元盛，昆仑国王罗大，都是清朝乾嘉年间，战胜土蛮的。又有叶来，则为英属海峡殖民地的开辟者。其事在嘉道之间，则已在十八世纪中叶至十九世纪前半叶了。还有潮州郑昭，随父流寓暹罗，为其宰相。乾隆时，暹罗为缅甸所灭，郑昭起兵恢复……近代西人的东航，实在明中叶以后。哥伦布的发现美洲，时在一四九三年；葡萄牙人的发现印度新航路，则事在一四九八年，较郑和的下西洋，实后八九十年。西人东航之初，中国人的足迹，早已遍布南洋了。中国西北附陆，而东南面海。闽、广之北，限以重山，其民不易向中原分布，所以移徙到海外的很多。南洋群岛，气候和煦，物产丰饶，实在是中国的一片好殖民地。不但如此，中国人做事平和，凡事都以共存共荣为目的。假使开发南洋的责任，而由中国负之，南洋群岛的土人，绝没像现在饱受压迫，濒于灭亡之惨。徒以昔时狃于"不勤远略"之见，有此基础，不能助以国力向前发展，这真是一个大错误。不但如此，因海防的废弛，通商政策的不得宜，反还因海洋交通而深受其害，这便是所谓倭寇[24]。

倭寇是起于元、明之间的，至明中叶而大盛。原来日本自与元构衅后，禁止其人民和中国往来。于是冒禁出海的，都是无赖的边民，久之遂流为海寇。当元中叶，日本分为南北朝。后来南朝为北朝所并。遗民亦有入海，与海寇合的。朝鲜沿海，受患最深，而中国亦所不免。所以明初，于沿海设卫甚多；而明代的市舶司，意亦不重于收税，而重于管理制驭。世宗时，废司不设。贸易之事，移主于达官势家。多负倭直不偿。倭人贫不能归，遂都变为海盗，沿海之莠民，亦都附和他；或则冒其旗帜，以海岛为根据地，饥则入掠，饱则远扬。沿海七省，无一不受其患。甚至沿江深入，直抵南京。明朝竟无如之何。直至一五五六年，胡宗宪总督浙江军务，诱诛奸民，绝其内应，倭寇势才渐衰。又约十年，乃为戚继光、俞大猷所剿平。然而沿海之地，已凋敝得不堪了。

倭寇平定未几，复有朝鲜之役，则其事已在神宗时了。日本自开国以来，世与虾夷为敌。八世纪之末，日本拓地益广，乃于东北边置征夷大将军。源、平二氏，世守其地。后来中央政争，多借源、平二氏为助。平氏先以外戚执政，后为源氏所灭。乃遍置武职于诸州，以守护封土，而总其权于征夷大将军。于是大权尽入幕府，皇室徒拥虚名而已——日本皇室，所以始终未曾易姓，就是为此。源氏之后，北条氏、足利氏，相继以家臣覆灭幕府，格外大封将士；而其将士，又以其地分封其下，遂成全国分裂之势。十六世纪之末，有个唤作丰臣秀吉的，起而平定全国。因念乱源终未尽绝，意欲把一班军人，赶到外国去，遂有一五九二年渡海攻朝鲜之举。朝鲜开国之主李成桂，本是以打倭寇出名的。当元朝时候，屡次干预高丽的内政。其国王，多数是元朝的女婿。举国多剃发易服，习为胡化。明兴之后，高丽王氏的末主，还想扶翼元朝。李成桂则倾向中国，于是覆王氏而自立。革新内政，输入中国的文化，气象一新。然而承平日久，兵备亦不免于废弛。日本兵一至，遂势如破竹。其王先奔平壤，后走义州，遣使求援于中国。神宗命李如松前往。一战而胜，尽复汉江以北之地。旋因轻进，败于坡州的碧蹄馆。于是抚议复起。迁延数年，终不能就。直至一五九八年，丰臣秀吉死，日本兵乃解而东归。这一次，明朝运兵筹饷，骚动全国，而竟没有善策，可见其政治军备的废弛了。

北宋 赵令穰 水村图（局部）

第四十四章 明末的政局

明朝当世宗之时，万事废弛，本已成不能复振之局。世宗崩后，穆宗立，在位六年而崩。神宗立，时为一五七二年。穆宗时，张居正、高拱相继为相。神宗立，年幼，拱复罢，居正辅政。居正有综核之才。史称其当国之时，一纸文书，"虽万里之外，无敢不奉行维谨"的。当时吏治败坏，又承累朝的奢侈，国计民生，均极困难，居正乃裁减用度，刷新庶政。"行官吏久任之法，严州县讳盗之诛。"在相位十年，颇有"起衰振敝"之效。然神宗本性是昏惰的。所以自居正死后，纲纪便又废弛了。而中年后的怠荒，尤为前此列朝所未有。

明朝的君主，视朝本不甚勤谨的。神宗则中年以后，不视朝者至二十余年。专一听信中官，派他们出去做税使，并到各处开矿，借端诬索，毒流天下。皇帝既不管事，群臣就结党相攻。而言路一攻，其人即自去，于是言路之权反重。明朝人本来和宋朝人一样，喜欢争意气的。当时顾宪成等讲学于无锡的东林书院，往往讽议执政，裁量人物。即朝士亦有遥相附和的。于是党祸复起。

清室之先，就是隋唐时的白山靺鞨。辽时，谓之长白山女真。清人自谓国号"满洲"。据近人所考证，则"满洲"二字，明人写作"满住"，乃大酋之称，不徒非国名，并非部族之名。清室之先，实在是明朝的建州女真。明朝分女真为三卫：曰海西，在今吉林的西部，辽宁的西北部。曰野人，在今吉、黑两省的极东。曰建州，初设于朝鲜会宁府的河谷。时在一四一二年。受职为指挥使的，名猛哥帖木儿，即清人所谓肇祖。后为七姓野人所杀。弟凡察嗣职，迁居佟佳江流域。后来猛哥帖木儿的儿子董山出来，和凡察争印。明朝乃将建州分为左右二卫，以董山为左卫，凡察为右卫指挥使。董山渐渐桀骜。一四六六年，明朝檄调他到广宁，把他杀掉，并出兵攻破其部落。部人拥戴其子脱罗扰边，声言复仇。久之，也就寂然了。于是左卫衰而右卫盛。右卫酋长王杲，其地在今宽甸附近，为李成梁所破，逃到扈伦四部中之哈达。据《清实录》所载，当时的女真，分为满洲、长白山、扈伦、东海四大部。满洲、长白山，就是明朝的建州卫。东海为明朝的野人卫。扈伦则野人部落，南迁而据海西之地的。其中哈达、叶赫，明人称为南北关，倚以捍边，视之尤重。王杲逃到哈达后，哈达酋长把他执送李成梁，李成梁把他杀掉。王杲的儿子阿台，是清景祖的孙婿。景祖，《清实录》名觉昌安，明人谓之叫场，即清太祖之祖。其第四子显祖塔克世，明人谓之他失，为太祖之父。阿台既抱杀父子怨，助叶赫以攻哈达。满洲的苏克苏浒部长尼堪外兰，为李成梁乡导，以攻阿台。阿台被杀。叫场、他失亦俱死。清太祖向明边吏呼冤，明人乃将叫场、他失的尸体还给他。此时清太祖势甚微弱。至一五八三年，乃起兵以攻尼堪外兰。一五八六年，尼堪外兰奔明边。明人非但不加保护，反把他执付清太祖。并开抚顺、清河、宽甸、叆阳四关，许他互市。从此满洲就渐渐强盛起来了。清人既渐强，满洲五部，都为所征服。扈伦、长白山联合蒙古的科尔沁等部来伐，亦为清太祖所败。太祖又联合叶赫，以灭哈达。至一六一六年，遂起兵叛明。

清兵既起，明以杨镐为经略，发大兵二十万，分四路东征。三路皆败。清人遂陷铁岭，进灭叶赫。明以熊廷弼为经略。旋代以袁应泰。应泰有吏才，无将略，辽、沈遂陷。清太祖自赫图阿拉迁居辽阳。一六二五年，又迁居沈阳。俨然和明朝对抗了。

边事如此，而明朝方忙于三案之争。东林、非东林，互相攻击。熹宗时，非东林党人结中官魏忠贤，把东林党人一网打尽。忠贤的骄横，尤其前此宦官所未有。直到一六二七年，毅宗即位，才把他除掉。然而外患未平，流寇复起，终于不能支持了。

流寇是毅宗初年，起于陕西的。流入山西，又流入河北。渡河，犯湖广、四川、襄郧。明朝命陈奇瑜督剿。一六三四年，奇瑜蹙贼于车箱峡。势业已穷蹙，而奇瑜信其伪降，受之，贼出峡即大掠。于是分为两股：一为高迎祥、李自成。一为张献忠。四处流窜。一六三六年，迎祥为孙传庭所擒，自成逃向甘肃。献忠亦给卢象昇打败，诣湖北伪降。贼势又已衰挫。而满洲又于此时入犯，诸将都撤兵东援，贼势遂复帜。

明自辽、沈陷后，再起熊廷弼为经略。因为广宁巡抚王化贞所掣肘，计不得行。辽西城堡多陷。明逮廷弼、化贞，俱论死。以王在晋为经略。在晋主守山海关。时袁崇焕以佥事监军关外，主张守宁远。大学士孙承宗是崇焕议。乃罢在晋，代以承宗。旋又代以高第。第性怯，尽撤守备入关。崇焕誓以死守宁远。一六二六年，清太祖见明大兵已撤，以为机有可乘，自将攻宁远。大败，受伤而死。太宗立，先定朝鲜，还攻宁远、锦州，又大败。一六二九年，太宗乃避正面，自喜峰口入长城。崇焕亦兼程入援。两军大战，胜负未分。先是崇焕以皮岛守将毛文龙跋扈，借阅兵为名，把他杀掉。毅宗虽加抚慰，实则不能无疑。至是，清人纵反间之计，毅宗遂将袁崇焕下狱杀掉。于是边事愈坏。毛文龙死后，其部将孔有德、耿仲明等逃到登州。后来造反，给官军打败，浮海降

元 佚名 西湖图

清,引清兵攻陷广鹿岛。守将尚可喜降。皮岛亦陷。明人前此,常借海军势力,牵制辽东,至此亦消灭了。然而辽西兵力还厚。太宗乃仍绕道长城各口,于一六三六、一六三八、一六四〇等年,入犯京畿,蹂躏山东。明朝剿匪的兵事,因此大受牵制。一六四〇年,清兵大举攻锦州。明蓟辽总督洪承畴往援,战于松山,大败。明年,松山破,承畴降。锦州亦陷。于是关外重镇,只有一个宁远了,然而明兵塞往山海关,清人还不敢深入。

李自成、张献忠再叛之后,献忠窜入四川,自成则再攻河南。是时,河南大饥,民从之者如流水,势遂大帜。一六四三年,自成陷西安。明年,称帝。东陷太原。分兵出真定,而自率大兵陷大同。遂陷宣府。自居庸关陷亦师。毅宗自缢死。毅宗死的前一年,清太宗也死了。子世祖立。年才六岁,郑亲王济尔哈朗、睿亲王多尔衮同摄政。明山海关守将吴三桂,闻京城被围,发兵入援。至丰润,京城已陷。李自成招他投降,三桂已经答应了。后闻爱妾陈圆圆被掠,大怒,走回降清。多尔衮方略地关外,闻之,大喜,疾驰受其降。合兵打破李自成。自成逃回陕西。清兵遂入北京,世祖即迁都关内。

第四十五章 明的制度

有明一代，政治虽欠清明，制度则颇为详密。其大部，都为清代所沿袭，有到现在还存在的。所以明代的制度，在近世的历史上，颇有关系。

明太祖初仍元制，以中书省为相职。后因宰相胡惟庸谋反，遂废省不设。并谕后世子孙，毋得议置丞相。遂成以天子直领六部的局面。这断非嗣世的中主所能办到的。于是殿、阁学士，遂渐起而握宰相的实权。前代的御史台，明时改称都察院。设都御史、副都御史、佥都御史，都分左右。又有十三道监察御史。除纠弹常职外，提督学校、清军、巡漕、巡盐诸务，亦一以委之。而巡按御史，代天子巡守，其权尤重。给事中一官，历代都隶门下省。明朝虽不设门下省，而仍存此官，以司封驳稽察。谓之科参。六部之官，没有敢抗科参而自行的，所以其权亦颇重。外官则废元朝的行省，而设布政、按察两司，以理政事及刑事。但其区域，多仍元行省之旧。巡抚，本系临时遣使。后来所遣浸广，以其与巡按御史不相统属，乃多以都御史为之。再后来，则以他官奉使，而加以都御史的衔。其兼军务的，则加

提督，辖多权重的称总督。已有巡按，而又时时遣使，实亦不免于骈枝[25]。但在明代，还未成为常设之官罢了。

明朝的学校选举制度，是很有关系的。原来自魏、晋以后，国家所设立的学校，久已仅存其名，不复能为学校的重心；而且设立太少，亦不足以网罗天下之士。所以自唐以后，变为学问由人民自习，而国家以考试取之的制度，而科举遂日盛。科举有但凭一日之短长之弊。所以宋时，范仲淹执政，有令士人必须入学若干日，然后得以应试之议。王安石变法，则主张以学校养士。徽宗时，曾令礼部取士，必由学校升贡。其后都未能行。然应举之士，仍宜由学校出身，则为自宋以来，论法制的人所共有的理想。到明朝，而此理想实现了。明制：京师有国子监。府、州、县亦皆有学。府、州、县学，初由巡按考试，后乃专设提举学校之官。提学官在任三载，两试诸生。一名岁试，是所以考其成绩优劣的。一则开科之年，录取若干人，俾应科举。应科举的，以学校生徒为原则。间或于此外，取录一二，谓

之充场儒士，是极少的。国子监生及府、州、县学生，应乡试中式的，谓之举人。举人应礼部试中式，又加之以殿试，则为进士。分三甲。一甲三名，赐进士及第。第一人授职修撰，第二、三人授职编修。二甲若干人，赐进士出身。三甲若干人，赐同进士出身。都得考选庶吉士。庶吉士是储才之地，本不限于进士。而自中叶以后，非进士不入翰林，非翰林不入内阁。所以进士之重，为历代所未有，其所试：则首场为四书五经义。次场则论、判及诏、诰、表、内科一道。三场试经、史、时务策。乡会试皆同。此亦是将唐时的明经进士，及宋以后经义、词赋两科，合而为一。所试太难，实际上无人能应。于是后来都偏重首场的四书文，其他不过敷衍而已。其四书文的格式：（一）体用排偶，（二）须代圣贤立言，谓之八股。初时还能发挥经义，后来则另成为一种文字，就不懂得经义的人，也会做的。应试之士，遂多不免于固陋了。

　　明朝的兵制，名为模仿唐朝，实在亦是沿袭元朝的。其制：以五千六百人为卫，一千一百十二人为千户所，一百十二人为百户所。每所设总旗二人，小旗十人。诸卫或分属都司，或直属中左右前后五军都督府。都司则都属都督府。卫所的兵，平时都从事于屯田。有事则命将充总兵官，调卫所之兵用之。师还，则将上所佩印，兵各归其卫所。于此点最和唐朝的府兵相像。而卫指挥使和千户、百户，大都世袭；都督、同知、佥事等，多用勋戚子孙，则是模仿元朝的。元朝以异族入居中国，这许多人，多半是他本族，所以要倚为腹心。明朝则事体不同，而还沿袭着他，实在很为无谓。凡勋戚，总是所谓世禄之家。骄奢淫逸惯了，哪里有什么勇气？明朝后来，军政的腐败，这实在是一个很大的原因。其取兵之途有三：一为从征，二为归附，三为充军，都是开国时的兵，后来定入军籍的。这亦是模仿元朝。而明朝最坏的是谪发，便是所谓充军。有罪的人，罚他去当兵，这已经不尽适宜，却还有理可说。而一人从军，则其子孙永隶军籍。身死之后，便要行文到其本乡去，发其继承人来充军，谓之勾补。继承人没了，

明 唐寅 陶穀贈詞圖（局部）

明 唐寅 游钓图（局部）

并且推及其他诸亲属，这实在是无理可说。而事实上弊窦又多，要算明朝第一秕政。

法律：明初定《大明律》，大致以《唐律》为本。又有《会典》，亦是模仿《唐六典》的。中叶以后，则律与例并行。其刑法，亦和前代相同，唯充军则出于五刑之外。

明代最精详的，要算赋役之制。其制：有黄册，以户为主，备载其丁、粮之数。有鱼鳞册，以土田为主，详载其地形地味及其属于何人。按黄册以定赋役。据鱼鳞册以质土田之讼，其制本极精详。后来两种册子都失实，官吏别有一本，据以征赋的册子，谓之白册。白册亦是以田从户的。其用意本和黄册一样。但自鱼鳞册坏后，田之所在不可知，就有有田而不出赋役，无田而反出赋役的，其弊无从质正，而赋役之法始坏。明代的役法：系以一百十户为一里。分为十甲。推丁多之家十人为长。分户为上、中、下三等以应役。役有"银差"，有"力差"。中国财政，向来量入为出的，唯役法则量出为入。所以其轻重繁简，并无一定。明朝中叶以后，用度繁多，都借此取

之于民，谓之加派，就弄得民不聊生。役法最坏的一点，还不在其所派的多少，而在一年中要派几次，每次所派若干，都无从预知。后来乃有"一条鞭"之法。总计一年的赋役，按照丁粮之数，均摊之于人民。此外更有不足，人民不再与闻。力役亦由官召募。人民乃少获苏息。唯其末年，又有所谓三饷，共加至一千六百七十万，人民不堪负担，卒至于亡国而后已。赋役而外，仍以盐、茶为收入的大宗。明初，命商人纳粮于边，而给之以盐，谓之开中盐，而以茶易西番之马。商人因运输困难，就有自出资本，雇人到塞下屯垦的。不但粮储丰满，亦且边地渐渐充实，国马饶足。而西番的势力，多少要减削几分。真是个长驾远驭之策。后来其法坏了，渐都改为征银，于是商屯撤废，沿边谷价渐贵，而马群也渐耗减了。茶、盐之外，杂税还很多。大抵以都税所或宣课司榷商货，抽分场局，税竹、木、柴薪，河泊所收鱼税，都不甚重要。唯钞关之设，初所以收回纸币，后遂相沿不废，成为一种通过税。在近代财政上，颇有关系。

第四十六章 元明的学术思想和文艺

　　元明的学术思想,是承宋人之流的。在当时,占思想界的重心的,自然还是理学。理学是起于北方的。然自南宋以后,转盛行于南方,北方知道的很少。自元得赵复后,其说乃渐行于北。元时,许衡、姚枢等,都号为名儒,大抵是程朱一派。只有一个吴澄,是想调和朱、陆的。明初,也还是如此。到十五六世纪之间,王守仁出,而风气才一变。

　　王守仁之说,是承陆九渊之绪,而又将他发扬光大的。所以后来的人,亦把他和九渊并称,谓之"陆王",和"程朱"相对待。守仁之说,以心之灵明为知。为人人所同具。无论如何昏蔽,不能没有存在的。此知是生来就有的,无待于学,所以谓之良知。人人皆有良知,故无不知是非之理。但这所谓知,并非如寻常人所谓知,专属于知识方面。"如恶恶臭,如好好色",知其恶,自然就恶;知其善,自然就好。绝非先知其恶,再立一个心去恶;先知其好,再立一个心去好的。好之深,自然欲不做而不能自已。恶之甚,自然万不肯去做。所以说"知而不行,只是未知",所以说知行合一。既然知行就是一事,所以人只要在这知上下功夫,就一切问题都解决了。时时提醒良知,遵照他的指示做,莫要由他昏蔽,这个便是致良知。如此,凭你在"事上磨炼"也好,

"静处体悟"也好。简单直接，一了百了。这真是理学中最后最透彻之说，几经进化，然后悟出来的。

讲理学的人，本来并没有教人以空疏。但是人心不能无所偏重。重于内的，必轻于外。讲理学的人，处处在自己身心上检点，自然在学问和应事上，不免要抛荒些，就有迂阔和空疏之弊。程朱一派，注意于行为，虽然迂阔空疏，总还不失为谨愿之士。王学注重于一心——在理学之中，王学亦称为心学——聪明的人，就不免有猖狂妄行之弊。本来猖狂的人，也有依附进去的。其末流流弊就大著。于是社会上渐渐有厌弃心学，并有厌弃理学的倾向。但这所谓厌弃，并不是一概排斥，不过取其长，弃其短罢了。在明末，顾炎武、黄宗羲、王夫之三先生，最可以为其代表。

这三位先生，顾、王两先生，是讲程朱之学的。黄先生则是讲陆王之学的。他们读书都极博，考证都极精，而且都留意于经世致用，制行又都极谨严，和向来空疏、迂阔、猖狂的人，刚刚一个相反。中国自秦汉以后，两千年来，一切事都是因任自然，并没加以人为的改造。自然有许多积弊。平时不觉得，到内忧外患交迫之日，就一一暴露出来了。自五代以后，契丹、女真、蒙古，迭起而侵掠中国。明朝虽一度恢复，及其末造，

元 赵孟頫 鹊华秋色图（局部）

则眼看着满洲人又要打进来。反观国内，则朝政日非，民生日困，风俗薄恶，寇盗纵横，在此都觉得相沿的治法，有破产的倾向。稍一深思熟考，自知政治上、社会上都须加一个根本的改造。三先生的学问，都注意到这一方面的。黄先生的《明夷待访录》，对于君主专制政体，从根本上攻击。王先生的《黄书》，这种意见也很多。顾先生的《日知录》，研究风俗升降、政治利弊，亦自信为有王者起，必来取法之书。这断非小儒呫哔，所能望其项背。后来清朝人的学问，只讲得考据一方面，实不足以继承三先生的学风。向来讲学术的人，都把明末诸儒和清代的考证学家，列在一处，这实在不合事实，不但非诸先生之志而已。

讲到文艺，元明人的诗文，亦不过承唐宋之流，无甚特色。其最发达的，要算戏曲。古代的优伶，多以打诨、取笑为事。间或意存讽谏，饰作古人，亦不可谓之扮演。扮演之事，唯百戏中有之。如《西京赋》叙述平乐观角觚，说"女娲坐而清歌，洪崖立而指挥"之类。然而不兼歌舞。南北朝时，《兰陵王入阵曲》《踏谣娘》等，才于歌舞之中带演故事。然还不是代言体。宋时的词，始有叙事的，谓之传踏。后来又有诸宫体。至于元代的曲，则多为代言体。演技者口中所歌，就作为其所饰的人所说的话，其动作，亦作为所饰的人的表情，就成为现在的戏剧了。戏剧初起时，北方用弦索，南方用箫笛。明时，魏良辅再加改革，遂成为今日的昆曲。此外说话之业，虽盛于宋，然其笔之于书，而成为平话体小说，则亦以元明时代为多。总而言之，这一个时代，可以算得一个平民文学发达的时代。

第四十七章 元明的宗教和社会

元代是以蛮族[26]入据中国，没什么传统的思想的。所以对于各种宗教，一视同仁。各教在社会上，遂得同等传播的机会。其中最活跃的，则要算佛教中的喇嘛教。喇嘛教是佛教中的密宗。其输入西藏，据《蒙古源流考》，事在七四七年。始祖名巴特玛撒巴斡。密宗是讲究显神通的，和西藏人迷信的性质[27]，颇为相近。所以输入之后，流行甚盛。元世祖征服西藏后，其教遂流行于蒙古。西僧八思巴，受封为帝师。其后代有承袭。受别种封号的还很多。天下无论什么事情，不可受社会上过分的崇信。崇信得过分，其本身就要成为罪恶了。喇嘛教亦是如此。元世祖的崇信喇嘛教，据《元史》上说，是他怀柔西番的政策，未知信否。然即使如此，亦是想利用人家，而反给人家利用了去的。当时教徒的专横，可说是历代所无。内廷佛事，所费无艺，还要交通豪猾，请释罪囚以祈福。其治害于政治，不必说了。其在民间，亦扰害特甚。当时僧徒，都佩有金字圆符，往来得以乘驿。驿舍不够，则住在民间。驱迫男子，奸淫妇女，无所不至。还要豪夺民田，侵占财物。包庇百姓，不输赋税，种种罪恶，书不胜书。其中最盛的杨琏真伽，至于发掘宋朝钱塘、绍兴的陵寝和大臣冢墓一百零一所，杀害平民四人，受人献美女宝物无算。攘夺盗取财物，计金一千七百两，银六千八百两，玉带九条，玉器一百十一件，杂宝一百五十二件，大珠五十两，钞十一万六千二百锭，田二万三千亩，包庇不输赋的人民二万三千户。真是中国历史上，从来未有的事情。次于喇嘛教，流行最盛的，大约要算回教。因为元时，西域人来中国的很多，大多数是信回教的。至于基督教，则意大利教士若望高未诺（Monte Carvino），曾于一二九四年，奉教皇的命令来华。元世祖许其在大都建立教堂四所。信教的亦颇不乏，但都是蒙古人。所以到元朝灭亡，又行断绝了。广东一方面，亦有意大利教士奥代理谷（Odoric）来华，都是罗马旧教。

元代社会的阶级，也很严峻的。蒙古人、色目人和汉人、南人，在选举和法律上，权利都不平等，已见第三十七章。此外最厉害的，要算掠人为奴婢一事。元初的制度，大约俘掠所得，各人可以私为己有；至于降民，则应得归入国家户籍的。然而诸王将帅，都不能遵守。其中最甚的，如灭宋时平定两湖的阿里海涯，至将降民三千八百户，没为家奴，自行置吏治之，收其租赋。虽然一二四〇年，太宗曾籍诸大臣所俘男女为民。然一二八二年，御史台言阿里海涯占降民为奴，而以为征讨所得。世祖令降民还之有司，征讨所得，籍其数赐臣下，则仍认俘掠所得，可以为私奴。《廉希宪传》说他行省荆南时，令凡俘获之人，敢杀者，以故杀平民论。则当时被俘的人，连生命也没保障了。

北族是历代都辫发的。所以在《论语》上，已有被发左衽的话。南北朝时，亦称鲜卑为索虏，但是自辽以前，似乎没有敢强行之于中国的。金太宗天会七年，才下削发之令。但其施行的范围，仍以官吏为限，蒙古则不然，不论公人私人，都要强迫剃发。其时几于举国胡化，明有天下，才把它恢复过来。明太祖洪武元年的《实录》说：

诏复衣冠如唐制。初，元世祖起自朔漠，以有天下，悉心胡俗变易中国之制，士庶咸辫发、椎髻，深檐，胡俗。衣服则为袴褶，窄袖及辫线腰褶。妇女衣窄袖短衣，下服裙裳，无复中国衣冠之旧。甚者易其姓氏，为胡名，习胡语。俗化既久，恬不知怪。上久厌之。至是，悉命复衣冠如唐制。士民皆束发于顶……其辫发、椎髻、胡服、胡语、胡姓，一切禁止……于是百有余年，胡俗悉复中国之旧矣。

这个真要算中国人扬眉吐气的一天了。

然而明太祖虽能扫除衣冠辫发的污点，至于社会上的阶级，则初无如之何。太祖数蓝玉的罪，说他家奴数百，可见明初诸将的奴仆，为数亦不在少。后来江南一带，畜奴的风气更盛。顾亭林《日知录》说："江南士大夫，一登仕籍，投靠多者，亦至千人，其用事之人，主人之起居食息，出处语默，无一不受其节制。有王者起，当悉免为良，而徙之以实远方空虚之地。则豪横一清，四乡之民，得以安枕；士大夫亦不受制于人，可以勉而为善。政简刑清，必自此始。"可以想见这一班人倚势横行，扰害平民的行径。然亦明朝的士大夫，居乡率多暴横，所以此辈有所假借。明朝士大夫，暴横最甚的，如梁储的儿子次摅，和富人杨端争田，至于灭其家，杀害二百余人，王应熊为宰相，其弟在乡，被乡人诣阙击登闻鼓陈诉，列状至四百八十余条，赃至一百七十余万。温体仁当国，唐世济为都御史，都是乌程人。其乡人为盗于太湖的，至于以其家为奥主，都是骇人听闻的事。这大约仍是元代遗风。因为当时劫于异族的淫威，人民莫敢控诉。久之，就成为这个样子了。清朝管束绅士极严，虽说是异族入据，猜忌汉人，要减削其势力，而明代绅士的暴横，亦是一个大原因。

○ 明 戴进 山水图（局部）

近代史

下篇

第一章 明清之际

"人必自侮，而后人侮之"，以中国之大，岂其区区东北一个小部落所能吞并？金朝的兵力不算不强，然而始终不能吞灭南宋，便是一个证据。然则明朝的灭亡，并非清之能灭明，还只是明朝人的自己亡罢了。

北部沦陷之后，明朝的潞王常淓、福王由崧，都避难南来。当时众议，因潞王较贤，多想立他。而凤阳总督马士英，挟着兵力，把福王送到仪征。众人畏惧他，只得立了福王，是为弘光帝。士英引阉党阮大铖入阁，而把公忠的史可法排挤出去，督师江北。正人君子，非被斥，即引去。弘光帝又沉迷声色。南都之事，就不可为了。

清朝的能入关，也并非全靠自己的兵力。占据北京，已为非望，如何会有吞灭全中国的心理呢？所以世祖入关后，给南方的檄文，还有"明朝嫡胤无遗，势难孤立，用移大清，宅此北土。其不忘明室，辅立贤藩，戮力同心，共保江左，理亦宜然，予不汝禁"之语。然而南都既不能自立，清朝就落得进取。当清兵入北京之后，即已分兵打定河南、山东、山西。及世祖入关，又遣英亲王阿济格，带着吴三桂、尚可喜出榆、延；豫亲王多铎，带着孔有德出潼关，以攻陕西。李自成走死湖北的通城。多铎的兵，就移攻江南。这时候，史可法分江北为四镇。而诸将不和，互相仇视。武昌的左良玉，又和阮大铖不合，以清君侧为名，举兵东下。大铖大惧，急檄可法入援。可法兵到燕子矶，左良玉已死在路上，其兵给守芜湖的黄得功打败了。可法再回江北，则清兵已至，可法檄诸镇赴援，没有一个来的。可法守扬州七日，城陷，死之。清兵遂渡江而南。弘光帝奔芜湖。清兵追袭。黄得功拒战，中箭而死。帝遂北狩。后来殉国于北方。清兵直打到杭州而还。时为一六四五年。

于是明人奉鲁王以海，监国绍兴。唐王聿键，即位福州，是为隆武帝。当清兵初入北京之日，曾下令，强迫人民剃发。二十日之后，又听民自由。及下江南，复下剃发之令。于是江南人民，纷纷起兵抗拒。然既无组织，又无训练，大多数旬月即败。清廷复遣肃亲王豪格和吴三桂攻四川。张献忠阵殁于西充。其党孙可望、李定国、白文选、刘文秀，溃走川南。旋入贵州。清兵追至遵义，粮尽而还。贝勒博洛攻闽、浙，鲁王走入海。隆武帝颇为英武，而为郑芝龙所制，不能有为。时何腾蛟招降李自成余众，分布湖南、湖北。杨廷麟也起兵江西，恢复吉安。隆武帝想出就廷麟，未界而清兵至。帝从延平走汀州，入于清军。后来崩于福州。时为一六四七年。

明人又立唐王之弟聿鐭于广州，桂王由榔于肇庆，是为永历帝。清使李成栋攻广东，聿鐭殉国。孔有德、尚可喜、耿仲明攻湖南，何腾蛟退守桂林。金声桓攻江西，杨廷麟亦败殁。未几，李成栋、金声桓都反正，何腾蛟乘机复湖南。川南、川东亦来附。于是永历帝有两广、云、贵、江西、湖南、四川七省之地，形势颇张。而张名振亦奉鲁王，以舟山为根据地，出入江、浙沿海。清廷乃使洪承畴镇江宁，吴三桂取四川，耿仲明、尚可喜攻江西，孔有德攻湖南。金声桓、李成栋、何腾蛟都败死。一六五○年，清兵进陷桂林，瞿式耜亦殉节。明年，张名振和起兵浙东的张煌言合兵攻吴淞，不克，而舟山反为清所袭陷，二人奉鲁王奔厦门。永历帝避居南宁，遣使封孙可望为秦王。可望遣兵三千，扈桂王居安隆；而使刘文秀攻四川，李定国攻桂林。孔有德伏诛。吴三桂也战败，逃回汉中。清乃命洪承畴镇长沙，以保湖南；李国英镇保宁，以守川北；尚可喜镇肇庆，以保广东，无意于进取了。而永历帝因孙可望跋扈，密使召李定国。定国迎帝入云南，可望攻之，大败。遂降清。洪承畴因之请大举。一六五八年，清兵自湖南、四川、广西三道入滇。李定国扼北盘江力战，不能敌。乃奉帝如腾越，而伏精兵于高黎贡山。清兵追之，遇伏，大败而还。时刘文秀已死，李定国、白文选奉帝入缅甸。一六六〇年，三桂发大兵出边。缅人乃奉帝入三桂军。一六六二年，为三桂所弑，明亡。此时清世祖亦已死，这一年，是圣祖的康熙元年了。

明朝的统绪虽绝，然而天南片土，还有保存着汉族的衣冠，和清朝相抗的，是为郑成功。成功是芝龙的儿子，芝龙降清时，成功不肯顺从，退据厦门，练着海陆兵，屡攻沿海之地。清兵入滇时，成功大举入江以图牵制。破镇江，薄南京，清廷大震。旋为清兵所袭破，乃收军，出海而还。一六六〇年，成功攻取台湾。于是务农练兵，定法律，设学校，筑馆以招明之遗臣渡海，归之者如织。天南片土，俨然"独立国"的规模了。

即以闽、广、云南而论，实亦非清朝实力所及。清朝的定南方，原靠一班汉奸，为虎作伥。所以事定之后，仍不得不分封他们，以资镇摄。于是以尚可喜为平南王，镇广东；耿仲明为靖南王,镇福建;吴三桂为平西王,镇云南;是为三藩。三藩之中,三桂功最高,兵亦最强。他当时用钱、用兵,户、兵二部,不能节制。用人亦不由吏部,谓之"西选"。"西选"之官半天下。清朝之于南方,简直是徒有其名,不但鞭长莫及而已。然而"偾军之将,不可以言勇;亡国之大夫,不足与图存",既已觍颜事仇,忽又起而反抗,就不免有些进退失据,天下的人,未免要不直他,士气亦易沮丧,和始终以忠义激励其下的,大不相同了。这是三藩之所以终于无成。尚可喜受封之时,年已老迈。乃将兵事交给其儿子之信。久之,遂为所制。乃请撤藩归老辽东。清廷许之。时耿仲明已死,传子继茂,以及精忠和吴三桂都不自安,亦请撤藩,以觇清朝的意向。当时明知许之必反,廷议莫敢主持。清圣祖独断许之。一六七三年,三桂遂举兵反。三桂的意思,本想走到中原,突然举事的,而为清朝的巡抚朱国治所逼,以是不得不发。既举兵之后,有人劝他弃滇北上。三桂也暮气深了,未能用。三桂举兵之后,贵州首先响应。明年,攻下湖南。广西、四川和湖北的襄阳,亦都响应。福建、广东,更不必说了。于是三桂亲赴常、澧督战。派一支兵出江西,以应福建;一支兵出四川,以攻陕西。清朝的提督王辅臣,亦据宁夏以应三桂。三桂想亲出兵以应辅臣,不曾来得及,而清朝的兵,反从江西打入湖南。三桂虽然回兵,把他打退,然自此遂成相持之局。这是于三桂不利的。而耿、尚二藩,又因一和郑成功的儿子郑经相攻,一苦三桂征饷,复叛而降清,三桂势穷。乃于一六七八年,称帝于衡州,以图维系人心。未几而死。孙世璠立。诸将又互相乖离。一六八一年,清兵自湖南、广西、四川,分三道入滇,世璠自杀。尚可喜先已为清人所杀,至此又杀耿精忠。中国大陆之上,就真无汉族自立的寸土了。

然而海外的台湾,还非清朝兵力所及。郑成功以一六六二年卒,子经继立。和耿精忠相攻。曾略取漳、泉等地。后为清兵所败。并失金门、厦门,退归台湾。三藩平后,清廷想照琉球之例,听其不剃发,不易衣冠,与之言和,而闽督姚启圣不可。水军提督施琅,本是郑氏的降将,尤欲灭郑氏以为功。一六八一年,郑经卒。群小构成功之妻董氏,杀其长子克𡒉。而立其次子克塽。郑氏内部乖离,一六八三年,施琅渡海入台湾,郑氏亡。汉族遂全被满人所征服。

第二章 欧人的东略

从亚洲的东方到欧洲，陆路本有四条：（一）自西伯利亚逾乌拉岭入欧俄。（二）自蒙古经天山北路，出两海之间。（三）自天山南路逾葱岭。（四）自前后印度西北行，两道并会于西亚。第一路荒凉太甚。第二路则沙漠地带，自古为游牧民族荟居之地，只有匈奴、蒙古自此以侵略欧洲，而两洲的声明文物，由此接触得颇少。葱岭以西，印度固斯以南，自古多城郭繁华之国。然第三路有沙漠山岭的阻隔，第四路太觉迂远，而沿途亦多未开化之国，所以欧、亚两洲，虽然陆地相接，而其交往的密切，转有待于海路的开通。自欧洲至东洋的海路：一自叙利亚出阿付腊底斯河[1]流域；二泛黑海，自阿美尼亚上陆，出底格利斯河[2]流域。两路均入波斯湾。三自亚历山大黎亚溯尼罗河，绝沙漠而出红海。这都是自古商旅所经。自土耳其兴，而一二两道，都入其手；第三道须经沙漠，不便，乃不得不别觅新航路。其结果，海道新辟的有二：一绕非洲的南端而入印度洋，二绕西半球而入太平洋。

欧人的航行东洋，首先成功的为葡萄牙。一四八六年，始达好望角。一四八九年，进达印度的马拉巴尔海岸，一五〇〇年，遂辟商埠于加尔各答。明年，略西海岸的卧亚，进略东海岸及锡兰、摩洛哥、爪哇、马六甲。一五一六年，遂来广东求互市。明朝在广州，本设有市舶司。东南洋诸国，来通商的颇多。都停泊在香山县南虎跳门外的浪白洋，就船贸易。武宗正德时，移于高州的电白。一五三五年，指挥使黄庆纳贿，请于上官，移之濠镜，就是现在的澳门。是为西人在陆地得有根据之始，就有筑城置戍的。中国人颇疑忌他。而西人旋亦移去。只有葡萄牙人，于隆庆初，岁纳租银五百两，租地建屋。自此就公然经营市埠，视同己有。一六〇七年，番禺举人卢廷龙，入京会试。上书当道：请尽逐澳中诸番，出居电白。当事的人不能用。天启初，又有人说"澳中诸番，是倭寇的向导"，主张把他们移到外洋。粤督张鸣冈说："香山内地，官军环海而守。彼日食所需，咸仰于我。一怀异志，立可制其死命。移泊外洋，大海茫茫，转难制驭。"部议以为然，遂不果徙——这是后来借断绝接济，以制西洋人的根源。

葡萄牙人到好望角后七年，哥伦布始发见美洲，其到广东后三年，则麦哲伦环绕地球。于是西班牙人，于一五六五年，据菲律宾，建马尼拉。

一五七五和一五八〇年，两次到福建求通商，都为葡萄牙人所阻。然中国商船，聚集于马尼拉的颇多。

荷兰人于一五八一年，叛西班牙自立。时西班牙王兼王葡萄牙，禁止其出入里斯本。荷人乃自设东印度公司，谋东航。先后据苏门答腊、爪哇、摩鹿加。于好望角和麦哲伦海峡，都筑塞驻兵。其势力反驾乎西、葡之上。一六二二年，荷兰人攻澳门，不克。一六二四年，据台湾、澎湖。至一六六〇年，而为郑成功所夺。清朝因想借荷兰之力，以夹攻郑氏，所以许其每八年到广东通商一次，船数以四为限。

英吉利的立东印度公司，时在一五九九年。东航之后，和葡萄牙人争印度。葡人战败，许其出入澳门。一六三七年，英船至澳门，为其地的葡人所拒。英人乃自谒中国官吏，求通商。至虎门，为守兵所炮击。英人还击，陷其炮台。旋送还俘掠，中国亦许其通商。此时已值明末。旋广东兵事起，英人贸易复绝。郑经曾许英人通商于厦门和安平。然安平初开，实无甚贸易，只有厦门，英船偶然一到而已。

以上所述，是从明中叶到清初，欧人从海道东来的情形。其主要的目的，可说是在于通商。至于从陆路东来的俄人，则自始即有政治的关系。俄人的叛蒙古而自立，事在十五世纪中叶。至葡萄牙人航抵好望角时，则钦察汗国之后裔，殆悉为所坏灭。此时可萨克族附俄，为之东略。蒙古族在叶尼塞、鄂毕两河间的，亦为所击破。一五八七年，俄人始建托波儿斯克。其后托穆斯克、叶尼塞斯克、雅库次克、鄂霍次克，相继建立。一六三九年，直达鄂霍次克海，就想南下黑龙江。至一六四九年，而建立雅克萨城。一六五八年，又建尼布楚城。此等俄国的远征队，只能从事于剽掠，而不能为和平的拓殖。黑龙江流域的居民大受其害。而此时正值清朝初兴，其兵力，亦达黑龙江流域。两国势力的冲突，就不可避免了。

第三章 基督教和西方科学的传入

中国和外国的交通，也有好几千年了。虽然彼此接触，总不能无相互的影响，然而从没有能使我国内部的组织，都因之而起变化的。其有之，则自近世的中欧交通始。这期间固然有种种的关系，然而其最主要的，还是东西文化的差异。东西文化最大的差异，为西洋近世所发明，而为中国所缺乏的，便是所谓科学。所以科学的传入，是近世史上最大的事件。科学与宗教，虽若相反，其最初传入，却是经教士之手的。

基督教的传入中国，亦由来已久。读中古史第二十五、第三十八两章，就可知道了。可是因中国人迷信不深，对于外国传入的宗教，不能十分相契，所以都不久而即绝。至近世，新教兴于欧洲，旧教渐渐失势，旧教中有志之士，乃思推广其势力于他洲。其中号称耶稣会的，传布尤力。耶稣会的教士，第一个到中国来的，是利玛窦，于一五八一年至澳门。初居广东的肇庆。一五九八年，始经江西到南京，旋入北京。一六〇〇年，神宗赐以住宅，并许其建立天主堂。天主教士的传教于中国，和其在他国不同。他们深知道宗教的教理，是不易得华人尊信的，所以先以科学牖启中国人，后来才渐渐地谈及教理。利玛窦到北京之后，数年之间，信教的便有二百余人。徐光启、李之藻等热心科学之士，都在其内。当时的教士，并不禁华人拜天、拜祖宗、拜孔子。他们说："中国人的拜天，是敬其为万物之本；其拜祖宗，系出于孝爱之诚；拜孔子，是敬仰其人格；都不能算崇拜偶像。"教士都习华言，通华文。饮食起居，一切改照华人的样子，他们都没有家室，制行坚卓，学问渊深。所以很有敬信他们的人。然亦有因此，而疑其别有用心的。

当利玛窦在日，就有攻击他的人。神宗因其为远方人，不之听。一六一〇年，利玛窦卒。攻击的人，更为厉害。到一六一六年，就被禁止传布。教士都勒归澳门。然而这一年，正是满洲叛明自立的一年。自此东北一隅，战争日烈，明朝

清 郎世宁 乾隆皇帝大阅图（局部）

需用枪炮也日亟。至一六二二年，因命教士制造枪炮，而教禁亦解。明朝所行的大统历，其法本出西域。所以当开国时候，就设有回回历科。到了末年，其法疏舛了。适会基督教中深通天文的汤若望来华。一六二九年，以徐光启之荐，命其在北京历局中，制造仪器，翻译历书，从事于历法的改革。至一六四一年，而新历成。越二年，命以之代旧历。未及行而明亡。清兵入关后，汤若望上书自陈。诏名其历为时宪。汤若望和南怀仁，都任职钦天监。这时候，基督教士，可以说很得信任了。到清世祖殁，而攻者又起。

当时攻击基督教最烈的，是习回回历法的杨光先。但他的主意，并不在乎历法。他曾说："宁可使中国无好历法，不可使中国有西洋人。"他又说："他们不婚不宦，则志不在小。其制器精者，其兵械亦精。"他们著书立说，说中国人都是异教的子孙，万一蠢动，中国人和他对敌，岂非以子弟拒父兄？"以数万里不朝不贡之人，来不稽其所从来，去不究其所从去；行不监押，止不关防；十三省山川形势，兵马钱粮，靡不收归图籍。百余年后，将有知余言之不得已者。"杨光先之说如此：利用传教，以做侵略的先锋，这是后来之事——也可说是出于帝国主义者的利用，并非传教者本身的罪恶——基督教初入中国时，是绝无此思想的。杨光先的见解，在今日看起来，似乎是偏狭，是顽固。但是中国历代，本有借异教以创乱的人；而基督教士学艺之精，和其无所为而为之的精神，又是中国向来没有看见过的。这种迷信的精神，迷信不深的中国人，实在难于了解。杨光先当日，有此疑忌，却也无怪其然。不但杨光先，怕也是当日大多数人所同有的心理。即如清圣祖，他对于西洋传入的科学，可以说是颇有兴味的。对于基督教士，任用亦不为不至。然而在他的《御制文集》里，亦说"西洋各国，千百年后，中国必受其累"，这正和杨光先是一样的见解。不过眼前要利用他们，不肯即行排斥罢了。人类的互相了解，本来是不大容易的。在学艺上，只要肯虚心研究，是非长短，是很容易见得的。但是国际上和民族间的猜忌之心，一时间总难于泯灭，就做了学艺上互相灌输的障碍。近世史的初期，科学输入的困难，这实在是一个大原因。

杨光先于一六六四年上书攻击基督教士，一时得了胜利。汤若望等都因之得罪。当时即以监正授光先。光先自陈"通历理而不知历法"，再三固辞。政府中人不听，不得已任职。至一六六七年，因推闰失实，得罪遣戍。再用南怀仁为监正。自此终圣祖之朝，教士很见任用。传教事业，也颇称顺利。直至一七〇七年，而风波才再起。

原来利玛窦等的容许信徒拜天、拜祖宗、拜孔子，当时别派教士，本有持异议的。后来讦诸教皇。至一七〇四年，教皇乃立《禁约》七条，派多罗到中国来禁止。多罗知道此事不可造次。直迟到这一年，才以己意发布其大要。圣祖和他辩论，彼此说不明白。大怒。命把多罗押还澳门，交葡萄牙人监禁。在中国的传教事业，是印度的一部分，本归葡萄牙人保护的。后来法国人妒忌他，才自派教士到中国。葡萄牙人正可恶不由他保护的教士，把多罗监禁得异常严密。多罗就忧愤而死。然而教皇仍以一七一五年，申明前次的禁约。到一七一八年，并命处不从者以"破门"之罚。于是在华教士，不复能顺从华人的习惯，彼此之间就更生隔碍。一七一七年，碣石镇总兵陈昂，说天主教在各省开堂聚众，广州城内外尤多，恐滋事端。请依旧例严禁，许之。一七二三年，闽浙总督满保，请除送京效力人员外，概行安置澳门。各省天主堂，一律改为公廨。朝廷也答应了。自此至五口通商以前，教禁就迄未尝解。

基督教士东来以后，欧洲的各种科学，差不多都有输入。历法的改革，枪炮的制造，不必论了。此外很有关系的，则为清圣祖时，派教士到各省实测，绘成的《皇舆全览图》。中国地图中，记有经纬线的，实在从此图为始。当明末，陕西王徵曾译西书，成《远西奇器图说》，李之藻译《泰西水法》，备言取水、蓄水之法及其器械。徐光启著《农政全书》，也有采用西法的。关于人体生理，则有邓玉函所著的《人身说概》。关于音乐，则有徐日昇所修的《律吕正义续编》。而数学中，利玛窦和徐光启所译的《几何原本》尤为学者所推重。代数之学，清朝康熙年间，亦经传入，谓之借根方。清朝治天文、历、算之士，兼通西法的很多。形而上之学，虽然所输入的，大抵不离乎神学。然而亚里士多德的论理学，亦早经李之藻之手，而译成《名理探》了。就是绘画、建筑等美术，也有经基督教士之手而传入的。所以在当时，传入的科学，并不为少。但是，一因中国人向来不大措意于形而下之学；二则科学虽为中国人所欢迎，而宗教上则不免有所障碍，所以一时未能发生很大的影响。

第四章 清初的内政

清朝的盛衰，当以乾隆时为关键。从世祖入关，到三藩平定，这四十年，算是清朝开创之期。自此至雍正之末，五十余年，为乾隆一朝，表面上看似极盛，实则衰机潜伏于其中。至其末年，内乱一起，就步步入于否运了。

清朝的初起，和辽、金、元情形，又微有不同。辽、金、元初起时，都不甚了解中国的情形。清朝则未入关时，已颇能译汉书、用汉人了。当太祖之时，憎恶汉人颇甚，当时俘获汉人，都发给满人为奴。尤其是读书人，得者辄杀。到太宗时，才知道欲成大业，单靠满洲人是不行的。所俘汉人，都编为民户，令其与旗人分居，且另选汉官治理。对于读书人，则加以考试。录取的或减免差徭，赏给布帛。于明朝的降臣、降将，尤其重视。清朝当日的创业，和一班投效的汉人，如范文程、洪承畴、吴三桂等，确是很有关系的。

但是其了解中国深者，其猾夏亦甚。所以清朝的对待汉人，又非辽、金、元之比。即如剃发一事，历代北族[3]，没有敢强行之于全中国的。清朝则以此为摧挫中国民族性[4]的一种手段，历行得非常厉害。入关之后，籍没时朝公、侯、伯、驸马、皇亲的田。又圈占民地，以给旗人。也是很大的虐政。而用兵之际，杀戮尤甚。读从前人所著的《嘉定屠城》《扬州十日》等记，就可以见其一斑了。

北族的政治，演进不如中国之深。所以其天泽之分，也不如中国之严，继嗣之际，往往引起争乱。清朝也未能免此。当太祖死时，其次子代善，五子莽古尔泰和太祖弟舒尔哈齐之子阿敏，还是和太宗同受朝拜，并称为四贝勒的。后来莽古尔泰和阿敏，次第给太宗除去了。代善是个武夫，不能和太宗争权。所以在关外之时，幸未至于分裂。

太宗死后，世祖年幼。阿敏的儿子济尔哈朗和多尔衮同摄政。后来实权都入于多尔衮之手。当时一切章奏，都经由多尔衮批答，御宝亦收归其第。一时声势，是很为赫奕的。幸而多尔衮不久就死了，所以没酿成篡弑之局。世祖亲政后，大体还算清明，颇能厘定治法，处理目前的问题。当时中国的遗黎，经死亡创痛之余，实在更无反抗的实力，而又得一班降臣为虎作伥，就渐渐地给他都压下去了。世祖在位不久。圣祖初立，亦年仅八岁。辅弼大臣鳌拜，颇为专权。然不久，亦就给圣祖除去。圣祖的聪明和勤于政治，在历

清 王翚 晚梧秋影图（局部）

代君主中，也颇算难得的，而在位又很长久。内政外交，经其一番整顿，就颇呈新气象了。

中国的国民，自助的力量，本来是很大的。只要国内承平，没甚事去扰累他，那就虽承丧乱之余，不过三四十年，总可复臻于富庶。清朝康熙年间，又算是这时候了。而清初的政治，也确较明中叶以后为清明。当其入关之时，即罢免明末的三饷。又厘定《赋役全书》，征收都以明万历以前为标准。圣祖时，曾叠次减免天下的钱粮。后来又定"滋生人丁、不再加赋"之例，把丁赋的数目限定了。这在农民，却颇可减轻负担。而当时的用度也比较地节俭。所以圣祖末年，库中余蓄之数，已及六千万。世宗时，屡次用兵，到高宗初年，仍有二千四百万。自此继长增高，至一七八二年，就达到七千八百万的巨数了。以国富论，除汉、隋、唐盛时，却也少可比拟的。

圣祖晚年，诸子争立。太子允礽，两次被废。后来就没有建储。世宗即位之后，和他争立的兄弟，都次第获罪。因此撤去诸王的护兵，并禁止诸王和内外官吏交通。满洲内部特殊的势力，可以说至此而消灭。但清朝的政治，却亦得世宗整饬之益。圣祖虽然勤政，其晚年亦颇流于宽弛。各省的仓库，多不甚盘查；钱粮欠缴的，也不甚追究。世宗则一反其所为。而且把关税、盐课，彻底加以整顿。征收钱粮时的火耗，亦都提取归公。如此，财政上就更觉宽裕。而康、雍对外的兵事，也总算侥天之幸，成功时多。清朝至此，就臻于全盛。

世宗死后，高宗继之。高宗在表面上，是专摹效圣祖的，但他没有圣祖的勤恳，又没有世宗的明察，而且他的天性是奢侈的，正合着从前人一句话，"内多欲而外施仁义"。在位时六次南巡，供帐之费无算。对外用兵，所费亦属不赀。凡事专文饰表面，虚伪和奢侈之风养成了。而中年后，更任用和珅，其贪黩为古今所无。内外官吏，都不得不用贿赂去承奉他。于是上官贪取于下属，下属诛求于小民，至其末年，内乱就一发而不可遏了。

"国于天地，必有与立。"清朝历代的君主，对于民族的成见，是很深的。他们对于汉人，则提倡尚文。一面表彰程、朱，提倡理学，利用君臣的名分，以钳束臣下。一面开博学鸿词科，

第五章 清初的外交

屡次编纂巨籍，以牢笼海内士大夫。但一面又大兴文字之狱，以摧挫士气。乾隆时，开四库馆，征求天下的藏书，写成六部，除北京和奉天、热河的行宫外，还分置于江、浙两省。看似旷古未有的盛举，然又大搜其所谓禁书，从事焚毁。据当时礼部的奏报，被焚的计有五百三十八种，一万三千八百六十二卷之多。清朝对于士子，是严禁其结社讲学，以防其联合的。即其对于大臣，亦动辄严词诘责，不留余地。还要时用不测的恩威，使他们畏惧。使臣以礼之风，是丝毫没有的。如此，他们所倚为腹心的，自然是旗人了。确实，他们期望旗人之心，是很厚的。旗人应试，必须先试弓马。旗兵是世袭的，一人领饷，则全家坐食。其驻防各省的，亦都和汉人分居，以防其日久同化，失其尚武的风气。而又把东三省和蒙古，都封锁起来，不准汉人移殖。他们的意思，以为这是子孙帝王万世之业了。然而旗人的既失其尚武之风，而又不能勤事生产，亦和前代的女真、蒙古人相同。而至其末造，汉人却又没有慷慨奋发，帮他的忙的，于是清朝就成为萎靡不振的状态，以迄于亡。这是他们在前半期造成的因，至后半期而收其果。

清初的外交，是几千年以来外交的一个变局，因为所交的国和前此不同了。但是所遇的事情变，而眼光手段，即随之而变，在人类是无此能力的。新事情来，总不免沿用旧手段对付，而失败之根，即伏于此。不过当此时，其失败还潜伏着罢了。

清初外交上最大的事件，便是黑龙江方面中俄境界问题。因为这时候，俄国的远征队，时向黑龙江流域剽掠。该处地方的居民，几于不能安其生了。当一六七〇年，圣祖尝治书尼布楚守将，请其约束边人，并交还逃囚罕帖木儿。尼布楚守将允许了，而不能实行。及一六七五年，俄人遣使来议划界通商。圣祖致书俄皇，又因俄人不通中国文字，不能了解。交涉遂尔停顿。一六八一年，三藩平定，圣祖乃决意用兵。命户部尚书伊桑阿赴宁古塔造大船，并筑齐齐哈尔、墨尔根两城，置十驿，以通饷道。一六八五年，都统彭春，以水军五千，陆军一万，围雅克萨城。俄将约降，逃往尼布楚。彭春毁其城而还。俄将途遇援兵，复相率借还，筑城据守。明年，黑龙江将军萨布素，再以八千人围之。城垂下，而圣祖停战之命至。

是时俄皇大彼得初立，内难未平，又外与波兰、土耳其竞争，无暇顾及东方。在东方的实力，亦很不充足，无从与中国构衅。适会是时，圣祖又因荷兰使臣，治书俄皇。俄皇乃复书，许约束边人，遣使议划疆界，而请先解雅克萨之围。圣祖亦许之。于是俄使费耀多罗东来，而圣祖亦使内大臣索额图等前往会议。一六八八年，相会于尼布楚。当费耀多罗东来时，俄皇命以黑龙江为两国之界；而索额图奉使时，亦请自尼布楚以东，黑龙江两岸之地，俱归中国，议既不谐，圣祖所遣从行的教士徐日昇、张诚从中调停，亦不就，兵衅将启。此时俄使者从兵，仅一千五百，而清使臣扈从的精兵万余；都统郎坦，又以兵一万人，从瑷珲水陆并进。兵衅若启，俄人绝非中国之敌，俄人乃让步，如中国之意以和。定约六条：西以额尔古纳河，东自格尔必齐河以东，以外兴安岭为界。岭南诸川入黑龙江的，都属中国，其北属俄。立碑于两国界上，再毁雅克萨城而还。

　　《尼布楚条约》既定，中俄的疆界问题至此暂告结束，而通商问题，仍未解决。一六九三年，俄使伊德斯来。圣祖许俄商三年一至京师，人数以二百为限；居留于京师的俄罗斯馆，以八十日为限；而免其税。旋因俄人请派遣学生，学习中国语言文字，又为之设立俄罗斯教习馆。

　　当尼布楚定约前三年，蒙古喀尔喀三汗，为准噶尔所攻，都溃走漠南，至一六九七年，乃还治漠北。于是蒙、俄划界通商的问题复起。土谢图汗和俄国是本有贸易的。此时仍许其每年一至。然因互市之处无官员管理，颇滋纷扰。蒙人逃入俄境的，俄国又多不肯交还。于是因土谢图汗之请，于一七二二年，绝其贸易。至一七二七年，才命郡王策凌等，和俄使定约于恰克图。自额尔古纳河以西，至齐克达奇兰，以楚库河为界。自此以西，以博木沙奈岭为界。而以乌带河地方，为瓯脱之地。在京贸易，与旧例同。俄、蒙边界，以恰克图和尼布楚为互市之地。一七三七年，高宗命停北京互市，专在恰克图。此时中、俄交涉，有棘手时，中国辄以停止互市为要挟。乾隆一朝，曾有好几次。

　　清初的中、俄交涉，看似胜利，然得地而不能守，遂伏后来割弃之根。这是几千年以来，不勤远略，不饬守备，对于边地仅事羁縻的结果。至于无税通商，在后来亦成为恶例。然关税和财政、经济的关系，当时自无从梦见；而一经允许，后来遂无从挽回，亦是当时梦想不到的。所以中西初期交涉的失败，可以说是几千年以来，陈旧的外交手段不适用于新时代的结果，怪不得哪一个人；其失策，亦不定在哪一件事。要合前后而观其会通，才能明了其真相。

至于海路通商，则因彼此的不了解，所生出的窒碍尤多。通商本是两利之事，所以当台湾平后，清朝沿海的疆吏亦屡有请开海禁的。而其开始解禁，则事在一六八五年。当时在澳门、漳州、宁波、云台山，各设榷关。一六八八年，又于舟山岛设定海县，将宁波海关，移设其地。一七五五年，英人请泊船定海，而将货物运至宁波，亦许之。乃隔了两年，忽然有停闭浙海之议。原来中国历代海路的对外通商是最黑暗不过的。官吏的贪婪、商人的垄断和剥削，真是笔难尽述。这是二千年以来，都是如此。到了近代，自然也逃不出此例的。当时在广东方面，外人和人民不能直接贸易，而必经所谓官商者之手。后来因官商资力不足，又一人专利，为众情所不服，乃许多人为官商，于是所谓公行者兴。入行的所出的费用，至二三十万之巨。所以其取于外商，不得不重。而因中国官吏，把收税和管束外人的事，都交托给他，所以外人陈诉，不易见听，即或徇外商之请，暂废公行，亦必旋即恢复。于是外商渐舍粤而趋浙。一七五七年，闽督喀尔吉善、粤督杨应琚，请将浙关税收，较粤关加重一倍。奉谕："粤东地窄人稠，沿海居民，大半借洋船为生；而虎门、黄埔，好在设有官兵，较之宁波之可以扬帆直至者，形势亦异；自以驱归粤海为宜。明年应专令在粤。"英商通事洪任辉愤怒，自赴天津，讦告粤海关积弊。中朝怒其擅至天津，命由岸道押赴广东，把他圈禁在澳门。虽亦将广东贪污官吏惩治一二，而管束外人的苛例，反因此迭兴。一七九二年，英人派马甘尼东来，要求改良通商之事。其时正值清高宗八旬万寿。清人赏以一席筵宴、许多礼物，而颁给英王《敕谕》两道，将其所陈请之事，一概驳斥不准。未几，东南沿海，艇盗横行，而拿破仑在欧洲，亦发布《大陆条例》，以困英国。葡萄牙人不听，为法所破。英人虑其侵及东洋，要派兵代葡国保守澳门，以保护中、英、葡三国贸易，助中国剿办海寇为由，向中国陈请。中国人听了大诧，谕粤督严饬兵备。一八〇八年，英人以兵船闯入澳门，遣三百人登岸。时粤督为吴熊光，巡抚为孙玉庭，遣洋行挟大班往谕，不听，熊光命禁其贸易，断其接济。英人遂闯入虎门，声言索还茶价和商欠。于是仁宗谕吴熊光："严饬英人退兵抗延即行剿办。"而熊光等因海寇初平，兵力疲敝，主张谨慎，许其兵退即行开舱。乃退兵贸易而去。仁宗怒其畏葸，把熊光、玉庭都革职，代以百龄和韩葑。于是管理外人愈严。一八一〇年，英人再遣阿姆哈司来聘。又因国书及衣装落后，未得觐见。于是中、英间的隔阂，愈积愈深，遂成为鸦片战争的远因了。

○ 元 佚名 商山四皓图（局部）

下篇 近代史

清 黄应谌 陋室铭图（局部）

第六章 清代的武功

中国历代，对北方的用兵，大概最注重于蒙古。新疆地方，是不烦兵力而自服的。至于青海、西藏，则除唐代吐蕃盛强之时外，无甚大问题。而蒙、新、海、藏相互之间，其关系亦甚薄弱。自喇嘛教新派——黄教盛行以后，青海、蒙古，都成了该教的区域；而天山南路，因回教盛行，团结力亦较前为强；而此诸地方，近代的形势，遂较前代又有不同。

黄教始祖宗喀巴，以一四一七年，生于西宁。因旧派末流，颇多流弊，乃入雪山修苦行，自立一派，而黄其衣冠以示别。人因称旧派为红教，新派为黄教。黄教的僧徒，是禁止娶妻的。所以宗喀巴遗命，其两大弟子达赖喇嘛、班禅额尔德尼，世世以呼毕勒罕，主持宗教事务。因西藏人信教之笃，而达赖和班禅的威权，遂超出乎政治势力之上，驯致成为西藏政教之主。一五五九年，蒙古酋长俺答，遣其二子宾兔、丙兔，袭据青海。两人亦都信了喇嘛教。一五七九年，俺答遂自迎达赖三世到漠南布教，是为喇嘛教化及蒙古之始，其后蒙人信教日笃，乃自奉宗喀巴第三大弟子哲布尊丹巴呼图克图居库伦。而达赖五世，曾通使于清太宗，清太宗亦有报使。至世祖入关，遂迎达赖入京，封为西天大善自在佛。而清人借宗教以怀柔蒙、藏的政策，亦于是乎开始。

因喇嘛教的感化，使漠南北游牧民族犷悍之气潜消。向来侵略他人的，至此反受人侵掠，而有待于中国人的保护，这亦是一个新局面。卫拉特，就是元时的斡亦剌，明时的瓦剌。当清初，其众分为四部：曰和硕特，居乌鲁木齐；曰准噶尔，居伊犁；曰杜尔伯特，居额尔齐斯河；曰土尔扈特，居塔尔巴哈台。时红教还行于后藏。后藏的藏巴汗，为其护法。达赖五世的第巴桑结，乃招和硕特固始汗入藏，击杀藏巴汗，而奉班禅居札什伦布。是为达赖、班禅，分主前、后藏政教之始。于是和硕特部徙牧青海，遥制西藏政权。桑结又嫌恶他。再招准噶尔噶尔丹入藏。把固始汗的儿子达颜汗袭杀。其时噶尔丹业已逐去土尔扈特，又把杜尔伯特慑服了。至此，遂统一卫拉特四部，其势大张。

一六八八年，噶尔丹攻喀尔喀。三汗部众数十万，同时溃走漠南。清圣祖乃命科尔沁部假以牧地。而亲自出塞大阅，以耀兵威。一六九五年，噶尔丹以兵据克鲁伦河上流。清圣祖亲自出塞，把他打破。一六九七年，又自到宁夏，发兵邀击。

这时候,噶尔丹伊犁旧地,已为其兄子策妄阿拉布坦所据。噶尔丹穷蹙自杀。阿尔泰山以东悉平。三汗遂各还旧治。

然而伊犁之地,还是未能动摇。清朝乃出兵,先平定西藏和青海。先是达赖五世死后,桑结秘不发丧,而嗾使噶尔丹内犯。噶尔丹败后,尽得其状。圣祖下诏切责。会桑结为固始汗曾孙拉藏汗所杀,奏立新六世达赖。圣祖乃封拉藏为翼法恭顺汗,以为藏事可从此平定了。而青海、蒙古,都说拉藏汗所立达赖是假的,别于里塘迎立一达赖。诏使暂居西宁。正在相持之间,而策妄阿拉布坦又派兵入藏,把拉藏汗袭杀。于是藏事又告紧急。好在西藏人都承认了青海所立的达赖。圣祖乃派皇子允䄉和年羹尧,从西宁、四川两道入藏,把准噶尔的兵击退,而送青海所立的达赖入藏。一七二二年,圣祖死,子世宗立,固始汗之孙罗卜藏丹津,煽动青海诸喇嘛叛变,亦给岳钟琪袭破。于是青海、西藏都平,梗命的只有一个准噶尔了。

一七二七年,策妄阿拉布坦死,子噶尔丹策凌继立。清朝想一举而覆其根本。还没有出兵,而噶尔丹策凌先已入犯。清兵出战不利。策凌就进犯喀尔喀,为额驸策凌所败。清高宗乃定以阿尔泰山为准、蒙游牧之界。这是一七三七年的事。到一七四五年,噶尔丹策凌死,准噶尔又生内乱。高宗乃因辉特部长阿睦尔撒纳的降,用为向导,发兵把准部荡平。而既平之后,阿睦尔撒纳又叛。亦于一七五七年,给兆惠等打定。

喇嘛教虽然盛行于蒙古和海、藏,而天山南路,则仍自成其为回教的区域。天山南路,在元时本属察合台汗国。后来回教教主之裔和卓木,入居喀什噶尔,因为人民的尊信,南路政教之权,遂渐入其手。而和卓木之后,又分为白山、黑山两宗,轧轹殊甚。策妄阿拉布坦曾废白山宗,代以黑山,而质白山酋长的二子于伊犁,是为大、小和卓木。清兵定伊犁后,二子归而自立。一七五九年,亦给兆惠、富德等打平。于是从天山南、北路以通西域的路全开。葱岭以西之国,如浩罕、哈萨克、布鲁特、乾竺特、博罗尔、巴达克山、布哈尔、阿富汗等,都来通朝贡。清朝对西北的国威,这时候要算极盛了。

其对于西南,则因廓尔喀侵犯西藏,于一七九二年,遣福康安把他打破。廓尔喀人请和。定五年一贡之例。廓尔喀东边的哲孟雅,本来服属于西藏;更东的哲丹,则当雍正年间,即已遣使来进贡;也当然成为中国的属国。清朝因为防护

清　王时敏　仿黄子久笔意图（局部）

清 佚名 十二月月令图（局部）

西藏起见，乃提高驻藏大臣的职权，令其在体制上和达赖、班禅平等。又颁发金奔巴两个：一个藏在北京雍和宫，一个藏在西藏大昭寺。达赖、班禅和大呼土克图出世有疑义时，就在这瓶中抽签。所以管理西藏的，也渐渐严密了。

以上所述，是清朝对于西、北两方面的武功。至于南方，历代对外的关系，比之西北，似乎不重要些。然至近代，随着世运的进化，而其关系亦渐次重大。原来在南方，和中国紧相邻接的，便是后印度半岛。自唐以前，安南本是中国的领土。其余诸地方，开化的程度很浅。自宋以后，安南既已独立，而半岛的西北部，又日益开化。南方的国际关系，也就渐形复杂了。当明初，西南土司，以平缅、麓川为最大。其南为缅甸。又其南为洞吾。又其南为古刺。其在普洱之南的，则为车里。车南之南为老挝。老挝之南为八百。这时候，中国的领土，实尚包括伊洛瓦底江流域和萨尔温、湄公两江上游。平缅、麓川，在元代本为两宣慰司。明太祖初命平缅酋长思氏兼辖麓川。后来又分裂其地，设立若干土司。思氏想恢复旧地，屡次造反。自一四四一后十年间，明朝尝三次发兵征讨，卒不能克，仅立陇川宣抚司而归。思氏在当时本有统一后印度半岛西部的资格。自为明所破坏，亦终至灭亡。于是缅甸日强。一五八三年，因寇边，为明将刘綎所击破，然明亦仅定陇川。自此中国对西南，实力所至，西不过腾冲，南不过普洱附近，就渐成为今日的境界了。

缅甸酋长，本姓莽氏。一七五四年，为锡箔江夷族所杀，木梳土司雍籍牙，入据其地，取阿瓦、平古剌。至其子孟驳，又并阿剌干，灭暹罗，国势颇盛。一七六五年，遂寇云南边境。高宗两次发兵，都不能克，仅因其请和，许之而还。暹罗是当明太祖时，受封于中国的。既为缅甸所灭，其故相郑昭——本是中国潮州人——起兵恢复。以一七七八年即王位。旋为前王余党所弑。养子华，定乱自立。以一七八六年，受封于中国。缅人怕中国和暹罗夹攻他，才遣使朝贡请封。安南黎氏，自离中国独立后，至一五二七年，而为其臣莫氏所篡。至一六七四年，乃得完全恢复。当复国之时，实赖其臣阮氏之力。而郑氏以外戚执政。阮氏和他不谐，南据顺化，形同独立。至清高宗时，又为西贡的豪族阮氏所破。并入东京，灭郑氏，留将贡整守之，贡整想扶黎拒阮，又为阮氏所破。时为一七八六年。清高宗出兵以讨新阮，初破其兵，复立黎氏末主。后复为阮氏所袭败，亦因其请和，封之而还。清朝对于安南、缅甸的用兵，实在都不得利。但是中国国力优厚，他们怕中国再举，所以虽得胜利，仍然请和，在表面上，总算维持着上国的位置。

至清朝对于川、滇、黔、桂诸省的用兵，虽然事在疆域之内，然和西南诸省的开拓，实在大有关系，亦值得一述。原来西南诸省，都系苗、瑶、猓㑩诸族所据。虽然，自秦、汉以降，久列于版图，而散居其地的种落，终未能完全同化。元时，其酋长来降的，都授以土司之职，承袭必得朝命。有犯顺、虐民，或自相攻击的，则废其酋长，代以中国所派遣的官吏，是之谓改流。虽然逐渐改流的很多，毕竟不能不烦兵力。湖南省中，湘江流域开辟最早。澧、沅、资三水流域，则是自汉以降，列朝逐渐开拓的；至清朝康、雍时代，辟永顺和乾州、凤凰、永绥、松桃等府厅，而大功告成。贵州一省，因其四面闭塞，开辟独晚，直至一四一三年，始列于布政司。而水西安氏、水东宋氏，分辖贵阳附近诸土司和播州的杨氏，仍均极有势力。明神宗时，播州酋杨应龙叛。至熹宗时，调川、滇、湖南三省之兵，然后把他打平。其时水东宋氏已衰，而水西安氏独盛。到毅宗初年，才告平定。于是贵州省内，唯东南仍有一大苗疆，以古州为中心。而云南东北境，有乌蒙、乌撒、东川、镇雄四土府。西南部普洱诸夷，亦和江外土司勾结为患。清世宗以鄂尔泰总督云贵，到底把云南诸土司改流。鄂尔泰又委任张广泗，把贵州的苗疆打定。此等用兵，虽一时不免劳费，然在西南诸省的统治和开发上，总可算有莫大利益。唯四川西北境的大、小金川，高宗用兵五年，糜饷七千万，然后把他打下，那就未免劳费太甚。亦可见清高宗的举措，都有些好大喜功，而实际则不免贻累于民了。

清 俞龄 竹林七贤图（局部）

元 赵雍 挟弹游骑图（局部）

第七章 清中叶的内乱

清朝的中衰，是起于乾隆时代的，这个读第四章所述，已可见其大概了。清朝是以异族入主中原的，汉人的民族性，虽然一时被抑压下去，然而实未尝不潜伏着，得着机会，自然就要起来反抗。如此，就酿成了嘉、道、咸、同四朝的内乱。

清中叶的内乱，是起于一七九五年的。这一年，正是高宗传位于仁宗的一年。其初先借苗乱做一个引子。汉族的开拓西南，从大体上说，自然于文化的广播有功，便苗族，也是受其好处的。然而就一时一地而论，该地方原有的民族，总不免受些压迫。前章所述湖南永顺、乾州一带，当初开辟的时候，土民畏吏如官，畏官如神。官吏处此情势之下，自不免于贪求。而汉人移居其地的又日多，苗民的土地，多为所占。这一年，遂以"逐客民，复旧业"为名，群起叛乱。调本省和四川、云南、两广好几省的兵力，才算勉强打平。然而事未大定，而教匪已起于湖北了。

白莲教，向来大家都说它是"邪教"。从它的表面看来，自然是在所不免。但是这种宗教，是起于元代的。当元末，教徒刘福通曾经努力于光复事业。而当清代，此教的势力也特别盛。在清代，起兵图恢复的，都自托于明裔，而嘉庆初年的所谓川、楚"教匪"，其教中首领王发生，亦是诈称明裔的，便可知其与民族主义不无关系。不过人民的程度不一，而在异族控制之下，光复的运动也极难，不能不利用迷信的心理，以资结合，到后来，遂不免有忘其本来的宗旨的罢了。然而其初意，则蛛丝马迹，似乎是不可尽诬的。

所谓白莲教，是于一七七五年被发觉的。教首刘松，遣戍甘肃。然其徒仍秘密传播。至一七九三年，而又被发觉。其首领刘之协逃去。于是河南、湖北、安徽三省大索，骚扰不堪，反给教徒以一个机会。至一七九六年，刘之协等遂在湖北起事。同时，冷天禄、徐天德、王三槐亦起于川东。自此忽分忽合，纵横于川东北、汉中、襄郧之境。官军四面围剿，迄无寸效。你道为什么？原来高宗此时，虽然传位，依旧掌握大权。如此，和珅自然也依旧重用。和珅是贪黩无厌的，带兵的人，都不得不克扣军饷，去贿赂他——当时得一个军营差使，无论怎样赤贫的人，回来之后，没有不买田、买地，成为富翁的——所以军纪极坏。而清朝当这时候，兵力本已不足用。官兵每战，辄以乡勇居前，胜则攘夺其功，败亦抚恤不及。匪徒亦学了他，每战，辄以被掳的难民居前，胜则乐得再进，败亦不甚受伤。加以匪势飘忽，官兵常为所败。再加以匪和官兵，都要杀掠，人民无家可归的，都不得不从匪。如此，自然剿办连年，毫无寸效了。直到一七九九年，高宗死了，和珅伏诛，仁宗乃下哀痛之诏，惩办首祸官吏，优恤乡勇，严核军需，许匪徒投诚，又行坚壁清野之法，一面任能战之将，往来追逐。至一八〇二年，大股总算肃清。明年，余匪出没山林的，也算平定。而遣散乡勇，无家可归的，又流而为盗。又一年余，然后平定。这一次乱事，前后九年，虽然勉强打平，然而清朝的政治力量，就很情见势绌了。

然而同时东南还有所谓艇盗。艇盗亦是起于乾隆末年的。当新阮得国之后，因财政困难，乃招徕沿海亡命，给以器械，命其入海劫掠商船。广东沿海，就颇受其害。后来土盗亦和他勾通。一发深入闽浙。土盗倚夷艇为声势，夷艇借土盗为耳目。夷艇既高大多炮，土盗又消息灵通。政府以教匪为急，又无暇顾及沿海，于是其患益深。一八〇二年，安南旧阮复国。禁绝海盗，夷艇失势，都并于闽盗蔡牵。后为浙江水师提督李长庚打败。又与粤盗朱濆相合。清朝用长庚总统闽浙水师，而前后督臣，都和他不合，遇事掣肘。一八〇七年，长庚战死南澳洋面，朝廷继任其部将邱良功、王得禄。至一八一〇年，才算把艇盗打平。

川、楚教民定后，不满十年，北方又有天理教民之乱。天理教，本名八卦教——后来的义和团，也是出于八卦教的。此时的天理教，是反清的，而后来的义和团，至于以"扶清灭洋"为口实，民族的意识的易于消亡，真可以使人警惕了。当时天理教的首领，是大兴林清和滑县李文成。

他们吸收徒众的力量极大。教徒布满于直隶、河南、山东、山西。便是清朝的内监，也有愿意做内应的。他们谋以一八一三年起事，乘清仁宗秋狝木兰时，袭据京城。未及期而事泄。李文成被捕下狱。林清仍进行其预定计划。以内监为向导和内应，攻击京城。攻入东西华门的有百余人。文成亦被教徒劫出，攻占县城，杀掉知县。长垣、东明、曹县、定陶、金乡，都起而响应。虽然其事终于无成，亦足使清朝大吃一惊了。

天理教民乱后八年，便是一八二〇年，仁宗死后，宣宗即位。这一年，回疆又有张格尔之变。天山南路的回民，信教最笃。清朝的征服回部，本来不能使他们心服的。但是清朝知道他们风气强悍，事定之后，亦颇加意抚绥。回民丧乱之余，骤获休息，所以亦颇相安。日久意怠，渐用侍卫和在外驻防的满员，去当办事领队等大臣，都黩货无厌，还要广渔回女。由是民心愤怨。这一年，大和卓木之孙张格尔，就借兵浩罕，入陷喀什噶尔、英吉沙尔、叶尔羌等城。清廷命杨遇春带着陕甘的兵，前往剿办，把张格尔打败。张格尔走出边。杨遇春又诱其入犯，把他擒杀。于是清廷命浩罕执献张格尔家属。这张格尔是回教教徒认为教主后裔的，这如何办得到？于是清廷绝其贸易。浩罕就又把兵借给张格尔的哥哥玉普尔，使其入寇。交涉辚轇直到一八三一年，才定议：清朝仍许浩罕通商，而浩罕允代中国监视和卓木的家族，这交涉才算了结。清朝在这时候，对外的威严，就也有些维持不住了。

◎ 元　佚名　寒原猎骑图（局部）（见下页）

下篇　近代史

第八章 鸦片战争

鸦片战争，是打破中国几千年来闭关独立的迷梦的第一件大事。其祸虽若天外飞来，其实酝酿已久，不过到此始行爆发罢了。

中英通商问题，种种龃龉，已见第五章。英国在中国的贸易，自一七八一年以后，为东印度公司所专，至一八三四年才废。公司的代理人，中国谓之大班。公行言"散商不便制驭，请令其再派大班来粤"。粤督卢坤奏请许之。于是英人先派商务监督，后派领事前来，而中国官吏，仍只认为大班，不肯和他平行交接。于是英领事义律，上书本国，说要得中国允许平等，必须用兵；而中英之间，战机就潜伏着了。而其时适又有一鸦片问题，为之导火线。

鸦片是从唐代就由阿拉伯人输入的。但只是做药用。到了明代，烟草从南洋输入，中国人开始吸食，至于用罂粟子熬的，则称为鸦片烟，尚未通行全国。当时鸦片由葡萄牙人输入，每年不过二百箱。而吸食鸦片烟，则当一七二九年之时，已有禁例。自英国东印度公司垄断在中国的贸易后，在印度地方，广加栽种，而输入遂多。乾隆末年，粤督奏请禁止入口。嘉庆初年，又经申明禁令。鸦片自此遂成为无税的私运品，输入转见激增。海关每年，漏银至数千万两之巨。不但吸食成瘾，有如刘韵珂所说："黄岩一邑，白昼无人，竟成鬼市。"林则徐所说："国日贫，民日弱，十余年后，岂唯无可筹之饷，亦且无可用之兵。"未免不成样子。而银是中国的货币，银价日贵，于财政、经济关系都是很大的。所以至道光之世，而主张禁烟的空气，骤见紧张。

当时内外的议论，都是偏向激烈的。只有太常寺卿许乃济一奏，较为缓和。宣宗令疆臣会议，覆奏的亦多主张激烈。而一八三八年，鸿胪寺卿黄爵滋奏请严禁的一疏尤甚。于是重定禁例，而派林则徐以钦差大臣，驰赴广东，查办海口事件。

则徐既至粤，强迫英商，交出鸦片二万零二百八十三箱，悉数把它焚毁。又布告各国：商船入口，都要具"夹带鸦片，船货充公，人即正法"的甘结，各国都愿遵照。唯英领事义律不可。则徐遂命沿海断绝英人接济。时英国政府，尚未决定对中国用兵；而印度总督，遣军舰两艘至澳门。义律大喜。以索食为名，炮击九龙。时则徐在沿海亦已设防，英人不得逞。乃请葡萄牙人出而转圜，请删甘结中"人即正法"一语，余悉如命。则徐仍不许。时英议会中，亦分为强硬缓和两派。然毕竟以九票多数，通过"对中国前此的损害，要求赔偿；对英人后此的安全，要求保证"。时为一八四〇年四月。于是英人调印度、好望角的兵一万五千人,命伯麦和佐治义律统率前来,而中、英的兵衅遂启。

英兵既至,因广东有备,转攻厦门。亦不克。乃北陷定海。投英国巴里满[5]致中国首相的书。浙江巡抚不受,乃转赴天津。清宣宗是个色厉而内荏的人,遇事好貌为严厉,而对于事情的本身,实在无真知灼见。又没有知人之明,所以其主意很易摇动。当时承平久了,沿海各省都无备,疆臣怕多事,都不悦林则徐所为,乃造蜚语以闻于上。于是朝意中变。命江督伊里布赴浙江访致寇之由。又谕沿海督抚:洋船投书,许即收受驰奏。时林则徐已署理粤督,旋革其职,遣戍伊犁,而命琦善以钦差大臣赴粤查办。

琦善既至,尽撤林则徐所设守备。时佐治义律有疾,甲必丹义律代当谈判之任。琦善一开口,就许偿烟价二百万。义律见其易与,又要求割让香港。琦善不敢许。义律就进兵,陷沙角、大角两炮台。副将陈连陞战死。琦善不得已,许开广州,割香港。英兵乃退出炮台。朝廷闻英人进兵,大怒。命奕山以靖逆将军赴粤剿办。英人遂进陷横当、虎门两炮台。提督关天培又战死,奕山既至,夜袭英军,不克。城外诸炮台尽陷。全城形势,

已落敌人手中。不得已,乃令广州知府余葆纯缒城出见英人。许偿军费六百万,尽五天之内交出。而将军率兵,退至离城六十里之处。英兵乃退出虎门。奕山乃冒奏:"进剿大挫凶锋,义律穷蹙乞抚,唯求照旧通商,永遵不敢售卖鸦片。"而将六百万之款,改称商欠。朝廷以为没事了。而英人得义律和琦善所订的《草约》,以为偿款太少,对于英人后此之安全,更无保证,乃撤回义律,代以璞鼎查。续调海军东来,于是厦门、定海相继陷落。王锡朋、郑国鸿、葛云飞三总兵,同日战死。英兵登陆。陷镇海。提督余步云遁走。江督裕谦,时在浙视师,自杀。英军遂陷宁波。清廷以奕经为扬威将军,进攻,不克。而英人又撤兵而北。入吴淞口,陷宝山、上海。又进入长江,陷镇江,逼江宁。清廷战守之术俱穷,而和议以起。

先是伊里布因遣家人张喜,往来洋船,被参奏,革职遣戍。至是,乃用他和耆英为全权大臣,和璞鼎查在江宁议和。订立条约十三款。时为一八四二年八月二十九日。是为中国和外国订立条约之始。约文重要的:

(一)中国割香港与英。

(二)开广州、厦门、福州、宁波、上海五

明 王世昌 俯瞰激流图（局部）

口，许英人携眷居住，英国派领事驻扎。

（三）英商得任意和华人贸易，毋庸拘定额设行商。

（四）进出口税则，秉公议定，由部颁发晓示。英商按例纳税后，其货物得由中国商人，遍运天下，除照估价则例加收若干分外，所过税关，不得加重税则。

（五）英国驻在中国的总管大员，与京内外大臣，文书往来称照会，属员称申陈，大臣批复称札行。两国属员往来，亦用照会，唯商贾上达官宪仍称禀。

这一次条约，和英国巴里满所要求的，可以说是无大出入。总而言之，是所以破前此（一）口岸任意开闭，（二）英人在陆上无根据地，（三）税额繁苛，（四）不许英官和中国平行之局的。

五口通商的条约，可说是中国人受了一个向来未有的打击。当时的不通外情，说起来真也可笑。当时英人进犯鸡笼，因触礁，有若干人为中国所获。总兵达洪阿和兵备道姚莹奏闻。

廷寄乃命其将"究竟该国地方，周围几许？所属之国，共有若干？其最为强大，不受该国统束者，共有若干人？英吉利至回疆各部，有无旱路可通？平素有无往来？俄罗斯是否接壤？有无贸易相通？……"逐层密讯，译取明确供词，据实具奏。在今日看起来，真正可笑而又可怜了。而内政的腐败，尤可痛心。当时广东按察使王廷兰，写给人家的信，说："各处调到的兵，纷扰喧呶，毫无纪律。互斗杀人，教场中死尸，不知凡几。"甚而至于"夷兵抢夺十三洋行，官兵杂入其中，肩挑担负，千百成群，竟行遁去。点兵册中，从不闻清查一二"。又说，从林则徐查办烟案以来，"兵怨之，夷怨之，私贩怨之，莠民亦怨之，反恐逆夷不胜，则前辙不能复蹈"。而刘韵珂给人家的信，亦说："除寻常受雇，持刀放火各犯外，其为逆主谋，以及荷戈相从者，何止万人？"人必自侮而后人侮之，这真可使人悚然警惧了。然而仅此区区，何能就惊醒中国人的迷梦？

第九章 太平天国和捻党之役

满族占据中国[6]，倏忽二百年了。虽然他治理中国之法，还是取之于中国，然而在民族主义上，总欠光晶。加以他政治腐败，国威陵替，五口通商之役，以堂堂天朝，而受辱于海外的小蛮夷，这在当日，确是个非常之变。英雄豪杰，岂得不乘时思奋？于是霹雳一声，而太平天国以起。

太平天国天王洪秀全，是广东花县[7]人。他于一八一二年诞生，恰在民国纪元之前百年。他是有志于驱除异族，光复河山的人。要做光复事业，不得不和下层民众结合，乃不得不借助于宗教。广东和外国交通早，西教输入的年代亦久。所以洪秀全所创的拜上帝教，颇与基督教相近。以耶和华为天父，基督为天兄，而自称为基督之弟。和冯云山等同到广西传布，信他的人颇多，大多数都是贫苦的客民。一八四七年至一八四八年间，广西年荒盗起，居民倡团练自卫，和教中人颇有冲突。秀全乘机，以一八五〇年六月，起事于桂平的金田村。

时广西盗贼甚多，清朝派向荣等剿办，不利。洪秀全以起事的明年，据永安，始建太平天国之号，自称天王。又明年，突围而出。攻桂林，不克。乃北取全州，浮湘而下。为江忠源乡勇所扼，改由陆道出湘东。攻长沙，亦不克，而清援军渐集，乃舍之，北出洞庭。克岳州，遂下武、汉。沿江东下，直抵江宁，建为天京。时为一八五三年。

当洪秀全在永安时，有人劝他，由湘西出汉中，以图关中。秀全不能用。及克武、汉，又有主张北上的，以琦善统大兵扼河南，不果。天京既建，清向荣以兵蹑至，营于城东孝陵卫，而琦善之兵，移驻扬州，是为江南、江北两大营。太平军殊不在意。当时派兵两支：一自安徽出河南北伐，一沿江西上。后来北伐的兵，因形势太孤，虽经河南、山西，打入直隶，毕竟为清兵所歼灭。其西上之兵，则甚为得势。再破安庆、九江，占据武、汉，并南下岳州、湘阴。

此时清朝的兵，不论绿营、八旗，都不足用，乃不得不专靠乡勇。当时办团练的地方很多。而湘乡曾国藩，以在籍侍郎，主持办团之事。国藩仿戚继光之法，倡立营制。专用忠勇的书生，训练诚朴的乡农。又创立水师，以期和太平军相角逐。遂成为太平军的劲敌。湘军以一八五四年，出境作战。初出不利。旋复战胜，克复岳州。又会湖北兵复武、汉。然进攻九江不能克，而石达开坐镇安庆，遣兵尽取江西州县。国藩孤居南昌，一筹莫展，形势甚危。长江中流，太平军仍占优势。而天国于是时顾起了内讧，遂授清军以可乘之隙。

洪秀全的为人，似长于布教，而短于治政和用兵。既据天京之后，就深居简出，把军国大事，一切交给杨秀清。旋又相猜忌，乃召韦昌辉，使杀秀清。石达开闻变回京，昌辉又杀其家属。达开缒城而遁。自此别为一军，不复受天京节制，秀全又使秀清余党，杀掉昌辉。于是太平军初起诸人略尽，遂呈散漫之象。清军乘之，以一八五七年冬克武、汉。明年春，又复九江。胡林翼居武昌，筹饷练兵，屹为重镇。太平军仅据安庆和天京相犄角，形势就很危险了。

然而太平军中，还有后起之秀，足以支持危局的，那就是李秀成。其时清军上流一方面，分遣陆军攻皖北，水军攻安庆。下流一方面，向荣的江南大营，前此被太平军攻破，清朝用其部将张国梁，主持军事，于九江失陷之际，再逼天京而军。此时捻党已盛于江北。李秀成和其首领张洛行相联络，把皖北的军事，交托悍将陈玉成，而自己入京辅政。玉成歼湘军精锐于三河集，安庆之围亦解。李秀成知道江南大营的饷源出于浙江。其时江北大营，已不置师，归江南大营兼统，泛地更广。乃出兵陷杭州，以摇动其军心。又分军扰乱各处，以分其兵力。而突合各路的兵猛攻之，大营遂溃。国梁走死。苏、松、常、太，相继皆下，太平军的形势又一振。

然而大厦非一木所能支，单靠一个忠勇善谋

战的李秀成，到底不能挽回太平天国的末运。清朝此时，胡林翼已死，乃用曾国藩为两江总督。发纵指示之责，集于国藩一身。国藩使弟国荃攻围安庆。陈玉成不能将将，诸将都不听命，遂不能救。一八六一年，秋间，安庆陷落。玉成战败走合肥，为苗沛霖所执，送于清军，被杀。曾国藩乃荐沈葆桢抚赣，左宗棠抚浙，以敌太平军方面李世贤、汪海洋的兵。使鲍超、多隆阿等分攻皖南、北。都兴阿镇守扬州。而使曾国荃沿江东下，杨岳斌、彭玉麟以水师为之声援，以逼天京。又使李鸿章募兵淮、徐，以图苏、松。李秀成力劝洪秀全出兵亲征，不听。请与太子俱出，又不听。秀成曾一度出兵江北，因张洛行已被擒，亦无成功。只得守了苏州，和天京作为声援。

借外力以平内乱是件可耻的事，亦是件可危的事。当道、咸之世，清朝的昏聩反复，很为外人所厌恶。太平军在此时，很有和外人联络的机会，而太平军未肯出此——或亦是未知出此——清朝则似非所恤。一八五八年、一八六〇年两役，外人在条约上所得的权利，实在多了，乃有助清人以攻太平军之议，清廷初亦未敢接受。然至苏、松关陷后，江苏巡抚薛焕和布政使吴煦，避居上海，到底借外人所训练统率的华兵，即所谓常胜军者，以御太平军。此时中国兵弱，洋将多不听命。苏人避居上海的，乃自雇汽船七艘，以迎李鸿章的淮军。太平军既未能邀击。苏州诸生王畹，献策于李秀成，请先设计封锁或扰乱上海，俾外人避居，然后出而招抚，收为己用，秀成又未能用。李鸿章至，淘汰前所募兵，代以淮勇，都强悍能战；常胜军亦隶麾下，辅以精利的器械。而上海此时，饷源又甚丰富，太平军东路的形势，遂亦陷于危急。

李秀成此时，以一身负天京和苏州两方面守御的重任，兼负调度诸军之责。当一八六二年时，曾国荃已攻破沿江要隘，直逼天京。是年秋间，其军大疫。秀成合李世贤攻浙之兵，猛攻其营。凡四十六日，卒不能破。天京之围，自此遂不能解。至一八六三年初冬，而苏州又沦陷，秀成乃入天京死守。明年六月，天京亦陷。天王已死，秀成奉太子福瑱出走。于路相失，为清军所获，死之。太子会李世贤、汪海洋之师入赣，亦为清军所执，殉国于南昌。海洋、世贤的兵，没于闽、粤。石达开先别为一军，历赣、闽、湘、桂而入川，欲图割据，亦为清兵合土司所擒。陈玉成败后，在院北的陈德才，北入河南，闻天京紧急，率兵还救，不及，自杀。太平天国自立凡十五年，兵锋所至，达十六省，卒仍为满族所征服。

然而其余众合于捻党，犹足使清廷旰食者数年。所谓捻党，是很早就有的。太平军起而捻势亦盛。蔓延于苏、皖、鲁、豫四省之间。雉河集的张洛行、李兆受为其首领。寿州练总苗沛霖，亦阴和太平军和捻党相通。清命袁甲三等剿之，无效。一八六〇年，英、法兵陷京城。捻众亦乘

机北略，至济宁。英、法兵既退，乃命僧格林沁剿办。僧格林沁攻破雉河集，张洛行、李兆受都死。苗沛霖亦被陈玉成余众所杀，捻势稍衰。太平天国既亡，余众多合于捻，其势复盛。僧格林沁勇而无谋。捻众多马队，其势飘忽，僧格林沁常为所致。遂以一八六五年，败死于曹州。清廷命曾国藩往剿。国藩首创圈制之法。练黄河水师。以济宁、徐州、临淮关、周家口为四镇，各派重兵驻扎。于运河东岸，贾鲁河西岸筑长墙，想把捻众蹙之一隅。

然而止不住捻众的冲突，一八六六年，捻众突围而出，张宗禹入陕，赖文光入山东，于是罢国藩，代以李鸿章。鸿章仍守国藩遗策，倒守运河，把东捻逼到海隅。于一八六七年打定。其西捻则由左宗棠剿击。宗棠败之渭北。捻众乃北犯延绥，渡河入山西。再出河南，以入直隶。宗棠率兵追击。李鸿章亦渡河相助。命直隶之民，多筑寨堡以自卫，而沿黄、运二河筑长墙以守。至一八六八年，才把他逼到黄、运、徒颊之间打平。

第十章 英法联军之役

捻众不过是扰乱，说不上什么主义的。太平天国，则当其兵出湖南时，即已发布讨胡之令。可谓堂堂之阵，正正之旗。其定都金陵后，定田制，改历法，禁蓄妾及买卖奴婢，并禁娼妓，戒缠足，颁天条以为法律，开科举以取士，亦略有开创的规模，且颇富于新理想。有人说："中国当日，恶西教正甚，而太平天国，带西教的色彩很重，这是其所以失人心的原因。"然而天王的创教，本不过是结合的一种手段，兵势既盛之后，亦未曾尽力推行。太平天国的灭亡，其中央无真长于政治和军事的人才，实在是其最大的原因。而其踞天京之后，晏安鸩毒，始起诸人，不能和衷共济，反而互相残杀。又其后来，所谓老兄弟者日少，新兄弟日多，军纪大坏，亦是其致亡的原因。太平天国提倡民族主义，曾国藩等则揭橥忠君主义，以与之对抗。在当日，自然是忠君主义，易得多数人的扶助，然而民族主义的源泉，终不绝灭，遂潜伏着，以待将来的革命。

鸦片战争，在中国历史上，为从古未有的奇变，然其实不过外人强迫通商的成功而已。在实际上，关系还不算很大。其种种丧权辱国的条约，实在又是五口通商以后陆续所造成的，至一八五八年的《天津条约》，一八六〇年的《北京条约》，而作一总汇。

《南京条约》成后，伊里布以钦差大臣赴广东办理通商事宜。死后，耆英代之，与英另订《五口通商章程》十五条。而法、美、瑞典，亦相继和中国订立条约。唯俄国仍不准在海口通商。

交涉的镠轕，起于广东英人入城问题。先是一七九三年，高宗曾有"西洋各国商人，不得擅入省城"之谕。此时另订条约，国交一新，此项上谕，自然无效，而粤民仍执之以拒各国领事入城。粤中大吏，既不能将此情形，上以告于清廷，下以晓谕人民，又不敢明拒外人；而依违其间，于是粤民遂自办团练，欲以拒绝外人。以为官吏软弱，浸至官民亦生龃龉。耆英知道交涉是棘手的，乃阴谋内召。先是《南京条约》，订明舟山、鼓浪屿的英兵，须俟赔款交清后，方行撤退。一八四六年，赔款清了，耆英要求英人撤兵。又另订条约五条，申明许英人入城，而中国不得以舟山群岛，割让他国。明年，耆英内用，英人请实行入城之约。耆英知道广东民气难犯，请展期两年。英人也答应了。

于是徐广缙为总督，叶名琛为巡抚。两人都是有些虚怯之气，好名而不通外情的。一八四九年，英人以入城之期已届，又请实行。广缙登舟止之。英人谋劫广缙，以求入城，广东练勇数万人，同时聚集两岸，呼声震天。英人惧，乃罢入城之议。事闻于朝，封广缙一等子，名琛一等男，都世袭。余官均照军功例，从优议叙。并传旨大奖粤民。于是广东人民，更为得意。遂散布流言要破坏通商之局。英人闻之，写信给广缙，请另定《广东通商专约》。广缙要求其将不入城列入《专约》之中，英人也答应了。此时广缙、名琛，都很负时望。

一八五〇年，宣宗死了，文宗继立。明年而徐广缙移督湖广，叶名琛代为总督。此时太平天国正盛，清廷怕多生枝节，亦谕令交涉谨慎；而名琛以为外国人不过虚声恐吓，遇事多置诸不理。既不能措置妥帖，而又不设防备。这时候，沿海的中国船，颇有恃外国旗号为护符的。一八五六年，有在英国登记，而业经满期的亚罗船；停泊粤河，为水师千总捕去十三人。英领事巴夏礼，要求省释。叶名琛也把所捕的人送还了。而英人又要趁此要求入城，拒绝弗受；而提出四十八小时内无确实答复，作为谈判破裂的警告。名琛置之不答，英兵遂陷广州。然既不得本国政府的允许，而兵又少，旋又退出。而粤人又尽焚英、法、美诸国商馆。巴夏礼遂驰书本国政府请战。

时英国议会，亦不主开衅。英相巴马斯顿，把他解散，另行召集。通过"要求中国改订条约，并赔偿损失，否则开战"的议案。英国又要约俄、法、美三国。俄、美仅派使臣借行，而法国因广西地方，教士被杀，派兵和英国同行。

一八五七年，四国使臣到广州。英使先致书名琛，要求会议改约和赔偿损失，法美愿任调停。名琛均置不答。英、法兵遂陷广州，名琛被虏。四国要求派遣全权大臣至上海议善后。由江督何桂清奏闻。朝命革名琛职，代以黄宗汉。命英、法、美三使回广东，听候查办。对俄国，则申明海口不许通商之旨，令回黑龙江，和将军会议。

四使不听，径行北上。明年三月，至天津。四月，陷大沽炮台。清廷乃派大学士桂良、吏部尚书花沙纳赴津，和四使会议。各订条约。其税则，命其赴沪会同何桂清，和各国会议。又成《通商章程》十条，英、法、美三国相同。是为一八五八年的《天津条约》。

其明年，英、法二使来换约。时僧格林沁在大沽设防，请其改走北塘。弗听，强航白河。为炮台守兵所击，狼狈走上海。一八六〇年，英、法再派兵来。先照会何桂清，说："若守《天津原约》，仍可罢兵。"而清廷上谕，又说他"辄带兵船，毁我海口防具。首先背约，损兵折将，实由自取，所有八年议和条款，概作罢论。若彼自知悔悟，必于前议条款内，择道光年间曾有之事，无碍大体者，通融办理。仍在上海定议，不得率行北来"。于是兵端之启，遂无可避免，此时清廷亦怕启衅，所以美使后至，遵命改走北塘，即许其在天津换约。虽封锁大沽，然仍留北塘为款使议和之地。而僧格林沁又惑于"纵洋人登陆，以马队蹙而歼之"之说，遂弃北塘不守。其所埋地雷，为汉奸告知英人掘去。于是英、法兵从北塘登陆，攻陷大沽炮台。僧格林沁退驻张家湾。

清廷不得已，再派怡亲王载垣和英、法议和。有人告载垣，说"巴夏礼衷甲将袭我"。载垣惧，以告僧格林沁。僧格林沁执巴夏礼。英、法兵进攻，僧格林沁败绩。助守的禁军和旗兵亦都败。文宗乃逃往热河，而留恭亲王奕䜣守京城。旋以为全权大臣。英、法兵胁开京城，又焚圆明园。奕䜣惧不敢出。因俄使伊格那提也夫的保证，乃出而与英、法议和，重行订定条约，是为《北京条约》。

这两约，实在是把五口通商以后，英、法两国所订的条约，合并整理而成的；而又有新丧失的权利。论口岸，则增开牛庄、登州、台湾、淡水、潮州、琼州及沿江各口。因此内河航行之权，亦和外人相共。领事裁判和关税协定，都自此确定。内地游历通商和传教的条文，亦起于此两约。前此清朝中央政府，恒不愿与外人直接交涉，至此则接待驻使，亦成为条约上的义务了。而又把九龙割给英国。赔英、法军费及商亏，各八百万两。《美约》还是一八五八年所订的，所以和英、法两约又有不同。然各国的条约，都有最惠国条款，则此等异同，也不足计较了。至对于俄国的条约，则损失尤大，别见下章。

◎南宋 夏圭 溪山清远图（局部）（见下页）

下篇 近代史

明 蓝瑛 云壑高逸图（局部）

第十一章 《瑷珲条约》和《北京条约》

侵略国的思想，是爱好和平之国所想不到的。假如中国而有了西伯利亚的广土，亦不过视为穷北苦寒之地，置诸羁縻之列——所以黑龙江两岸，远较西伯利亚为膏腴，尚且不能实力经营。若说如俄国，立国本在欧洲，却越此万里荒凉之地，以求海口于太平洋，这是万想不到的事。然而近世的帝国主义，则竟有如此的。所以近世中国受列强的侵削，历史上国情的不同，实在是其最重要的根源。

凡事不进则退。《尼布楚条约》，中国看似胜利，然而自此以后，对于东北方，并没有加意经营；而俄人却步步进取，经过一世纪半之后，强弱自然要易位了。一八四七年，俄皇尼古拉一世以穆拉维约夫为东部西伯利亚总督。穆拉维约夫派员探测，始知库页之为岛。一八五〇年，俄遂建尼古拉耶夫斯克为军港。一八五二年，进占德喀斯勒湾和库页。东北的风云，就日形紧急了。

这一年，俄、土开战，英、法要援助土耳其。穆拉维约夫归见俄皇，极陈当占据黑龙江，于是决议和中国重行议界。而俄国的外务部，不以为然。致书中国，请协定格尔必齐河上流界标。于是吉、黑、库伦，同时派员会勘。此时若能迅速定议，自是中国之利。而派出的人员，或以冰冻难行，或以期会相左，辗转经年，终无成议。而俄国已和英、法开战，尼古拉一世，已畀穆拉维约夫以极东的全权，得径和中国交涉了。

穆拉维约夫致书中国政府，说为防守太平洋起见，要从黑龙江运兵，请派员会议疆界，使者至恰克图，中国不许其进京。穆拉维约夫遂径航黑龙江，赴尼古拉耶夫斯克布防。瑷珲副都统见其兵多，不敢抗拒。一八五五年，穆拉维约夫和黑龙江委员台恒会晤。借口为防英、法起见，黑龙江口和内地，必须联络，请划江为界。台恒示以俄国外务部来文，说该文明认黑龙江左岸为中国之地，何得翻议？穆拉维约夫语塞，乃要求航行黑龙江，而境界置诸缓议。这时候，朝命吉、黑两将军和库伦办事大臣照会俄国，说此次划界，只以未设界碑的地方为限。会尼古拉一世卒，亚历山大二世立。俄外部仍不以穆拉维约夫的举动为然。穆拉维约夫乃再西归，觐见俄皇，自请为中俄划界大使。且请合堪察加半岛、鄂霍次克海岸和黑龙江口之地，置东海滨省。其时江以北之地，实际上几尽为俄国所占，清朝不过命吉、黑两将军，据理折辩，而且命理藩院行文俄国，请其查办而已。

然而一八五七年，普提雅廷到天津，以划界为请，上谕仍说交界只有乌特河一处未定，饬其回黑龙江会议。及一八五八年，英、法兵陷大沽，穆拉维约夫带着兵到黑龙江口，派人约黑龙江将军奕山，说自己要到瑷珲去，可以就便开议。

于是中国派奕山为全权大臣，和穆拉维约夫定约三条：把黑龙江以北之地，都割给俄国，而以乌苏里江以东，为两国共管之地。黑龙江、松花江、乌苏里江，只准中、俄两国行船。是为《瑷珲条约》。此约成后，侍讲殷兆镛，劾奕山"以黑龙江外之地，拱手让人，寸磔不足蔽辜"。然奕山在当日亦曾竭力争执。而俄人以开战相胁，这时候的情形，恰和结《尼布楚条约》时相反，倘使开战，中国是万无幸胜之理的，徒然弄得牵涉更广。所以边疆的不保，是坏在平时边备的废弛，并不能专怪哪一个人。

这时候，普提雅廷在天津，仍以添设通商海口；由陆路派员赴黑龙江，再清疆界为请。清朝对于俄国，前此迄未许其在海路通商。这时候，仍限于各国通商，只许五口。先是一八五〇年，俄人请在伊犁、塔尔巴哈台和喀什噶尔三处通商，清廷议许伊犁和塔尔巴哈台，而拒绝喀什噶尔。以奕山为伊犁将军，和俄国订立《通商章程》。所以这时候，清朝说俄国通商，已有三口，

明 商喜 关羽擒将图（局部）

若再援五口之例，则共有八处，他国要求，无以折服，乃命于五口之中，选择两口，至多三口。后来因要借俄、美之力，以牵制英、法，乃先和俄、美两国订约，把前此所争执，概予通融。是为一八五七年俄国的《天津条约》。约中订明：（一）以后行文，由俄外务部直达军机处或特派的大学士。俄使遇有要事，得由恰克图故道，或就近海口进京。（二）开上海、宁波、福州、厦门、广州、台湾、琼州七处通商。（三）陆路通商，人数不加限制。（四）许在海口和内地传教。（五）京城恰克图公文，得由台站行走。（六）而仍有派员查勘边界一条。

于是俄国以伊格那提也夫为驻华公使。一八六〇年之役，奕䜣本惧不敢出，因俄使力保，和议才得成就。于是俄使自以为功，再和中国订立《北京条约》：就把（一）乌苏里江以东之地，亦割属俄国。（二）交界各处，准两国的人，随便贸易，并不纳税。（三）恰克图照旧到京。所经过的库伦、张家口，零星货物，亦准行销。（四）在库伦设立领事。（五）西疆再开喀什噶尔。（六）而其未定之界，则此约第二条预行订定大概，以俟派员测勘。这两约，不但东北割地之广骇人听闻，而蒙古、新疆方面，亦几于藩篱尽撤，就伏下将来无穷的祸根了。约既定，俄国遂将黑龙江以北之地，设立阿穆尔省，而将乌苏里江以东，并入东海滨省并建海参崴为军港。

◎ 明 吴彬 明皇幸蜀图（局部）

下篇 近代史

第十二章 西北事变和中俄交涉

西北本是兴王之地，在汉、唐之世，都以此为天下根本。当时关中的武力和文化，都为全国之冠。凉州的风气，尤其强悍。所以经营西域的力量，也非常之强。自宋以后，武力不竞。北方迭受异族的蹂躏，国都非偏在东南，则僻在东北。西北方的实力，遂渐渐落后。而自元以后，回教盛行于西北，汉、回之间，尤其多生问题。

中国人是不甚迷信宗教的，所以争教的事情很少。但是信仰回教的人民，因其习俗不同，不易和普通人民同化，而汉、回之间，遂不免留着一个界限。在平时的争执，原不过民间的薄物细故[8]。但是回人团结，而汉人散漫。所以论风气，是回强而汉弱。在官吏，就不免袒汉而抑回。到回民激而生变，则又不免敷衍了事。酿成了"汉、回相猜，民怨其上"的局面。咸、同大乱之时，又发生所谓"回乱"。

"回乱"是起于西南，而蔓延于西北的。一八五五年，因临安汉、回的冲突，渐至蔓延。永昌的回民杜文秀，就起兵占据大理。回酋马德新，则居省城，挟巡抚徐之铭为傀儡。之铭亦挟回以自重。清朝所派的督抚，不能到任的很多。后来布政使岑毓英，结回将马如龙为援。先定省城，次平迤东，诛叛酋马连陞。清朝即用为巡抚，直到一八七二年，才把大理克复，云南全省打定。总计其始末，也有十八年了。但还是限于一隅的。至西北则事变更形扩大。

西北的"回乱"，是起于一八六二年的。先是陕西募回勇设防。及是年，太平天国的陈德才，合捻党以入武关。回勇溃散。有和汉人冲突的，彼此聚众相仇。而云南叛回任五，此时匿居渭南，遂诱之为乱。清朝派胜保剿办，无功。赐自尽，改派多隆阿。回众被驱入甘肃。于是固原、平凉和宁夏一带，"回乱"大炽。回酋马化龙，居金积堡，白彦虎居董志原，为其首领，陕西北部的游勇、土匪，亦都由叛回接济，到处糜烂。叛回又派遣徒党，四出招诱。于是回酋妥得璘，以一八六四年，据乌鲁木齐。旋陷吐鲁番。据南路八城。至一八六六年，遂陷伊犁和塔尔巴哈台。其时汉人亦有起兵自卫的，以徐学功为最强。而浩罕又把兵借给张格尔的儿子布苏格，令其入据喀什噶尔。一八六七年，布苏格为浩罕之将阿古柏帕夏所废，自称喀什噶尔汗，和徐学功联合，合攻乌鲁木齐，妥得璘走死。地皆入于阿古柏。于是阿古柏想联合回教徒，在中、英、俄三国之间，建立一国。因徐学功的内附，介之以求封册，而通使于英、俄和土耳其。先是伊犁危急时，将军明绪、荣全，都想借助于俄。俄人卒未之应。及阿古柏陷北路后，俄人因与回众冲突，于一八七一年，占据伊犁。然仍与阿古柏订立《商约》。英人则更想扶助之以拒俄。英国的公使，亦替他向中国代求封册。

时中国以左宗棠督办陕甘军务。因追剿捻匪，无暇顾及"回乱"，所以陕、甘两省，更形糜烂。到一八六八年，捻匪平了。宗棠乃回到西安，先出兵肃清陕西，进取甘肃。甘回分扰陕西，宗棠又回兵定之。至一八七二年，而甘肃自黄河以东皆定。马化龙被杀，宗棠又进兵河西。一八七三年，河西亦定。白彦虎走归阿古柏。

其时英人仍为阿古柏祈请，而中国亦有因军费浩大，主张以南路封之的，左宗棠力持不可。一八七五年，乃以宗棠督办新疆军务。宗棠任刘锦棠，先进兵北路，一八七六年，复乌鲁木齐。明年，遂克辟展，进取吐鲁番。其时浩罕已为俄国所灭，而南路缠回，亦和阿古柏不洽。阿古柏穷蹙，乃饮药自杀。其子伯克胡里，仍据喀什噶尔，而白彦虎则据开都河，以拒华军。一八七八年，刘锦棠又进兵定之。两人都逃入俄国。于是天山南、北路皆平。而伊犁仍为俄人所据，而中、俄的交涉遂起。

从一七五九年，天山南、北路平定以来，中国西北数千里，都和俄国接界，而地界则自一七二八年以后，迄未重定。所以中俄边界，西方仍只规定至沙宾达巴哈为止。一八六〇年的《北京条约》，订明"西疆未定之界，应顺山岭大河，中国常驻卡伦，自沙宾达巴哈往西至斋桑淖尔，自此西南，顺天山之特穆图淖尔，南至浩罕边界为界"，此约之误，在"常驻卡伦"四字。其后一八六四年，明谊和俄人订立界约，就把乌里雅苏台以西之地，丧失一大段了。明谊之约既定，科布多、乌里雅苏台、塔尔巴哈台所属，均由中国派员，于一八六九、一八七〇两年间，与俄会立界牌鄂博，而伊犁属境，始终未及勘定。

所以中国此时，所重要的，实仍在划界问题。划界既定，则伊犁不索而自回；若但索一个伊犁城，就是走的下着了。而中国当日，派出一个全不懂事的崇厚，到俄国去会议。不但在地界上损失甚巨，别一方面的损失，更其不可思议。议既定，中外交章论劾。主战之论大盛。郭嵩焘上书力争，论乃稍戢。于是改派曾纪泽使俄。于一八八〇年，与俄重定条约，总算把崇厚的原约，争回了些。然而其所损失，业已很大了。

要明白中、俄的《伊犁条约》，先得知道前

此的中、俄《陆路通商章程》。原来俄国人对于东北，固然要想侵略，而其对于蒙古，亦是念念不忘的。于是《北京条约》立后，俄人又要求到京城通商；又要在蒙古地方，随意通商；又要在张家口设立行栈、领事。且借口陆路运费贵，定税不肯照海口一律。于是于一八六二年，订立《陆路通商章程》。一八六五、一八六九两年，又两次修改。准（一）俄人于两国边界百里之内，均无税通商。（二）中国设官的蒙古地方和该官所属的盟、旗，亦许俄人随意通商，不纳税。其未设官的地方，则须有俄边界官执照，方许前往。（三）由陆路赴天津的，限由张家口、东坝、通州行走。（四）张家口不设行栈，而准酌留货物销售。（五）税则许其三分减一。中国这时候，于商务的盈亏和税收，都不甚措意。所最忌的，是外人的遍历内地。所以所兢兢注重的，全在乎此。

崇厚原约，收回伊犁之地，仅广二百里，长六百里；曾纪泽改订之约，则把南境要隘，多索回了些；而原约偿款五百万卢布，改至九百万。肃州、吐鲁番两处，均许设领事。原约尚有科布多、乌里雅苏台、哈密、乌鲁木齐、古城五处。改约订明俟商务兴旺再议。而将蒙古的贸易，扩充至不论设官未设官之处，均准前往。凡设领事之处和张家口，都准造铺房行栈。而天山南北路通商，亦许暂不纳税。此约虽较原约为优，然所争回的地界，亦属有限；而后来定立界牌，于约文之外，又有损失。西北的境界遂大蹙，而蒙、新两方面，自此以后，亦就门户洞开了。

当曾纪泽使俄时，俄人持原议甚坚。其舰队又游弋辽海以示威。中国亦召回左宗棠，命刘锦棠代主军务。李鸿章在天津设防。后来总算彼此让步，把事情了结了。中国知道西北情势的危急，乃于一八八二年改新疆为行省。

清 沈铨 松梅双鹤图（局部）

第十三章 晚清的政局

中国地方大而政治疏阔，要彻底改变，是很不容易的。所以一朝中衰之后，很难于重振。何况清朝，从道光以来，所遭遇的，是千古未有的变局。然而这时候，清朝还能削平内难，号称中兴，这是什么理由呢？这都是汉人帮他的忙。

清朝人满、汉之见，是很深的。从道光以前，总督用汉人的很少，专征更不必论了。到咸丰初年，而局面一变。清仁宗中岁以后，是信任曹振镛的。振镛的为人，琐屑不知大体。宣宗则初任曹振镛，后相穆彰阿。穆彰阿是个柔佞之徒。鸦片战争之役，他竭力主持和议。旧时人的议论，有诋为权奸的。其实他哪里说得上权奸？不过坐视宣宗的轻躁，而不能匡正罢了。宣宗死于一八五〇年，子文宗继立。文宗在清代诸帝中，汉文的程度号称第一，亦颇有志于图治。这时候，正值海疆多事，太平军又已起兵之际，时事很为艰难。文宗乃罢斥穆彰阿、耆英，昭雪林则徐、达洪阿、姚莹等。又下诏求直言。曾国藩、倭仁等，都应诏有所论列。海内翕然，颇有望治之意。此时因内外满员，多属昏聩庸懦，不足任用。军机大臣文庆，力言于帝，说要重用汉人。文宗颇能采纳。这是咸、同时代，所以能削平内乱的根本。

专制政体，把全国的事情，都交给一个人做主。于是这一个人的智愚仁暴，就能使全国的人民，大受其影响。而君位继承之法，又和家族中的承继，并为一谈。于是家庭间的争夺，亦往往影响于国事。这是历代都是如此的,到晚清仍是其适例。清文宗因时事艰难,图治无效,意思就倦怠了。其宗室中,载垣、端华、肃顺,因此导之以游戏,而暗盗政权。军机拱手而已。一八六〇年,文宗因英、法联军进逼,逃到热河。英、法兵退了,群臣都恳请回銮,载垣等以在热河便于专权,暗中阻止。明年,文宗就死在热河。文宗皇后钮祜禄氏无子,贵妃叶赫那拉氏,生子载淳,是为穆宗。年方六岁。载垣等宣布遗诏,自称赞襄政务大臣。叶赫那拉氏和奕䜣等密谋回銮。到京,便把载垣、端华、肃顺执杀。于是尊钮祜禄氏为母后皇太后,叶赫那拉氏为圣母皇太后,同时垂帘听政。而实权都在那拉氏。

载垣等三人之中,肃顺颇有才具。重用汉人之议,肃顺亦是极力主张的。那拉后、奕䜣,虽和肃顺是政敌,却于此点能遵循而不变。当时沈桂芬、李棠阶等,尽忠于内;湘淮诸将,戮力于外,所以能把内难削平。内难既定之后,那拉后渐渐地骄侈起来。穆宗虽是那拉后所生,却和钮祜禄后亲昵。一八六九年,那拉后所宠的太监安德海,奉后命到广东。路过山东,山东巡抚丁宝桢,把他捉起来,奏闻。清朝的祖制,太监不准外出,出宫门便要处死的。那拉后无可如何,只得许其照办。有人说:此事实是穆宗授意的。从此母子之间,更生隔阂。一八七二年,穆宗将立皇后。钮祜禄氏属意于尚书崇绮之女阿鲁特氏。

那拉后欲立凤秀之女富察氏，相持不能决。乃命穆宗自择。穆宗如钮祜禄后之意，那拉后大怒。大婚之后，禁止穆宗和皇后同居。穆宗郁郁，遂为微行，因以致疾，于一八七四年病死。宫中讳言是出天花死的。

清朝当高宗时，曾定立嗣不能逾越世次之例。穆宗死后无子，照清朝的家法，自应在其侄辈中选出。但如此，那拉氏便要做太皇太后，未免位高而无权。加以醇亲王奕𫍯的福晋，是那拉氏的妹妹。所生的儿子载湉，就是那拉氏的外甥。于是决意迎立了他，是为德宗。年方四岁，两宫再垂帘。钮祜禄氏虽然无用，毕竟是嫡后，那拉氏终有些碍着她。一八八一年，钮祜禄后忽然暴死。那拉氏从此更无忌惮。宠太监李莲英。罢奕䜣，而命军机大臣遇事和奕𫍯商办。卖官鬻爵。把海军衙门经费，移修颐和园。一八九一年，德宗大婚亲政。然实权仍都在那拉后之手，因此母子之间，嫌隙更深。遂成为戊戌政变的张本。

中国当道、咸之世，很不愿意和外人交接。被迫通商，实在是出于无奈。同治初年，还是这等见解。所以当时欧美各国来求通商，还是深闭固拒。但是到后来，迫于无可如何，也就只得一一和他们订约了。至一八六七年，总署乃奏派志刚、孙家毂及美人蒲安臣等出聘有约各国。在美国订约八条。在欧洲各国，则申明彼此交涉。当以和平公正为主，不可挟持兵力，约外要求。这实在是中国外交更新的第一声。惜乎后来未能继续进行。至于改革，前此是说不到的。同治以后，湘淮军中人物，主持政事。他们都是亲身经历，知道西洋各国，确有其长处，我们欲图自强，是万不能不仿效的。于是同文馆、广方言馆、制造局、船厂、水师和船政学堂，次第设立。轮船、电报、铁路、邮政、新法采矿等，亦次第兴办起来。但所学的，都不过军械和技艺的末节，这断不足以挽回国势，而自进于世界强国之林。而且当时还有顽固守旧之士，听说要造铁路，就说京津大路，从此无险可守的。闻同文馆将招正途出身的人学习，就以为于人心士气，大有关系的。又有一种不谙国际情势，而专唱高调，自居于清流之列的。在民间，则因生产方法之不同。而在经济上渐渐受外国的侵削。而大多数平民，依旧是耕凿相安，不知道今日是何世界，即读书人亦是如此。这都是几千年以来的积习，猝难改革，而外力却愈逼愈深，就演成晚清以后种种的事变。

第十四章 中法战争和西南藩属的丧失

藩就是藩篱的意思。中国历代,所谓藩属,是外国仰慕中国的文明,自愿来通朝贡;或者专制时代,君主好大喜功,喜欢招徕外国人来朝贡,以为名高,朝聘往来,向守厚往薄来主义。从不干涉人家的内政,或者榨取什么经济上的利益。在国计民生上,是无甚实益的。所以历代的政论家,多以弊中国、事四夷为戒。然当帝国主义侵略的时代,有一藩属,介居其间,则本国的领土不和侵略者直接,形势要缓和许多。所以当此时代,保护藩属,实在是国防和外交上的要义。然而中国却不能然,藩属逐渐沦亡,本国的边境也就危险了。

西南的属国,后印度半岛三国最大。当十八世纪的前半,尚在五口通商之前,安南和缅甸即已和英、法有接触。旧阮为新阮所灭后,其遗族遁入暹罗。后来借暹罗和法国的助力,于一八〇二年灭新阮,仍受封于中国,为越南国王。当越南人借助于法时,曾和法国人立有草约。许事定后割化南岛,租借康道耳岛,并许法人自由来往居住。后因法国发生革命,此约未曾签字。越南复国后,但许法人来往居住,而未曾割地,其历代君主,又多仇视外人。因此,当中国订立

《天津条约》之年,法国和西班牙就联兵入广南。明年,陷下交趾。越南无力抗拒。于中国订立《北京条约》之后二年,和法国立约:割边和、嘉定、定祥三州及康道耳群岛。一八六七年,法、越又因事启衅。法人取永隆、安仁、河仙三州。下交趾遂尽为法有。这时候,马如龙因平回乱,使法商秋毕伊购买军械。秋毕伊发见溯航红河,可通中国,遂于一八七二年,强行通航。因此又和越南启衅。法人占据河内、北宁一带。先是太平天国亡后,其将吴琨占据越南边境,其后分为黄旗兵和黑旗兵,而黑旗兵较强。越南人乃结其首领刘义以拒法。把法国的兵打败!法人乃和越南结约:声明越为自主之国。割下交趾属法。从红河至中国云南的蒙自,许法人自由航行。而撤河内一带的驻兵。时为一八七四年。法人以此约照会中国。中国不承认越南自主,提出抗议。法人置诸不理,仍和越南订结《通商条约》。

其缅甸和英国的冲突,则起于一八二四年。先两年,阿萨密内乱,缅人据其地。阿萨密求救于英。英印度总督,遂于是年出兵,据仰光。缅人连战不胜。乃于一八二六年,和英人议和。割阿萨密、阿刺干、地那悉林与英,许英人订约通

商。到一八五一年，又因商人受虐起衅。缅甸再割白古以和。自此缅人没有南出的海口，伊洛瓦底江流域贸易大减，国用日蹙。缅人屡图恢复，终无成功。

廓尔喀、不丹、哲孟雄，都是西藏南方的屏蔽，而哲孟雄尤为自印入藏要途。当林则徐烧烟之年，英人已向哲孟雄租得大吉岭之地。到英法联军入北京的一年，又取得哲孟雄境内铁路敷设之权。于是西藏藩篱渐撤。缅甸和西藏都是和云南接界的，英人遂固求派员从印度入云南探测，总署不能拒，于一八七三年允许了他。明年，英国的印度总督，遂派员前往，英使威妥玛又遣参赞从上海溯江往迎。又明年，至腾越厅属的蛮允，被杀。印度所派武员续至，亦被人持械击阻，退入缅甸境。中国派员入滇查办。说英国参赞是野匪所杀，击阻印度所派探测队，是南甸都司李珍国主谋。而英人定说系大员主使。威妥玛因此出居芝罘，交涉几至决裂。乃由李鸿章追踪往议。于一八七六年定约：中国许滇缅通商。开宜昌、芜湖、温州、北海四口。重庆许英派员驻扎，查看川省英商事宜，俟轮船能驶抵重庆时，再议英国商民在彼居住及开设行栈之事。大通、安庆、湖口、武穴、陆溪口、沙市，均准英商停轮，上下客商货物。而另订专条，许英派员由北京，或历甘肃、青海，或自四川入藏抵印，探访路程；或另由藏、印交界，派员前往。这一次条约，英人因一参赞之死，所得亦不可谓之薄了。

《芝罘条约》订后六年，即一八八二年，法人复和越南启衅，陷河内。越南始来求援。中国遂由云南方面派兵入越南。这一年冬天，法国公使到天津，李鸿章和他商议：彼此撤兵划河内为界，北归中国，南归法国保护。红河许各国通航，而中国在劳开设税关。法使无异议。鸿章命驻法公使曾纪泽和法外交部订约。因法国求偿军费，不决。明年，法兵攻顺化。越南立约，许受法国保护。时中国方面，李鸿章主和，而彭玉麟等主战，清廷初以鸿章节制两广、云、贵军务。旋移鸿章督直隶，代以玉麟，而命滇、粤出兵。越南亦因政变，否认保护之约，战端遂启。旋云南、广西兵入越南的，战皆不利。乃复由李鸿章在天津和法使议定和约：中国许撤兵，承认法越前后条约。唯不得碍及中朝体制，而法允不索兵费。旋因撤兵期误会，中、法兵冲突于北黎。法人复要求赔偿兵费一千万镑。中国已批准草约，而此议仍不能决。法人乃欲占据一地，以利谈判。命其海军攻基隆，而致最后通牒于中国，将偿金减为三百二十万镑，限四十八小时答复。中国亦停止商议。而正式的战事以起。

时北洋方面，主持外交军事的是李鸿章。鸿章是顾虑国力，始终不愿启衅的，所以电令在福建方面的张佩纶等，勿得先行开衅。我福州的海军，遂为法所袭击。兵舰十一艘沉其九，船政局和马尾炮台都被毁。明年，法舰又入黄海，封锁宁波口，破镇海炮台。又南陷澎湖。其陆军亦破谅山，陷镇南关。然刘铭传弃基隆而守淡水，法军进攻，卒不能克。其海军大将孤拔，又因伤而死。而广西提督冯子材，亦大破法兵于镇南关，长驱复谅山。云南岑毓英的兵，亦击破法兵，进逼兴化。乃由英国调停。由李鸿章在天津，再与法国立约：（一）法越条约，中国悉行承认。唯中越往来，不得有碍中国威望体面，然亦不致有违此次之约。（二）画押后六个月，派员查勘边界。（三）中国边界，指定两处通商。后来界约和商约，于一八八七年成立。广西开龙州，云南开蒙自和蛮耗。中国货入越南的,照海关税则,减十分之四。越南货入中国的,则减十分之三。

缅甸自十八世纪以来,时有内乱。当一八八二年时,法人曾与结密约,允代监禁缅甸要争位的王族,而缅甸人许割湄公河以东属法。明年,此约宣露。英人大惊。乃于一八八五年,乘中法多事之秋,发兵陷蒲甘。遂陷旧都阿瓦和新都蛮得。俘其王,致诸印度。缅甸遂亡。中国和英交涉,英人说缅甸史籍,但称馈赠中国礼物,并无入贡明文,不肯承认缅甸为中国藩属。后来又说缅甸曾和法国立约,倘使仍立缅王,《法约》即不能废,欲由缅甸总督派员来华。这时候,英人将实行《芝罘条约》,派员由印入藏。中国欲杜绝此事。乃于一八八六年,和英人订立《会议缅甸条款》:(一)中国承认英在缅政权。(二)每届十年,由缅甸总督选缅人入贡。(三)彼此会勘边界,另议通商专章。(四)而将派员入藏之事停止。

当英人初并缅甸时,因虑缅人不服,而中国从中援助,所以愿允中国展拓边界,并允将大金沙江,作为两国公共河流。中国要求八莫,英人未允,而允另勘一地,由中国设官收税。曾纪泽在英和英国外部互书《节略》存案,后来中国迁延未办。到一八九二年,薛福成再向英国提起,英国人就说《节略》在一八八六年条约之前,不肯承认。一八九四年,福成和英国订立《续议滇缅界务商务条款》:(一)所谓展拓边界者,遂仅允以北丹尼、科干之地归我。两属的孟连、江洪,上邦之权,仍归中国。唯未经与英议定,不得让给他国。(二)中国运货和运矿产的船,得在大金沙江行走。税钞和一切事例,与英船同。(三)其出入货品,照海口减税十分之三,或十分之四，则和法、越之约一律。中国的边界，向来是全不清楚的。当初和英国议界时，曾要求腾越所属汉龙、天马、虎踞、铁壁四关。汉龙、天马本无问题。虎踞、铁壁，照云南省的地图，亦均在中国界内。英人以为必不致误，遂许照原界分划，后来实行查勘，才知道二关久为缅占，英人遂不肯归还。而汉龙、天马虽许归还，汉龙又不知所在，于此约中订明"由勘界官查勘；若勘得在英国界的，可否归还中国，再行审量"，岂非笑柄？而此约所定之界，于北纬二十五度三十五分以北，又未能分划，订明俟将来再定，遂为后来英人占据片马的根本。

《英约》所以订明孟连、江洪，不得割让他国，所防的是法国。法国既并越南之后，就想侵略暹罗。暹罗在后印度半岛三国中，是最能入西方文化的，所以未致灭亡。然靠他独拒英、法，自然力亦不足。一八九三年，法人以湄公河东曾属越南为口实，向暹罗要求割让，暹罗不能拒。而中国车里辖境，亦大半在湄公河以东，法人以划界为请，遂于一八九五年，订立《续议商务界务专条》《商务专条》：（一）改蛮耗为河口，添开思茅。（二）云南、两广开矿，先向法人商办。（三）越南已成或拟设铁路，可接至中国境内。《界务专条》，法人亦多所侵占，而其中猛乌、乌得，实在江洪界内，亦割归法国，英人乃于其明年，与法国订立协约，放弃江洪，定以湄公河为两国势力范围界线，湄南河流域为中立之地。然后向中国提出违约割弃江洪交涉。于是一八九七年，中国再和英国订立《中缅条约附款》。照一八九四年之约，地界又有变动。而（一）申明现存孟连、江洪之地，不得割让。（二）驻蛮允领事，改驻腾越或顺宁，并得在思茅设领。

（三）云南如修铁路，即允与缅甸铁路相接。（四）添开梧州、三水、江根墟。（五）许英人航行香港、广州至三水、梧州。（六）江门、甘竹滩、肇庆、德庆，均准上下客商货物。（七）北丹尼、科干，均割属英国。（八）而将查勘汉龙关一节取消。

虽然如此，西藏问题，仍未得平安无事。当一八八六年条约订定时，英国所派入藏队伍，仍未即折回。藏人乃于边外隆吐山，修筑炮台以御英。英人以地属哲孟雄，和中国交涉。总署行文驻藏大臣开导，藏人不听。至一八八八年，遂被英兵逐回。一八九〇年，乃由驻藏大臣升泰在印度和英人订立《藏印条约》：（一）承认哲孟雄归英保护。（二）藏哲通商等事，于批准后六个月会商。至一八九三年，乃成《接议印藏条约》。订开亚东关。而西藏人拒不肯行，遂为一九〇四年英兵侵藏张本。

于此还有一事，也是因英法侵略西南而引起的。葡萄牙人借居澳门，本来按年纳租，到一八四九年，才借口其头目哑吗嘞被杀，抗不交纳。一八六二年，葡人请法国介绍，和中国订立条约。因为澳门问题，未能互换。法、越事起，葡人自称系无约之国，可以不守局外中立之例。中国人怕他引法国兵船从澳门侵入，颇敷衍他。后来事情也就过去了。而鸦片从五口通商以来，就不再提禁止之事。一八五五年至一八五六年间，东南各省，且纷纷抽厘助饷。一八五八年，桂良、花沙纳在上海所议《通商章程》，订明每百斤抽税三十两。并订明运入内地，专属华商。如何抽税，听凭中国办理。《芝罘条约》又订定厘税在海关并征。而所征之数，仍未能定。后来彼此争执。直到一八八三年，才于《芝罘条约续增专条》，定为每百斤征收厘金八十两。而缉私问题又起。英人借口澳门若不缉私，香港亦难会办。中国不得已，和葡人先定《草约》四款，许其永居管理澳门。然后于一八七七年正式订立条约，遂成割澳门以易其缉私之局了。而澳门割让以后，界址又未能划定，不但陆地多所侵占，一九一〇年议界时，葡人并要求附近大、小横琴诸岛屿，我国坚持不许。迄今尚为悬案。

第十五章 中日战争

使中国历史大变局面的，前为鸦片战争，后为中日战争。

欢迎西学，而畏恶西教；西人挟兵力以求通商，则深闭固拒，以致危辱；到外力的压迫深了，才幡然改图，以求和新世界适应，这是欧人东略以后，东洋诸国所同抱的态度。而日本因缘凑合，变法维新，成功得最快，遂转成为东方的侵略者。

中国在明代，受倭寇之患是很深的。所以清开海禁以后，仍只准中国人去，而不准日本人来。而且对于日本，戒备之情很深。在一八六八年以前，实无国交之可言。这一年，日本明治天皇立，和各国订立条约。乃于其明年，遣使到中国来请立约。这时候，中国对于外国，还有深闭固拒之心。所以总署对于日本之请，是议驳的。一八七一年，日人复遣使臣前来。总署令其另派大臣再议。其时疆臣仍以倭寇为言，奏请拒绝的。朝命曾国藩、李鸿章筹议，二人都说不可。拒绝之议乃罢。由李鸿章与立《修好规条》和《通商章程》：（一）领事裁判权，彼此都有。（二）进口货照海关税则完纳；税则未载明的，则值百抽五；亦彼此所同。

（三）内地通商，明定禁止。都和泰西各国不同。明年，日本就派人来，要想议改。鸿章说约未换而先议改，未免失信贻笑，把他拒绝。

琉球是两属于中日之间的。一八七一年，琉球人遭风漂至台湾，为生番所杀。一八七三年，日本小田县民漂至，又被杀。这一年，日本副岛种臣来换约，命其副使柳原前光诘问总署。总署说："琉球亦我属土。属土之民相杀，与日本何预？小田人遇害，则没有听见。"又说："生番是化外之民。"日本人说："既如此，我们将自往问罪。"又争琉球是日本属国。彼此议不能决而罢。明年，日本派兵攻台湾。又派柳原前光到中国来，说系问罪于中国化外之地。中国声教所及，秋毫不犯。中国派沈葆桢巡视台湾，调兵渡海。日人气馁。其兵又遇疫。乃由英使调停，在津立专约三款：中国恤日本难民家属银十万两，偿还日本修筑道路房屋之费银四十万两了事。一八七九年，日本竟灭琉球，以为冲绳县。中国和他交涉，迄无结果。

朝鲜离中国，本较日本为近；其文化程度，实亦较日本为高。不幸欧人东略之时，适值其国党争积弱之际，遂致一蹶不振。当清朝同、光之际，正值朝鲜国王李熙初立之时。其父昰应摄政。昰应为人，颇有才气，而智识锢蔽，持闭关主义甚坚。欧美诸国去求通商，辄遭拒绝，各国来告中国。中国辄以向不干预朝鲜内政答之。在中国的习惯，固然如此。然和国际法属国无外交之例，却是相悖的。日人乘此机会，一八七六年，用兵力强迫朝鲜立约通商，约文中竟订明朝鲜为独立自主之国。这时候，李鸿章主持中国外交，主张引进各国势力，互相牵制，乃劝朝鲜和美、英、法、德，次第立约。约文中都申明朝鲜为中国属邦。然和属国无外交之例，仍属相悖。这时候，李熙已亲政。其妃闵氏之族专权。昰应失职怏怏。一八八二年，朝鲜因聘日武官教练新兵，被裁的兵作乱，焚日使馆，复拥昰应摄政。驻日公使黎庶昌，急电直隶总督张树藩。树藩立遣提督丁汝昌督兵船前往。总署又派吴长庆率兵继往。代定其乱，执昰应以归。这一次，日本亦派兵前往，而较中国兵迟到，所以于事无及。事定之后，吴长庆遂留驻朝鲜。这时候，朝鲜分为事大、独立两党。在朝的事大党，以王妃闵氏之族为中心。一八八四年，独立党作乱。为吴长庆所镇定。日公使自焚其使馆，说是我兵炮击他的。明年，日本派伊藤博文来，和李鸿章在天津立约：（一）两国均撤兵。（二）勿派员教练朝鲜兵士。（三）朝鲜有变乱事件，两国派兵，均先行文知照，事定仍即撤回，中国和日本，对朝鲜遂立于同等地位了。其明年，出使英、法、德、俄大臣刘瑞芬建议，和英、美、俄诸国立约保护朝鲜。李鸿章颇赞成之，而总署持不可，其议遂罢。

一八九四年，朝鲜东学党作乱。全罗道求救于我。李鸿章派叶志超率兵前往。未至而乱已平。日兵亦水陆大至，屯据京城。鸿章责其如约撤兵，日本不听，而要求中国共同"改革"朝鲜内政。中国亦拒绝。日使大鸟圭介，遂挟众入朝鲜王宫。诛逐闵氏之党。复起昰应摄政，派兵屯据朝鲜要害。李鸿章知道中国兵力是靠不住的，不欲轻于言战。遍告英、俄、德、法、美诸国，希望他们出来调停，而事终不就。中国租英船运兵，为日本所击沉。中国主战派纷纷责备鸿章。中国乃正式宣战。

时中国续派左宝贵等赴朝鲜，而前所派的叶志超等，已为日本所袭败，退至平壤。日兵来攻诸军败绩。左宝贵死之，海军亦败绩于大东沟，自此蛰伏威海不能出。日人遂纵横海上。宋庆总诸军守辽东。日兵渡鸭绿江，连陷九连、安东。庆退守摩天岭。日兵遂陷凤凰城、宽甸、岫岩。其第二军又从貔子窝登陆，陷金州。进陷大连湾，攻旅顺。宋庆把摩天岭的防守交给聂士成,自统大军往救,亦不克。旅顺又陷落,于是中国仅以重兵塞山海关至锦州。而日兵又分扰山东。自成山登陆,陷荣城,攻威海。海军提督丁汝昌以兵舰降敌,而自仰药死。山东巡抚李秉衡,自芝罘退守莱州。日兵复陷文登、宁海。明年二月,日兵并力攻辽东,陷营口、盖平、海城。辽阳、沈阳,声援俱绝。其舰队又南陷澎湖,逼台湾。于是中国势穷力竭,而和议以起。

当旅顺危急时,中国即派德璀琳赴日议和。后又改派张荫桓、邵友濂,均给日本拒绝。乃改由李鸿章自往。日本要求驻兵大沽口、天津、山海关,方行停战。鸿章不许。而日人持之甚坚。鸿章乃请缓停战,先议和。议未定,鸿章为刺客所伤,日人惭惧,乃定停战之约。旋议定《和约》十款。其中重要的:(一)中国认朝鲜自主。(二)割让奉天南部和台湾、澎湖。(三)赔款二万万两,分八次交清。(四)换约后订立《通商行船条约》《陆路通商章程》,均以中国与泰西各国现行约章为准。(五)添开沙市、重庆、苏州、杭州。(六)日军暂占威海,俟一二次赔款缴清;通商行船约章批准互换;并将通商口岸关税,作为余款及利息的抵押;方行撤退。此约割地之多,赔款之巨,不待更论。通商行船。一照泰西各国条约,是日本求之多年而不得的。而(七)约中又订明"日本臣民,得在中国通商口岸城邑,从事各项工艺制造;又得将各项机器,任便装运进口",则又是泰西各国,所求之而不得的。从此以后,中国新兴幼稚的工业,就更受帝国资本主义的压迫,求自振更难了。

约既订,台湾人推巡抚唐景崧为总统,总兵刘永福主军政,谋自立。旋因抚标兵变,景崧出走,台北失陷。永福据台南苦战,亦以不敌内渡,台湾遂亡。

其奉天南部之地,则因俄、德、法的干涉而还我。三国当时由驻使照会日本外部,以妨碍东洋平和为辞,劝日本将辽东归还中国。日人得照会,急开御前会议,筹商或许,或拒,或交列国会议。多数主张第三策。而其外相大为反对,说:"列国会议,各顾其私,势必不能以辽东问题为限,全部条约都要生变动了。"于是日人运用外交手腕,请美国劝俄国不必干涉。又求英国援助,愿意给予报酬。英、美都不肯援助。日本再和俄国交涉,愿意归还辽东,但求割一金州,俄人亦不许。日人不得已,乃照三国的要求,径行承诺。而要求我出偿款一万万两。后由三国公议,定为三千万两。由李鸿章和日人另订《交还辽东条约》,把拟订陆路章程之事取消

北宋 范宽 烟岚秋晓图（局部之一、二、三）

第十六章 《中俄密约》和沿海港湾的租借

从鸦片战争到中日战争，为时恰好半世纪。这半世纪之中，中国藩属的丧失和本国权力的被剥削，其情形也可谓很危急了，然而中日战争以后，还有更紧张的局势。

当中日战争时，李鸿章知道兵力的不足恃，本想借别国之力牵制日本的。这时候，别国中对远东有野心的，自然以俄国为最。所以后来三国的干涉还辽，亦以俄国为主动。前门拒虎，后门进狼，当帝国主义横行之日，哪里有仗义执言之举？果然，辽东甫行归还，而俄国的要索继起，一八九六年，俄皇尼古拉二世举行加冕礼。俄人示意总署，要派李鸿章为贺使。鸿章到俄，俄人遂以援助中国等甘言相诱，订立所谓《中俄密约》。其条件是：

（一）日本如侵占俄国亚洲、中国、朝鲜的土地，两国应将所能调遣的水陆各军，尽行派出，互相援助。军火粮食，亦尽力互相接济。

（二）当开战时，如遇紧要之事，中国各口岸，均准俄兵船驶入。

（三）许俄国西伯利亚铁路，经黑、吉以达海参崴。由中国国家交华俄银行承办。俄国于照前款御敌时，可由此运兵、运粮、运械；平时亦得运过境的兵粮。

此项条约，系属攻守同盟性质，以我国兵力之弱，俄人果何所利而与我联合呢？则其意之所在，不言可知了。李鸿章当时亦深虑俄人借此以行侵略，所以对于铁路，由俄国国家承办，竭力反对。然而后来中国和俄国订结的《华俄道胜银行契约》，仍给该银行以收税、铸币、建筑铁路、架设电线之权。契约立后，复与该银行订立《东省铁路公司契约》，又给以开矿和设警之权。其非单纯承造铁路的公司，又不言可知了。

"势力范围"这个名词，本起于欧人分割非洲之际。倘使要实行分割，这预定的势力范围，便是分割时的界线。这真是个不祥的名词，如何竟会使用到中国领土上来呢？列国在中国的所谓势力范围，以要求某某地方不割让为保证，而以各于其中攘夺筑路开矿的权利为第一步的侵略。其事起于一八九五年的《中法续议商务界务专条》，已见第十四章。此次《界务专条》中，把前此许英人不割让的江洪，割让了一部分，于是又有一八九七年的《中缅附约条款》。其事亦已见十四章。而法人遂于是年，要求我国宣言海南岛不得割让他国。至此，则干涉还辽的俄、法两国，都已得有报酬，唯德国尚抱向隅。

这一年冬天，山东巨野县杀掉两个德国教士，德国遂以兵舰闯入胶州湾。明年，强迫中国立《租借胶州湾条约》：（一）以九十九年为期。（二）胶济铁路，由德承造。其由济往山东边界，与中国自办干路相接，则俟造至济南后再商。（三）铁路附近三十里内煤矿，许德开采。（四）山东各项事务，如用外国人、外国资本、物料，均先和德商办。山东全省俨然成为德国的势力范围了。

于是俄人起而租借旅顺、大连湾，其租期为二十五年；并准东省铁路，展筑支线。英人亦起而租借威海卫，其租期和旅、大一样；又立《展拓香港界址专条》，租借香港后面九龙地方，亦以九十九年为期；并要求长江流域各省，不得割让他国。法人亦要求两广、云南不割让。日人亦要求福建省不割让。这都是一八九八年的事。其明年，广东遂溪县杀害法国的武官和教士，法人又以兵船闯入广州湾，迫我立租借之约，亦以九十九年为期。

中国当甲午以前，筑路的阻力是很大的。甲午以后，却渐渐地变了。于是有筑芦汉、津镇两大干线之议。而芦汉一线，遂成为各国争夺的起点。此时争中国路权的，英、美、德为一派，俄、法为一派。芦汉铁路的终点，在英国势力范围之内。倘使由俄、法承修，一定要为英人所反对，所以由比国出面，于一八九八年，成立契约。然

北宋 王诜 东坡赤壁图（局部）

而其内容是俄国，谁不知道？于是英人又要求（一）津镇。（二）河南到山西。（三）九广。（四）浦信。（五）苏杭甬五路。同时俄人要求山海关以北的铁路，全由俄国承造。英人又捷足先得，和中国订定了从牛庄到北京的铁路承造契约。英、俄两国，鉴于形势的严重，乃于一八九九年，在圣彼得堡换文。英国承认长城以北铁路归俄，俄国承认长江流域铁路归英。同时，英、德由银行团出面，在伦敦订立条文。英国承认山东和黄河流域，为德国势力范围。但除外：山西铁路，可与正定以南的京汉路相接，并再展筑一线，以入于长江流域。德国承认山西省、长江流域及江以南各省为英国势力范围；而津浦铁路，遂由英、德两国，分段承造。

如此，中国竟要成为俎上之肉，任人宰割了。在中国，自然更无抵抗之力。然而列强的分赃，也很难得均匀。倘使因分赃不均，而引起冲突，中国固然很糟，列国亦有何利？况且其中还有在中国并无所谓势力范围的，岂非独抱向隅？于是美国的国务卿海约翰，于一八九九年，向英、俄、德、法、意、日六国通牒，要求在中国有势力范围之国都承认三个条件：

（一）各国对于中国所获利益范围，或租借地域，或他项既得权利，彼此不相干涉。

（二）各国范围内各港，对他国入港商品，都遵中国现行海关税率课税，由中国征收。

（三）各国范围内各港，对他国船舶所课入口税，不得较其本国船舶为高。铁道运费亦然。

这就是所谓门户开放主义。门户开放，无非各国维持其对中国条约上已得的权利。倘使中国的领土而有改变，条约上的权利，不能维持，自然无待于言，所以又必连带而及于保全领土。这就是所谓均势。势力范围，固然是瓜分的代名词，固然很危险，借均势而偷安，亦岂是长久之道？在这种情势之下，无怪中国人要奋起而求自己解决自己的问题了。

第十七章 维新运动和戊戌政变

中国的变法，并不是和外国人接触了，才有这问题的。一个社会和一个人一样，总靠新陈代谢的作用旺盛，才得健康。但是总不能无老废物的堆积。中国自秦汉统一之后，治法可以说是无大变更。到清末，已经两千多年了，各方面的积弊，都很深了。便是没有外人来侵略，我们种种治化，也是应当改革的。但是物理学的定例，物体静止的，不加之以力，则不能动，社会亦是如此。所以我们近代的改革，必待外力的刺激，做一个诱因。

中国受外力刺激而起反应的第一步，便是盲目的排斥，这可谓自宋以来，"尊王攘夷"思想的余波。排斥的目的，已经非是，其手段就更可笑了。海通以后，最守旧的人，属于这一派。其第二步，则是中兴时代湘淮军中一派人物。大臣如曾国藩、李鸿章，出于其幕府中的，则如薛福成、黎庶昌之类。此派知道闭关绝市是办不到的。既已入于列国并立之世，则交际之道，不可不讲，

内政亦不得不为相当的改革。但是他们所想仿效他人的，根本上不离乎兵事。因为要练兵，所以要学他们的技艺；因为要学他们的技艺，所以要学他们的学术；因此而要学他们的语言。如此，所办的新政虽多，总不出乎兵事和制造两类。当这世界更新，一切治法，宜从根本上变革的时候，这种办法，自然是无济于事的。再进一步，便要改革及于政治了。

但是从根本上改革，这句话谈何容易？在高位的人，何能望其有此思想？在下位的人而有些思想，谈何容易能为人所认识？而中日之战，以偌大的中国，而败于向所轻视的日本，这实在是一个大打击。经这一个打击，中国人的迷梦，该要醒了，于是维新运动以起。

当时的维新运动，可以分作两方面：一是在朝，一是在野。在朝一方面，清德宗虽然无权，但其为人颇聪明，颇有志于变法自强，特为太后所制，不能有为。在野一方面，则有南海康有为。

元 李衎 沐雨竹图(局部)

他是个深通旧学，而又讲求时务，很主张变法的。清朝是禁止讲学的。但到了末年，其气焰也渐渐地衰了；其禁令，在事实上，也就渐渐地松弛了。有为很早就在各处讲学，所以其门下才智之士颇多。一八八九年，有为即以荫生上书请变法，格未得达。中日和议将成时，又联合各省入都会试的士子，上书请迁都续战，陈变法之计。书未上而和约已换，事又作罢。有为乃想从士大夫一方面提倡。立强学会于京师。为御史杨崇伊所参，被封。而其弟子梁启超，设《时务报》于上海，极力鼓吹变法，海内耸动。一时维新的空气，弥漫于好新的士大夫间了——虽然反对的还是多数。

公车上书之后，康有为又两次上书请变法。其中有一次得达，德宗深以为然。德国占据胶州湾时，有为又走京师，上书陈救急之计，亦未得达。其明年，恭亲王奕訢死了。朝廷之上，少了一个阻力。德宗乃和其师傅翁同龢商议，决意变法，遂下诏定国是，召用康有为、梁启超等。

此时所想模仿的，是日本的睦仁、俄国的大彼得，想借专制君主的力量，把庶政改革得焕然一新。于是废八股，设学校，奖励著新书，制新器，裁冗兵，练新操，办保甲，筹设银行，造铁路，开矿山，设农工局，立商会。大开言路，广求人才。从戊戌四月至八月间，变法之诏，连翩而下。虽然不能尽行，然而海内的精神，确已为之一振了。

专制君主的权力，在法律上是无限制的，在事实上则不尽然。历代有志改革的君主，为旧势力所包围，以致遭废弑幽禁之祸的，正自不乏。这期间，由于意见的不同者半，由于保存权位之私者亦半，康有为是深知旧势力之不可侮的。所以他于德宗召见之时，力言请皇上勿去旧衙门，但增设新差使；擢用的小臣，赏以虚衔，许其专折奏事，就够了。有为此等见解，原以为如此，则旧人不失禄位，可以减少其反对之力，然而权既去，禄位亦终于难保；即可保，亦属无味。这仍不足以满守旧阻挠者之所欲。况且亦有出于真心反对，并不为禄位起见的。而那拉后和德宗的不知，尤其是维新的一大阻力。

那拉后是很不愿意放弃权势的，她当时见德宗变法，很不谓然。于是以其党荣禄为直隶总督，总统近畿诸军，以巩固其势力。而使裕禄在军机上行走，以侦察德宗的举动。自然有不满意于德宗的大臣，用半虚半实的诏，谮诉于那拉后。而德宗也有"不容我变法，毋宁废死"的决心。于是帝后之间，嫌隙愈深。就有旧党将乘德宗到天津去阅兵，实行废立的风说；又有新党将利用袁世凯的新兵，围颐和园之说，而政变以起。

这一年八月，那拉氏由颐和园还宫，说德宗因病不能视事，复行垂帘听政，而幽帝于南海的瀛台。康有为之弟广仁和新党谭嗣同、刘光第、

第十八章 八国联军和《辛丑条约》

林旭、杨锐、杨深秀，同时被杀。时人谓之"六君子"。康有为因奉德宗密诏，先期出京走香港。梁启超则于事变后走日本。新政一切废罢。和新政有关联的人，一切罢斥，朝右的新党一空。

然政治虽云复旧，人心则不能复变。于是康有为在海外立保皇党。图推翻那拉后，扶助德宗亲政。一九〇〇年，其党唐才常谋在武汉举事，事泄被杀。有为等游说当时的大臣，亦没有敢听他的话，实行清君侧的。然而舆论的势力，则日日增长。梁启超走日本后，发行《清议报》，痛诋那拉后。便国内诸报，如上海的《苏报》等，亦有明目张胆，反对旧党的。其余各报，虽不敢如此显著，亦大都偏向维新。那拉后要想禁绝，以其地在租界，未能办到。要想照会外国，拘捕康、梁，外人又认为国事犯，加以保护。于是守旧之念，渐变而为仇外之念。而帝后间的嫌隙，积而愈深。那拉后想行废立，其党以意讽示各公使，各公使都表示反对。乃先立端郡王载漪之子溥儁为大阿哥，以觇舆情。而海外的华侨，又时时电请圣安，以示拥戴德宗。经元善在上海，亦合绅民等电争废立。太后要拘捕他，又被逃到澳门。于是后党仇外的观念愈甚，遂成为庚子拳乱的一因。

天下事无其力则已，有其力，是总要发泄掉才得太平的。义和团之事，亦是其一例。

中国从海通以来，所吃外国人的亏，不为不多了。自然，朝野上下，都不免有忿忿之心。然而忿之而不得其道。这时候，大众的心理以为：（一）外国人所强的，唯是枪炮。（二）外国人是可以拒绝，使他不来的。（三）而民间的心理，尤以为交涉的失败，由于官的惧怕洋人。倘使人民都能齐心，一哄而起，少数的客籍，到底敌不过多数的土著。（四）而平话、戏剧，怪诞不经的思想，又深入民间。（五）在旧时易于号召的，自然是忠君爱国之说。所以有"扶清灭洋"的口号，所以有练了神拳能避枪炮之说；所以他们所崇奉的孙悟空、托塔李天王之类，无奇不有。这是义和团在民间心理上的起源。而自《天津条约》缔结，教禁解除以来，基督教的传布，深入民间，不肖的人民，就有借教为护符，以鱼肉良懦，横行乡里的，尤使人民受切肤之痛。所以从教禁解除以来，教案即连绵不绝，而拳民的排外、闹教，亦是其中重要的一因。

这是说民间心理。至于堂堂大臣，如何也会相信这种愚谬之说呢？这真百思而不得其解了。须知居于高位的人，并不一定是聪明才智的，而

明 李在 山庄高逸图（局部）

位高之后，习于骄奢怠隋，尤足使其才智减退。所以怪诞不经之事，历代的王公大人，迷信起来，和平民初无以异，况且当时的中朝大臣，还有几种复杂的心理。（一）端郡王载漪，是想他的儿子早正大位的。（二）其余亲贵，也有人想居翊戴之功。（三）有一派极顽固的人，还是鸦片战争时代的旧思想，想把外国人一概排斥。如此，自然要以义和团为可信；或虽明知其不可信，而亦要想利用它了。

拳匪是起于山东的，本亦无甚大势力。而当时巡抚毓贤，加以奖励，其势遂渐盛。地方上教案时起。山东是德国人的势力范围，自然德人不能坐视，于是向总署交涉。政府无可如何，把他开缺，代以袁世凯。袁世凯知道拳匪是靠不住的，痛加剿办，其众遂流入直隶。直隶总督裕禄是那拉后的心腹。其人是不懂事的，只知道仰承意旨。当时中央既有此顽固复杂的心理，自然要利用拳匪，裕禄自然也要加以奖励了。于是拳匪大盛于京、津之间。自地方绅民，以至朝贵，也有慑于势，不得不然；也有别有用心的，到处都迎奉他们，设坛练拳。于是戕教民，杀教士，焚教堂，拆铁路，毁电线，见洋货则毁。身御洋货的人，目为"二毛子"，则杀。京、津之间，交通为之断绝。其事在一九〇〇年夏间。

外国公使，纷纷责问。极端守旧顽固之人，固然不知所谓。略明事理而有权的人，也开不得口。别有用心的人，又说外国人要如何，借此恐吓那拉后。遂至对各国同时宣战。其实这时候，英、美、德、奥、意、法、俄、日八国联军已到，大沽已失陷四日了。

其时驻守津、沽之间的为聂士成。因拳匪淫掠，痛加剿击。拳匪很恨他。联军攻其前，拳匪亦攻其后。士成战死，天津失陷。裕禄兵溃，自杀。巡阅长江大臣李秉衡，率兵北上勤王。兵溃，亦自杀。京城之中，其初命董福祥率甘军，合着拳匪去攻使馆。因有阴令缓攻的，所以使馆没有打破。而德国公使克林德、日本使馆书记杉山彬，都为乱民所戕。天津失陷。联军进逼通州，遂逼京城。德宗及太后出居庸关，走宣、大以达太原，旋闻联军有西进之说，再走西安。联军的兵锋，东至山海关，西南至保定而止。

这时候，两江总督刘坤一、湖广总督张之洞、两广总督李鸿章等，相约不奉伪命。派人和上海各国领事，订结保护东南，不与战事之约。战祸的范围，幸得缩小。而黑龙江将军寿山，举兵攻入俄境。于是俄人从阿穆尔和旅顺，两路出兵。

阿穆尔的兵，分陷（一）墨尔根、齐齐哈尔；（二）哈尔滨、三姓；（三）珲春、宁古塔；合陷呼兰、吉林。旅顺的兵，（一）西陷锦州；（二）东陷牛庄、辽、沈、新民、安东；挟奉天将军增祺，以号令所属。东三省不啻全入俄人的掌握。

事势至此，无可如何。乃复派庆亲王奕劻和李鸿章为全权大臣，和各国议和。鸿章未能竣事而卒，代以王文韶。明年秋，和议成。与议的凡十一国。其条件是：

（一）派亲王大臣，赴德、日，表示惋惜之意。

（二）惩办首祸诸臣，开复被害诸臣原官。

（三）诸国人民遇害被虐城镇，停止考试五年。

（四）军火暨制造军火之物，禁止进口二年。

（五）赔款总数，海关银四百五十兆两，照市价易为金款，年息四厘，分三十九年偿还。

（六）划定使馆境界，界内由使馆管理，亦可自行防守。

（七）大沽及有碍京师至海口通路的各炮台，一律削平。

（八）许诸国驻兵黄村、廊坊、杨村、天津、军粮城、塘沽、芦台、唐山、滦州、昌黎、秦皇岛、山海关，以保京师至海口的交通。

（九）许改订通商行船各条约。

后来通商条约改订的，有英、美、日、葡四国。（一）因赔款重了，许我加海关进口税至值百抽一二点五，出口税至七点五，而以裁厘为交换条件。（二）中国许修改矿务章程，招致外洋资财，及修改内河行轮章程。（三）中国厘定国币，外人应在中国境内遵用。（四）律例、审断及一切相关事宜，均臻妥善，则外人允弃其治外法权。（五）英允除药用外，禁烟进口。亦皆在此约中。又开商港多处。

其俄国，当奕劻、李鸿章与各国议和时，借口东三省事件与中国有特别关系，当另议。于是以驻俄公使杨儒为全权大臣和俄国外交部商议。俄人要求甚烈。日、英、美、德、奥、意等，均警告中国，不得和俄人订立密约，交涉遂停顿。各国和约大致议定后，乃由李鸿章和俄人磋议。一九〇二年，奕劻、王文韶和俄使订立《交收东三省条约》。俄人许分三期撤兵。第一期如约撤退，第二期则不但不撤，反要求别订新约，且续调海陆军。一九〇三年六月，俄人合阿穆尔、关东，设极东大都督府，以亚历塞夫为总督。九月，俄兵复占奉天。而日、俄二国，作战于我国境内的活剧，就不可免了。

明 王谔 溪桥访友图（局部）

第十九章 远东国际形势

远东非复中国的远东了，亦不是中国和一两国关系简单的远东，而成为世界六七强国龙争虎斗之场。

在十六世纪以前，亚洲东北方还是个寂寞荒凉之境。乃自俄人东略以来，而亚洲的北部，忽而成为欧洲斯拉夫族的殖民地。俄人因在黑海、地中海为英、法等国所扼，转而欲求出海之口于太平洋。于是中国黑龙江以北之地割，而尼古拉耶夫斯克，而海参崴，相继建立。再为进一步的侵略，则西伯利亚大铁道，横贯黑、吉二省，而又分支南下，旅顺、大连湾，亦成为俄国远东的军商港。

此等情势，自然和日本的北进政策是不相容的。日本是个岛国，在从前旧式的世界，本可做个世外桃源。乃自帝国主义横行以来，而此世外桃源，亦不复能守其闭关独立之旧。不进则退，当明治维新以前，日本也是被人侵略的，这时候，就要转而侵略他人了。日本的政策，原分南进、北进两派。论气候和物产，自然南进较为相宜。但是南洋群岛，面积究竟有限，而且也早给帝国主义者所分据了。要想侵略他人，自然要伸足于大陆。如此，朝鲜半岛和中国的东三省，遂成为日俄两国势力相遇之地。

在中日战前，竞争朝鲜的主角是中日。中日战后，中国的势力，完全被打倒了。但是日本是战胜国，而俄合德、法干涉还辽，是战胜国的战胜国，其势焰已使人可惊，况且当时，日本在朝鲜的势力，很为弥漫。朝鲜人处于日本钳制之下，自然要想反抗。想反抗，自不得不借助于外力。于是俄国的势力，便乘机侵入了。当中日战时，日本即强迫朝鲜订结攻守同盟。及中日战后，《马关条约》认朝鲜为自主之国，于是朝鲜改国号为韩，号称独立。然实权都在日人手中。日人所扶翼的是大院君。闵妃一派，自然要想反抗，自然要倚赖俄国。其结果，遂酿成一八九五年闵妃遇弒之变。这一次，大院君的入宫，挟着日本兵自随。而日本公使三浦梧楼，又以日使馆卫队继其后，各国舆论嚣然，都不直日本。日本不得已，把三浦梧楼召回，禁锢在广岛，而实未尝穷究其事，这就是所谓广岛疑狱。此等举动，适足以形日人手段的拙劣。其结果，反益促成韩国的亲俄。日人无可如何，只得忍气吞声，和俄国商量。一八九六年，两国因韩事订立协商。在韩的权利，殆处于平等的地位。到一八九八年，又订立第二次协商。俄人亦仅承认日人在韩国工商业上，有特殊的利益而已。对于东三省的利益，则丝毫不许日人分润。于是亚洲的东北角，潜伏着一个日俄冲突的危机。

不但如此，便中、西亚之间，也是危机潜伏。当十八世纪中叶，中国荡平天山南、北路之时，正值英人加紧侵略印度之际。而俄国的侵略中亚，亦已于此时开始进行。三国的势力，恰成一三角式。不进则退，中国对于属部，始终以羁縻视之，而英、俄两国，却步步进取。于是巴达克山，夷为英之保护国。乾竺特名为两属，实际上我也无权过问了。而俄国亦服哈萨克，慑布鲁特，灭布哈尔，并基华，并取浩罕。三国间的隙地博罗尔，竟由英、俄两国，擅行派员，划定界线。我国最西的属部阿富汗，则由两国的争夺，而卒入于英人的势力范围。而两国的争点，遂集于西藏。蒙古支族布里雅特人，是多数住居在俄国的伊尔库茨克和外贝加尔两省的，亦信喇嘛教。俄人乃利用其人入藏，以交结喇嘛。一八九九和一九〇〇两年，达赖和俄政府之间，竟尔互通使聘。中国还熟视无睹，英人看着，却眼中出火了。

在中国本部的利益，自然是列国所不肯放松的，而东北一片处女地，尤其是要想投资的人眼光之所集注。当《辛丑条约》业经订结，而东三省尚未交还时，俄人侵略的形势，最为可怕。日人于此，固然视为生死关头。便英人也不肯落后。法国在东洋，关系较浅，而其在欧洲，颇想拉拢俄国，所以较易附和俄人的主张。德国便不然了。它从占据胶州湾以后，对于东方，野心勃勃，断不容俄国人独强的。至美国，在东方本没有什么深固的根柢，其利于维持均势，自更无待于言了。

所以当此时，颇有英、德、日、美诸国，联合以对付一个俄国之概。当庚子拳乱，俄人占据东三省时，英国方有事南非，自觉独力不足以制俄，乃和德国在伦敦订立《协约》，申明开放门户，保全领土之旨。此约经通知各国，求其同意。日、美、法、奥、意都复牒承认。独俄国主张限于英德的势力范围，不适用于东三省。德国因关系较浅，就承认了俄国的主张，唯英、日两国，反对最力。于是英人鉴于德国之不足恃，知道防御俄国，非在远东方面有个关系较深切之国不可。而且印度和英国，关系太深了，亦非有一国助英防护，不足以壮声势。乃不惜破弃其名誉的孤立，而和日本订立同盟。此事在一九〇二年。而俄国亦联合法国，发表宣言，说："因第三国侵略，或中国骚扰，致两国利益受侵犯时，两国得协力防卫。"这明是把俄、法同盟的效力，推广及于远东，以对抗英日同盟。日、俄两国的决裂，其形势已在目前了。但是以这时候的日本而和俄国开战，究竟还是件险事。所以在日人方面，还斤斤于满[9]、韩交换之论。至一九〇四年，日本公使和俄国交涉，卒无效果，而战机就迫在眉睫了。

北宋 燕文贵 秋山琳宇图（局部）

南宋 马远 雪景图（局部）

第二十章 日俄战争和东三省

当一九〇三年之时,日俄战争,业已迫在眉睫了。此时亦有主张我国应加入日本方面的。然(一)中国兵力,能帮助日本的地方很少。(二)而海陆万里,处处可以攻击,倘使加入,无论如何是不会全胜的。那么,日本即获胜利,亦变为半胜了。而议和之际,反受牵制,所以日本是绝不愿意中国加入的。而且中国加入,则战祸益形扩大,于列强经济利益有碍。所以亦都不愿我们加入。中国的外交,自动的地方很少,而这时候,确亦很难自动。于是日俄战事,于一九〇四年之初爆发。而中国亦于其时,宣告中立,划辽河以东为战区。

日本海军,先袭败俄舰于旅顺和韩国的仁川,把旅顺港封锁了。海参崴的军舰,亦屡为日兵所击败。俄国太平洋舰队,失其效力。日军遂得纵横海上。其陆军:第一军自义州渡鸭绿江,连陷九连城、凤凰城,直迫摩天岭。后又别组第三军,以攻旅顺。旅顺天险,所以相持久之不下。这一年秋间,日本一、二两军,合攻辽阳。再加以从大孤山登陆的第四军,辽阳遂陷。俄国的运兵,比日本为迟。辽阳陷后,而其西方的精锐始渐集。乃反攻辽阳,不克。这时候,天气已渐寒冷了。两军乃夹浑河相峙。而日人于期间,竭全力攻陷旅顺。到明年,俄国西方之兵益集,日亦续调大军。日兵三十四万,俄兵四十三万,开始大战。经过两旬,俄军败退。日军遂陷奉天,北取开原。俄国波罗的海舰队,因英日同盟,不敢航行苏伊士运河,绕好望角东来。又为日人邀击于对马海峡,大败。于是俄国战斗之力穷,而朴次茅斯的和议起。

《朴次茅斯和约》共十五条。其重要的:(一)俄承认日本对韩有政治上、军事上和经济上的卓绝利益。(二)租借地外,日俄在满洲的军队,尽数撤退,以其地交还中国。俄人在满洲,不得有侵害中国主权、妨碍机会均等主义的领土上利益,暨优先及专属的让与权利。(三)中国因发达满洲的工商业,为各国共同的设置时,日俄两国,都不阻碍。(四)俄国以中国政府的承认,将旅、大租借地和长春、旅顺间的铁路,让与日本。(五)库页岛自北纬五十度以南,让与日本。(六)日人在日本海、鄂霍次克海、白令海的俄领沿岸,有渔业权。

此时日本可调的兵,差不多都已调尽。其财政亦异常竭蹶。其急于要议和的情形,反较俄国为切。所以赔款分文未得。而且一切条件,差不多都是照俄人的意思决定的。日本战争虽胜利，和议是屈辱的。所以其全国人民，大起骚扰。费了许多气力，才镇压定。然而日本虽未能大有所得于俄，而仍可以取偿于我。当战役将终时，我国舆论，有主张乘机废弃《俄约》，并向英交涉，收回威海，而自动的和日本订立新约的。列国的眼光，则不过要把东三省作为共同投资之地，不欲其为一国所把持。而又希望其地的和平秩序可以维持，所以有主张以东三省为一永世中立之地的。我国这时候，希望立宪之心正盛。而满族皇室，终竟迟迟不肯放弃其权利，亦有就此议论，加以修正，主张以满洲为一王国，仿奥匈之列，由中国皇帝兼其王位，而于其地试行宪政的。这许多议论，都成为画饼。仅于日、俄议和之时，由我国政府照会二国，说和约条件有涉及中国的，非得中国承认不生效力而已。日、俄和议既定，日本乃派小村寿太郎到中国来，和中国订立《会议东三省事宜协约》，中国政府承认《日俄和约》第五、第六两条。而日本政府，承认遵行中俄租借地和筑路诸约。别结《附约》：（一）开凤凰城、辽阳、新民、铁岭、通江子、法库门、长春、吉林、哈尔滨、宁古塔、三姓、齐齐哈尔、海拉尔、瑷珲、满洲里为商埠。（二）安奉军用铁路，许日本政府接续经营，改为商运铁路。除运兵归国十二个月外，以两年为改良竣工之期。自竣工之日起，以十五年为限。届期请他国人评价，售与中国。（三）许设中日合办材木公司，采伐鸭绿江左岸森林。（四）满、韩交界陆路通商，彼此以最惠国待遇。明年五月，日人设立"南满洲铁道株式会社"[10]。七月，又设关东都督府。于是东北一隅，成为日俄两国划定范围，各肆攘夺的局面，不但介居两大之间而已。

《中日会议东三省事宜条约》立于一九〇五年十二月二十二日。照约，安奉铁路的兴工，应在一九〇六年十二月二十七日之后，而其完工，则应在一九〇八年十二月二十六日之前。乃日人至一九〇九年，才要求派员会勘线路。邮传部命东三省交涉使和他会勘。会勘既竣，日人要收买土地。东三省总督锡良，忽然说路线不能改动。日人就自由行动，径行兴工。中国人无可如何，只得同他补结《协约》，承认了他。而所谓满洲五悬案，亦于此时解决。

（一）抚顺煤矿。日人主张是东省铁路的附属事业。中国人说在铁路线三十里之外。日人则说照该《铁路条例》，许俄人开矿，本没限定三十里。此时并烟台煤矿，都许日人开采。

（二）间岛问题。图们江北的延吉厅，多韩民越垦。日人强名其地为间岛，于其地设立理事官。这时候，仍认为中国之地。日所派理事官撤退。唯仍准韩民居住耕种，而中国又开龙井村、局子街、头道沟、百草沟为商埠。

（三）新法铁路。中国拟借英款兴造。日人指为南满铁路的平行线。这时候，许兴造时先和日本商议。

（四）东省铁路营口支路。是中俄《东省铁路公司契约》许俄人兴造的，这是为运料起见，所以原约规定八年之内，应行拆去，而日人抗不履行。至此，准其于南满铁路[11]限满之日，一律交还。

（五）吉会铁路。满铁会社要求敷设新奉、吉长两路，业于一九〇七年订立契约。该会社又要求将吉长路展至延吉，和朝鲜会宁府铁路相接。至此，许由中国斟酌情形，至应开办时和日本商议。

自日俄战后，各国已认朝鲜为日本囊中之物了。所以日俄议和的一年，英日续订盟约，即删去"保全朝鲜领土"一条。然而对于"中国门户开放，领土保全"的条文，依然如故。一九〇七年的《日法协约》《日俄协约》，一九〇八年的《日美照会》，都是如此，然而日本的行动，则大有唯我独尊、旁若无人的气概，列国自然不肯放手。而中国也总希望引进别国的势力，以抵制日俄两国的。当新法铁路照日本的意思解决时，中国要求筑造锦齐铁路时，日不反对。日人亦要求昌洮路归其承造。彼此记入会议录中。悬案解决后，中国要借英美两国之款，将锦齐铁路，延长到瑷珲，改称锦瑷。日人嗾使俄人，出面抗议。于是美国人提议，各国共同出资，借给中国，由中国将满洲铁路赎回。此项借款未还清以前，由出资各国共同管理，禁止政治上、军事上的使用——此即所谓满洲铁路中立——其通牒，向中、英、德、法、俄、日六国提出。明年，日俄两国共提抗议。这一年，日俄两国就订立新协约。约中明言维持满洲现状，现状被迫时，两国得互相商议。如此，英美的经营，反促成日俄的联合了。而这新约，或云别有密约，俄国承认日本并吞韩国，而日本则承认俄国在蒙新方面的举动，所以这《协约》于七月四日成立，而朝鲜即于八月三十日灭亡；而到明年，俄人对于蒙、新，就提出强硬的要求了。

第二十一章 清末的宪政运动

戊戌变法、庚子拳乱，清朝的失政，一步步地使人民失望。而其时人民的程度亦渐高，于是从改革政治失望之余，就要拟议及于政体了。

中国的民主思想，在历史上，本是酝酿得很深厚的。不过国土大、人民多，没有具体的办法罢了。一旦和外国交通，看见其政体有种种的不同，而且觉得他们都比我们富强；从国势的盛衰，推想而及于政权的运用，自然要拟议及于政体了。于是革命、立宪，遂成为当日思潮的两流。

戊戌政变以后，康有为在海外设立保皇党。梁启超则在日本横滨发行《清议报》，痛诋那拉后，主张拥戴德宗，以行新政。这时候，还是维新运动的思想。但是空口说白话，要想那拉后把政权奉还之于德宗，是无此情理的，所以虽保皇党要想夺取政权，亦不得不诉之于武力。人民哪里来武力呢？其第一步可以利用的，自然是会党。原来中国各种会党，溯其原始，都是人民受异族的压迫，为此秘密组织，以为光复之预备的。日久事忘，固然不免渐忘其原来的宗旨，然而他们，究竟是有组织的民众，只要有有心人，能把宗旨灌输给他们，用以举事，自较毫无组织的人民为易。所以在当时，不论保皇党、革命党，都想利用他们。就是八国联军入京的这一年，康有为之党唐才常，在上海设立国会总会，汉口设立分会。才常居汉口。后来的革命党人黄兴居湖南，吴禄贞居安徽的大通，联络各老会党，广发富有会票，谋以这一年七月间，在武汉同时举事，而湖南、安徽，为之策应。未及期而事泄，才常被杀。鄂、湘、苏、皖四省，搜捕党众，杀戮颇多。当时鄂督张之洞，有一封信，写给上海国会总会中人，劝他们不要造反。国会中人，也有一封信复他，署名为是中国民，畅发国家为人民所公有，而非君主所私有之义，为其时之人所传诵。保皇运动，浸浸接近于革命了。

明 吴伟 长江万里图（局部之一、二、三）

元 赵孟頫 松水鸥盟图（局部）

但是到二十世纪的初年，保皇党宗旨渐变。《清议报》发刊，满一百期而止。梁启超改刊《新民丛报》。其初期，颇主张革命。后来康有为鉴于法国大革命杀戮之惨及中南美诸国政权的争夺，力主君主立宪，诒书诤之，梁启超渐渐改从其说。于是《新民丛报》成为鼓吹立宪的刊物，和当时革命党所出的《民报》对峙。以立宪之说，可以在国内倡言之故，《新民丛报》在国内风行颇广，立宪的议论渐渐得势。到日俄战争以后，舆论都说日以立宪而胜，俄以专制而败，立宪派的议论，一时更为得势。

庚子一役，相信一班乱民，做这无意识开倒车的运动，以致丧权辱国，赔款之巨，尤其诒累于人民。清朝自己，也觉得有些难以为情了。于是复貌行新政，以敷衍人民。然而所行的都是有名无实，人民对于朝廷的改革，遂觉灰心绝望。除一部分从事于革命外，其较平和的，也都想自己参与政权，以图改革，这是二十世纪初年立宪论所以兴盛的原因。而其首将立宪之举，建议于清朝的，则为驻法公使孙宝琦。其后两江、两湖、两广诸总督，相继奏请。到一九〇五年，直督袁世凯，又奏请简派亲贵，分赴各国，考察政治。于是有派五大臣出洋考察之举。明年回国，一致主张立宪。于是下上谕："先将官制改革，次及其余诸政治，使绅民明悉国政，以备立宪基础。数年之后，查看情形，视进步之迟速，以定期限之远近。"是为清末的所谓预备立宪。于是改订内外官制。设资政院、咨议局，以为国会及省议会的基础，颁布《城镇乡自治章程》。立审计院，颁布《法院编制法》及《新刑律》。设省城及商埠的检察、审判厅，又设立宪政编查馆，以为举行宪政的总汇。看似风起云涌，实则所办之事，都是不伦不类的，而且或格不能行，或行之而名不副实，人民依旧觉得失望。于是即行立宪和预

南宋 刘松年 博古图（局部）

备立宪，遂成为当日朝廷和人民的争点。

朝廷上说："人民的程度不足，是不能即行立宪的。"舆论则说："程度的足不足，哪有一定标准？况且正因为政治不良，所以要立宪。若使把件件政治都改好了，然后立宪，那倒无须乎立宪了。"当时政府和民的争点，大要如此。当时的政府是个软弱无力的。既没有直接痛快拒绝人民的勇气，又不肯直接痛快实行人民的主张。一九〇八年，各省主张立宪的政团和人民，上书请速开国会。朝廷下诏，定以九年为实行之期。这一年冬天，德宗死了。那拉后立醇亲王载沣之子溥仪，年四岁，以载沣为摄政王。明日，那拉后也死了。其明年，各省咨议局成立，组织国会请愿同志会，于一九一〇年，入都请愿，亦不许。这一年，京师资政院开会，亦通过请愿速开国会案上奏。清廷乃下诏，许缩短期限，于三年之后，开设国会。人民仍有不满，请愿即行开设的，遂都遭清廷驱逐。并命京内外，有倡言请愿的，即行弹压拿办。其忸怩的声音颜色，可谓与人以共见了。

当时的清廷，不但立宪并无诚意，即其政治亦很腐败。政府中的首领，是庆亲王奕劻。他是个老耄无能的人，载沣性甚昏庸。其弟载洵、载涛，亦皆欲干预政治，则又近于胡闹。到革命这一年，责任内阁成立，仍以奕劻为总理。阁员亦以满族占多数。人民以皇族内阁，不合立宪公例，上书请愿。咨议局亦联合上书，不听。到第二次上书，就遭政府的严斥。这时候的政治家，鉴于中国行政的无力，颇有主张中央集权之论的。政府也颇援为口实。但政治既不清明，又不真懂得集权的意义，并不能励精图治，将各项政权集中，而转指人民奔走国事的，为有妨政府的大权，一味加以压制。于是激而生变，酝酿多年的革命运动，就一发而不可遏了。

下篇 近代史

第二十二章 清代的制度

清代的制度,在大体上可以说是沿袭前朝的。至于模仿东西洋改革旧制,那已是末年的事了。

清代的宰相,亦是所谓内阁。但是只管政治,至于军事,则是交议政王大臣议奏的。世宗时,因西北用兵,设立军机处,后遂相沿未撤。从此以后,机要的事务,都归军机,唯寻常本章,乃归内阁。军机处之权,就超出内阁之上了。六部长官,都满、汉并置。而吏、户、兵、刑四部,尚侍之上,又有管部大臣,以至互相牵制,事权不一。还有理藩院,系管理蒙古的机关,虽以院名,而其设官的制度亦和六部相同。都察院,左都御史和左副都御史亦满、汉并置,其右都御史和右副都御史,则为总督、巡抚的兼衔。外官:督、抚在清代,亦成为常设的官。而属于布、按两司的道,亦若自成一级。于是督、抚、司、道、府、县,几乎成为五级了。压制重而展布难,所以民治易于荒废;统辖广而威权大,所以长官易于跋扈。和外国交通以后,首先设立的,为总理各国事务衙门,后来改为外务部。末年因办新政,复增设督办政务处等,其制度都和军机处相像。到一九〇六年,筹备宪政,才把新设和旧有的机关,改并而成外务、吏、民政、度支、礼、学、陆军、农工商、邮传、理藩、法十一部。革命的一年,设立责任内阁,并裁军机处和吏、礼两部,而增设海军部和军谘府。省的区域,本自元明两代,相沿而来,殊嫌其过于庞大。末年议改官制时,很有主张废之而但存道或府的,但未能实行。当时改定外官制,仍以督抚为一省的长官。但改按察司为提法、学政为提学,而增设交涉司;裁分巡,而增设劝业、巡警两道。东三省和蒙、新、海、藏的官制,在清代是和内地不同的。奉天为陪京,设立户、礼、兵、刑、工五部,而以将军管旗人,府尹治民事。且有奉天、锦州两府。吉、黑则只有将军、副都统等官。后来逐渐设厅。直至日俄战后,方才改设行省。其蒙古和新疆、青海、西藏,则都治以驻防之官。新疆改设行省,在中俄伊犁交涉了结之后,青海、西藏,则始终未曾改制。

清代取士之制,大略和明代相同,唯官缺都分满、汉;而蒙古及汉军、包衣,亦各有定缺,为其特异之点。戊戌变法时,曾废八股文,改试论策经义。政变后复旧。义和团乱后,又改。至一九〇五年,才废科举,专行学校教育。但学校毕业之士,仍有进士、举贡、生员等名目,谓之奖励,到民国时代才废。

兵制有八旗、绿营之分。八旗编丁，起于佐领。每佐领三百人。五佐领设一参领。五参领设一都统，两副都统。此为清朝初年之制。后来得蒙古人和汉人，亦都用此法编制。所以旗兵又有满洲、蒙古、汉军之分。入关以后，收编的中国兵，则谓之绿营，而八旗又分禁旅和驻防两种。驻防的都统，改称将军。乾嘉以前，大抵出征以八旗为主，镇压内乱，则用绿营。川楚教民之乱，八旗绿营，都不足用，反靠临时招募的乡勇，以平乱事，于是勇营大盛。所谓湘、淮军，在清朝兵制上，亦是勇营的一种。中法之战，勇营已觉其不足恃，到中日之战，就更形破产了。于是纷纷改练新操，是为新军。到末年，又要改行征兵制，于各省设督练公所，挑选各州县壮丁有身家的，入伍训练，为常备兵。三年放归田里，为续备兵。又三年，退为后备兵。又三年，则脱军籍。当时的计划，拟练新军三十六镇，未及成而亡。水师之制，清初分内河、外海。太平天国起后，曾国藩首练长江水师和它角逐，而内河水师的制度一变。至于新式的海军，则创设于一八六二年。法、越战后，才立海军衙门。以旅顺和威海卫为军港，一时军容颇有可观，后来逐渐腐败。而海军衙门经费，又被那拉后修颐和园所移用。于是军费亦感缺乏。中日之战，遂至一败涂地。战后，海军衙门既裁，已经营的军港，又被列强租借，就几于不能成军了。

清朝的法律，大体是沿袭明朝的。其初以例附律。后未就将两种合纂，称为《律例》。其不平等之处，则宗室、觉罗和旗人，都有换刑。而其审判机关，亦和普通人民不同。流寓中国的外国人，犯了罪，由他自己的官长审讯，这是中国历代如此。在从前，原无甚关系。但是海通以后，把此项办法，订入条约之中，就于国权大有损害了。末年，因为要取消领事裁判权，派沈家本、伍廷芳为修订法律大臣，把旧律加以修改。曾颁行《商律》和《公司律》。其民、刑律和民商、刑事诉讼律，亦都定有草案，但未及颁行，审判机关，则改大理寺为大理院，为最高审判，其下则分高等、地方、初等三级。但亦未能推行。

赋役是仍行明朝一条鞭之制的。丁税既全是征银，而其所谓丁，又不过按粮摊派，则已不啻加重田赋，而免其役，所以清朝的所谓编审，不过是将全县旧有丁税若干，设法摊派之于有粮之家而已，和实际查验丁数，了无干涉。即使按期举行，所得的丁额，亦总不过如此。清圣祖明知其故，所以于一七一二年，特下"嗣后滋生人丁，永不加赋；丁赋之额，以康熙五十年册籍为准"之诏。既然如此，自然只得将丁银摊入地粮，而编审的手续，也当然可省，后来就但凭保甲以造户口册了。地丁而外，江苏、安徽、江西、湖北、湖南、浙江、河南、山东八省，又有漕粮。初征本色，末年亦改征折色。田赋而外，以关、盐两税为大宗。盐税仍行引制。由国家售盐于大商，而由大商各按引地，售与小民。此法本有保护商人专利之嫌。政府所以要取此制，只是取其收税的便利。但是初定引地时，总要根据于交通的情形，而某地定额若干，亦是参照该地方消费的数量而定的。历时既久，两者的情形，都不能无变更，而引地和盐额如故，于是私盐贱而官盐贵，

国计民生，交受其弊，而商人也不免于坐困了。关有"常关"和"新关"两种。常关沿自明代，新关则是通商之后增设于各口岸的。税率既经协定，而总税务司和税务司，又因外交和债务上的关系，限用外国人。革命之后，遂至将关税收入，存入外国银行，非经总税务司签字，不能提用。甚至偿还外债的余款，就是所谓关余的取用，亦须由其拨付，这真可谓太阿倒持了。厘金是起于太平军兴之后的。由各省布政司委员，设局征收。其额系值百抽一，所以谓之厘金。但是到后来，税率和应税之品，都没有一定，而设局过多，节节留难，所以病商最甚。《辛丑条约》，因我国的赔款负担重了，当时议约大臣，要求增加关税，外人乃以裁厘为交换条件。许我裁厘后将关税增加至值百抽五，然迄清世，两者都未能实行。

第二十三章 清代的学术

清代学术的中坚便是所谓汉学。这一派学术以经学为中心,专搜辑阐发汉人之说,和宋以来人的说法相对待,所以得"汉学"之称。

汉学家的考据,亦可以说是导源于宋学中之一派的。而其兴起之初,亦并不反对宋学。只是反对宋学末流空疏浅陋之弊罢了。所以其初期的经说,对于汉宋,还是择善而从的。而且有一部分工作,可以说是继续宋人的遗绪。但是到后来,其趋向渐渐的变了。其工作专注重于考据。考据的第一个条件是真实。而中国人向来是崇古的。要讲究古,则汉人的时代,当然较诸宋人去孔子为近。所以第二期的趋势,遂成为专区别汉、宋,而不复以己意评论其短长。到此,才可称为纯正的汉学。所以也有对于这一期,而称前一期为汉宋兼采派的。

第一期的人物,如阎若璩、胡渭等,读书都极博,考证都极精。在这一点,可以说是继承明末诸儒的遗绪的。但是经世致用的精神,却渐渐地缺乏了。第二期为清代学术的中坚。其中人物甚多,近人把他分为皖、吴二派。皖派的开山,是江永,继之以戴震。其后继承这一派学风的,有段玉裁,王念孙、王引之父子和末期的俞樾等。

此派最精于小学，而于名物制度等，搜考亦极博。所以最长于训释。古义久经湮晦，经其疏解，而灿然复明的很多，吴派的开山，是惠周惕、惠士奇、惠栋，父子祖孙，三世相继。其后继承这一派学风的，有余萧客、王鸣盛、钱大昕，陈寿祺、陈乔枞父子等。这派的特长，尤在于辑佚。古说已经亡佚，经其搜辑而大略可见的不少。

汉学家的大本营在经。但因此而旁及子、史，亦都以考证的方法行之。经其校勘、训释、搜辑、考证，而发明之处也不少。其治学方法，专重证据。所研究的范围颇狭，而其研究的功夫甚深。其人大都为学问而学问。不掺以应用的，亦颇有科学的精神。

但是随着时势的变化，而汉学的本身，也渐渐地起变化了。这种变化，其初也可以说是起于汉学的本身，但是后来，适与时势相迎合，于是汉学家的纯正态度渐渐地改变。而这一派带有致用色彩的新起的学派，其结果反较从前纯正的汉学为发达。这是怎样一回事呢？原来汉学的精神，在严汉、宋之界。其初只是分别汉、宋而已，

南宋　刘松年　西园雅集图（局部之一、二）

到后来，考核的功夫愈深，则对于古人的学派，分别也愈细。汉、宋固然不同，而同一汉人之中，也并非不相违异。其异同最大的，便是前文所讲的今、古文之学。其初但从事于分别汉、宋，于汉人的自相歧异，不甚措意。到后来，汉、宋的分别工作，大致告成，而汉人的分别问题，便横在眼前了。于是有分别汉人今古文之说，而专替今文说张目的。其开山，当推庄存与，而继之以刘逢禄和宋翔凤，再继之以龚自珍和魏源。更后，便是现代的廖平和康有为了。汉代今文学的宗旨，本是注重经世的。所以清代的今文学家也带有致用的色彩。其初期的庄、刘已然，稍后的龚、魏，正值海宇沸腾、外侮侵入之际。二人都好作政论，魏源尤其留心于时务。其著述涉及经世问题的尤多。最后到廖平，分别今古文的方法更精了。至康有为，则利用经说，自抒新解，把春秋三世之义，推而广之。而又创托古改制之说，替思想界起一个"大革命"。

清学中还有一派，是反对宋学的空谈，而注意于实务的。其大师便是颜元。他主张仿效古人的六艺，留心于礼、乐、兵、刑诸实务。也很有少数人佩服他。但是中国的学者，习惯在书本上费工夫久了，而学术进步，学理上的探讨和事务的执行，其势也不得不分而为二。所以此派学问，传播不甚广大。

还有一派，以调和汉、宋为目的，兼想调和汉、宋二学和文士的争执的，那便是方苞创其前，姚鼐继其后的桐城派。当时汉、宋二学，互相菲薄。汉学家说宋学家空疏武断，还不能明白圣人的书，何能懂得圣人的道理？宋学家又说汉学家专留意于末节，而忘却圣人的道理，未免买椟还珠。至于文学，则宋学家带有严肃的宗教精神，固然要以事华采为戒；便是汉学家，也多自矜以朴学，而笑文学家为华而不实的——固然，懂得文学的人，汉、宋学家中都有，然而论汉、宋学的精神，则实在如此。其实三者各有其立场，哪里可以偏废呢？所以桐城派所主张义理、考据、辞章三者不可缺一之说，实在是大中至正的。但是要兼采三者之长而去其偏，这是谈何容易之事？所以桐城派的宗旨，虽想调和三家，而其在汉、宋二学间的立场，实稍偏于宋学，而所成就，尤以文学一方面为大。

清朝还有一位学者，很值得介绍的，那便是章学诚。章学诚对于汉、宋学都有批评。其批评，都可以说是切中其得失。而其最大的功绩，尤在史学上。原来中国人在章氏以前，不甚知道"史"与"史材"的分别，又不甚明了史学的意义。于是，（一）其作史，往往照着前人的格式，有的就有，无的就无，倒像填表格一样，很少能自立门类，或删除前人无用的门类的。（二）则去取之间，很难得当。当历史读，已经是汗牛充栋，读不胜读了；而当作保存史材看，则还是嫌其太少。章氏才发明保存史材和作史，是要分为两事的。储备史材，愈详愈妙，作史则要斟酌一时代的情势，以定去取的，不该死守前人的格式。这真是一个大发明。章氏虽然没有作过史，然其借改良方志的体例，为预备史材的方法，则是颇有成绩的。

理学在清朝，无甚光彩。但其末造，能建立一番事功的曾国藩却是对于理学，颇有功夫的，和国藩共事的人，如罗泽南等，于理学亦很能实践。他们的成功，于理学可谓很有关系。这可见一派学问，只是其末流之弊，是要不得，至于真能得其精华的，其价值自在。

以上所说，都是清朝学术思想变迁的大概，

足以代表一时代重要的思潮的。至于文学，在清朝比之前朝，可说无甚特色。称为古文正宗的桐城派，不过是谨守唐、宋人的义法，无甚创造。其余模仿汉、魏、唐、宋的骈文……的人，也是如此。诗，称为一代正宗的王士祯，是无甚才力的。后来的袁、赵、蒋，虽有才力，而风格不高。中叶后竟尚宋诗，亦不能出江西派杵臼。词，清初的浙派，尚沿元、明人轻佻之习。常州派继起，颇能力追宋人的作风，但是词曲，到清代，也渐成为过去之物。不但词不能歌，就是曲也多数不能协律，至其末年，则耳目的嗜好也渐变，皮黄盛而昆曲衰了。平民文学，倒也颇为发达。用语体以作平话、弹词的很多。在当时，虽然视为小道，却是现在平民文学所以兴起的一个原因。书法，历代本有南、北两派。南派所传的为帖，北派所传的为碑。自清初以前，书家都取法于帖，但是屡经翻刻，神气不免走失。所以到清中叶时，而潜心碑版之风大盛。主持此论最力，且于作书之法，阐发得最为详尽的，为包世臣。而一代书家，卓然得风气之先的，则要推邓完白。清代学术思想，都倾向于复古，在书法上亦是如此的。这也可见一种思潮正盛之时，人人受其鼓荡而不自知了。

第二十四章 清代的社会

论起清代的社会来，确乎和往古不同。因为它是遭遇着旷古未有的变局的。这旷古未有的变局，实在当十六世纪之初——欧人东略——已开其端。但是中国人，却迟到十八世纪的中叶——五口通商——方才感觉到。自此以前，除少数——如在海口或信教——与西人接近的人外，还是丝毫没有觉得。

清代是以异族入主中国的。而又承晚明之世，处士横议、朋党交争之后，所以对于裁抑绅权、摧挫士气二者，最为注意。在明世，江南一带，有所谓投大户的风气。仕宦之家，僮仆之数，盈千累百。不但扰害小民，即主人亦为其所挟制。到清代，此等风气，可谓革除了。向来各地方，有不齿的贱民，如山、陕的乐籍，绍兴的隋民，徽州的伴当，宁国的世仆，常熟、昭文的丐户，江、浙、福建的棚民，在清世宗时，亦均获除籍。此等自然是好事。然而满、汉之间，却又生出不平等来了。旗人在选举、司法种种方面，所占地位都和汉人不同，具见第二十二章所述。而其关系最大的，尤莫如摧挫士气一事。宋、明两朝，士大夫都很讲究气节。风会所趋，自然不免有沽名钓誉的人，鼓动群众心理，势成一哄之市。即使动机纯洁，于事亦不能无害，何况持之稍久，为野心者所利用，杂以他种私见，驯致酿成党争呢？物极必反，在清代，本已有动极思静之势，而清人又加之以摧挫，于是士大夫多变为厌厌无气之流，不问国事。高者讲考据、治辞章，下者遂至于嗜利而无耻。管异之有《拟言风俗书》，最说得出明清风气的转变。他说：

明之时，大臣专权，今则阁、部、督、抚，率不过奉行诏命。明之时，言官争竞，今则给事、御史，皆不得大有论列。明之时，士多讲学，今则聚徒结社者，渺焉无闻。明之时，士持清议，今则一使事科举，而场屋策士之文，及时政者皆不录。大抵明之为俗，官横而士骄。国家知其敝而一切矫之，是以百数十年，天下纷纷，亦多事矣。顾其难皆起于田野之间，闾巷之侠，而朝宁学校之间，安且静也。然臣以为明俗敝矣，其初意则主于养士气，蓄人才。今夫鉴前代者，鉴其末流，而要必观其初意。是以三代圣王相继，其于前世，皆有革有因，不力举而尽变之也。力举而尽变之，则于理不得其平，而更起他祸。

清朝当中叶以后，遇见旷古未有的变局，而其士大夫，迄无慷慨激发，与共存亡的，即由于此。此等风气，实在至今日，还是受其弊的。

我们今日，翻一翻较旧的书，提到当时所谓"洋务"时，率以"通商""传教"两个名词并举。诚然，中西初期的交涉，不外乎此两端。就这两端看来，在今日，自然是通商的关系更为深刻——因为帝国主义者经济上的剥削，都是由此而来的——其在当初，则欧人东来，所以激起国人的反抗的，实以传教居先，而通商则在其次。欧人东来后，中国反对他传教的情形，读第二章已可见其大略。但这还是士大夫阶级的情形。至一八六一年，《天津条约》《北京条约》两条约发生效力以来。从前没收的教堂，都发还。教士得在中国公然传教。从此以后，洋人变为可畏之物，便有恃入教为护符，以鱼肉邻里。地方官遇教案，多不能持平，小民受着切肤之痛，教案遂至连绵不绝。直至一九〇〇年，拳匪乱后，而其祸乃稍戢。

至于在经济上，则通商以后，中国所受的侵削尤深。通商本是两利之事，历代中外通商，所输入的，固然也未必是必需品。然中国所受的影响有限。至于近代，则西人挟其机制之品，以与我国的手工业相竞争。手工业自然是敌不过它的。遂渐渐成为洋货灌输，固有的商工业亏折，而推销洋货的商业勃兴之象。不但商工业，即农村亦受其影响，因为旧式的手工，有一部分是农家的副业。偏僻的农村，并有许多粗制品，亦能自造，不必求之于外的。机制品输入而后，此等局面打破，农村也就直接间接受着外人的剥削了。

清 郎世宁 弘历观画图（局部）

此等情势，但看通商以后，贸易上的数字，多为入超可见。资本总是向利息优厚之处流入的，劳力则是向工资高昂之处移动的。遂成为外国资本，输入中国，而中国劳工纷纷移向海外的现象。

外人资本的输入，最初是商店—洋行—金融机关。从《马关条约》以后，外人得在我国通商口岸设厂，而轻工业以兴。其后，外人又竞攫我的铁路、矿山等，而重工业亦渐有兴起。此等资本，或以直接投资，或以借款，或以合办的形式输入，而如铁路、矿山等，并含有政治上的意味。至于纯粹的政治借款，则是从一八六六年，征讨"回乱"之时起的。此后每有缺乏，亦时借洋债，以资挹注。但为数不多。中、日战后，因赔款数目较巨，财政上一时应付不来，亦借外债以资应付。但至一九〇二年，亦都还清。而其前一年，因拳乱和各国订立和约，赔款至四万五千万两之巨。截至清末，中国所欠外债，共计一万七千六百万，仅及庚子赔款三之一强，可见拳乱一役，贻累于国民之深了。

我国的新式工业初兴起时，大抵是为军事起见，已见第十三章。其中仅一八七八年，左宗棠在甘肃倡办织呢局；稍后，李鸿章在上海办织布局；张之洞在湖北办织布、纺纱、制麻、缫丝四局，可称为纯粹工业上的动机。此等官办或官商合办的事业，都因官场气习太深，经营不得其法，未能继续扩充，而至于停办。前清末造，民间轻工业亦渐有兴起的，亦因资本不足，管理不尽合宜，未能将外货排斥。在商业上，则我国所输出的，多系天产及粗制品。且能直接运销外国者，几于无之，都是坐待外商前来采运，其中损失亦颇巨。

华人移殖海外，亦自前代即有之。但至近世，因交通的便利，海外事业的繁多，而更形兴盛。其初外人是很欢迎中国人前往的。所以一八五八年的《中英条约》，一八六一年的《中俄条约》，一八六四年的《西班牙条约》，一八六八年的《中美续约》，都有许其招工的明文。今日南洋及美洲繁盛之地，原系华人所开辟者不少。到既经繁盛，却又厌华人工价的低廉，而从事于排斥，苛待、驱逐之事，接踵而起了。但在今日，华侨之流寓海外者还甚多。虽无国力之保护，到处受人压迫，然各地方的事业，握于华人之手者仍不少。譬如，暹罗、新加坡等，一履其地，俨然有置身闽、粤之感。我国的国际收支，靠华侨汇回之款，以资弥补者，为数颇巨。其人皆置身海外，深受异民族压迫之苦，爱国之观念尤强，对于革命事业的赞助，功绩尤伟。若论民族自决，今日华侨繁殖之地，政权岂宜握在异族手中？天道好还，公理终有伸张之日，我们且静待着罢了。

北宋 张择端 清明上河图（局部之一、二、三）

编者注

序章

1. "歆惧"一词根据后一句可知，意为羡慕和害怕。
2. 本书中的"中国"多指中原地区，并非专指我国全部领土的专有名词，请读者结合不同历史时期的历史背景理解。
3. 本书中的"异族""他族"多指汉族以外的少数民族。
4. 濮族，亦称"卜""百濮"。古族名。殷周时分布在"江汉之南"。曾参与周武王伐纣的会盟。
5. 羌戎，泛指我国古代西北部的少数民族。
6. "五胡之乱"指西晋时期塞外游牧民族趁中原王室内乱，陆续建立数个非汉族政权的历史事件。
7. 回教，亦称"回回教"。伊斯兰教在中国的旧称。
8. 葱岭，古山脉名。传说以山多青葱而得名。《穆天子传》之春山、《山海经》之钟山或即指此。其地域甚广：北起南天山、西天山，往南绵亘，包括帕米尔高原、西昆仑山、喀喇昆仑山和兴都库什山。是古时中国西部界山。
9. 西康，即西康省，中国旧省名，在中国西南部，包括今四川省西部及西藏自治区东部地区。
10. 新疆省，旧省名，在中国西北部。清置。1955年撤销，改建新疆维吾尔自治区。
11. 胡元，中国古代对元朝的蔑称。

上篇　中古史

1. 面谀，即当面恭维。
2. 史籀，传为周宣王太史，撰《史籀篇》。
3. 黉舍，即古时的学校。
4. 汤沐邑，周代供诸侯朝见天子时住宿并沐浴斋戒的封地。
5. 貉，古族名。亦称"貊""濊"。
6. 猺，旧时对瑶族的蔑称。
7. 邑卢没国，古国名，故地或在今缅甸勃固附近。
8. 缣赎，即古代赎罪用的细绢。
9. 倭，古代对日本的称谓。
10. 吗喊叭德，即穆罕默德。
11. 游畋，一般写作"游田"，意为出游打猎。
12. 兵燹，这里指战事。
13. 金瓯，原指金的盆、盂之属，比喻疆土之完固，亦用以指国土。
14. 郿县，1964年改名眉县，今属宝鸡市。
15. 本书中的"蒙古人"即指"蒙古族人"。
16. 龁，原意为咬，这里可以引申为欺负或侵略。
17. 畏吾儿，即"畏兀儿"，元明时对"维吾尔族"的称呼。
18. 挫衄，即挫折、失败。
19. 中国古代，北方游牧民族和中原王朝向来不睦，故汉人修史常称北方游牧民族为"野蛮民族"。实际上，由蒙古族统治者建立的元朝对明、清巩固大一统局面起到了承前启后的重要作用。

20. 回回，民族名，古国名或伊斯兰教信徒。《元史》中主要指伊斯兰教信徒，明清两代文献中主要指回族。回回国子学，即元代培养译员的学校，学习"亦思替非"文字（回回文，实即波斯文）。

21. 喇嘛教，即"藏传佛教"的俗称。"喇嘛"为藏语，"上师"之意。

22. 诸夷，旧时对除本民族外，其他民族的蔑称。

23. 此处的"满洲"为清代满族的自称。后文"满洲"多为地理名词，请读者注意辨别。

24. 倭寇，即十四至十六世纪劫掠中国沿海的日本海商与海盗集团。

25. 骈枝，原指大拇指与食指相连时，大拇指或无名指旁所长出来的一个多余的手指，比喻多余无用的东西。

26. 蛮族，旧时对非中原地区的少数民族群体的蔑称。

27. "迷信的性质"表述似不清晰，应为"有虔诚的宗教信仰"之意。

下篇　近代史

1. 阿付腊底斯河，今通作"幼发拉底河"。
2. 底格利斯河，今通作"底格里斯河"。
3. 北族，指北方地区的少数民族。
4. 这里的"中国民族性"，指"汉人的抵抗意志"。
5. 巴里满，即英国议会。
6. "满族占据中国"，指清王朝的统治。
7. 广东花县，即今广东省广州市花都区。
8. 薄物细故，指微小琐碎的事情。
9. 此处"满"，即"满洲"，地理意义上的满洲通常指今天的辽宁、吉林和黑龙江三省全境，内蒙古东北部地区（即东四盟），旧热河省部分及外兴安岭以南（包括库页岛）。
10. "南满洲铁道株式会社"，简称"满铁"。旧时日本对中国进行侵略的机构。
11. 南满铁路，原为帝俄所筑中东铁路的一部分。长春至大连段，一八九八年动工，一九〇三年筑成。日俄战争后为日本所占，改此名。抗日战争胜利后，和旧中东铁路合并为中国长春铁路。

附录

表1

项籍	西楚霸王	王梁楚地九郡。都彭城（今江苏铜山县）	—
刘邦	汉王	王巴、蜀、汉中，都南郑（今陕西南郑县）	—
章邯	雍王	王咸阳以西。都废丘（今陕西兴平县）	以下三人，为秦降将。项籍未入关即封之，当时称为三秦。
司马欣	塞王	王咸阳以东，至河。都栎阳（今陕西临潼县）	—
董翳	翟王	王上郡，都高奴（今陕西肤施县）	—
魏王豹	西魏王	王河东，都平阳（今山西临汾县）	魏王咎的兄弟。咎死后，奔楚，楚立为魏王。此时徙西魏。汉王出关，豹降汉，汉复立为魏王。豹叛汉与楚，为韩信所虏。
韩王成	韩王	都阳翟（今河南禹县）	旋为楚所杀，立故吴令郑昌为韩王。
申阳	河南王	都洛阳	张耳嬖人。
司马卬	殷王	殷王故墟，都朝歌（今河南淇县）	赵将。
赵王歇	代王	都代（今河北蔚县）	秦兵围巨鹿时，张耳在城内，陈余在城外。围解后，张耳怨陈余不救，责让他。陈余发怒，将印交张耳，自去渔猎。因此未从诸侯入关，不得为王，因所居南皮（今河南南皮县），封之三县。余怒。会田荣叛楚。余请兵于荣，击破张耳。耳奔汉。余迎赵王歇还赵。歇封余为代王，留为赵相。后张耳与韩信破赵。赵王歇被擒，余被杀。
张耳	常山王	赵王。都襄国（今河北邢台县）	—
英布	九江王	都六（今安徽六安县）	楚将。后叛楚降汉。
吴芮	衡山王	都邾（今湖北黄冈县）	秦都阳令起兵，从诸侯入关。
共敖	临江王	都江陵（今湖北江陵县）	义帝柱国。子尉，为汉所虏。
燕王广	辽东王	都无终（今河北蓟县）	为臧荼所杀。
臧荼	燕王	都蓟（今河北北平县）	燕将。汉高祖定天下后，谋反，被杀。

续表

齐王市	胶东王	都即墨（今山东即墨县）	田儋的儿子。儋死后，其兄弟荣，立他做齐王。至是，徙胶东。荣发兵距击杀田都，留市于齐。市逃往胶东。田荣怒，发兵追杀市。时彭城有众万余人，在巨野（今山东巨野县），无所属。荣与以将军印，使击杀济北王安。荣遂并王三齐（齐、胶东、济北）。后为项羽所杀。田荣的兄弟横，又立田荣的儿子广。为汉韩信所虏。横逃入海岛。汉高祖定天下后，召之，未至洛阳，自杀。
田都	齐王	都临淄（今山东临淄县）	齐将。
田安	济北王	都博阳（今山东泰安县）	齐王建（战国时最后的齐王）孙。

表2

		鲁	申培公
	《诗》	齐	辕固生
		燕	韩太傅
《史记·儒林传》所列八家	《书》	济南伏生	—
	《礼》	鲁高堂生	—
	《易》	菑川田生	—
	《春秋》	齐鲁	胡母生
		赵	董仲舒
东汉十四博士	《诗》	鲁	—
		齐	—
		韩	—
	《书》	欧阳	—
		大夏侯	—
		小夏侯	—
	《礼》	大戴	—
		小戴	—
	《易》	施	—
		孟	—
		梁丘	—
		京	—
	《春秋》	公羊	严
			颜
		穀梁	—

表 3

国名	民族	都邑	始末大略（与正文参看，正文已有的不复述）
前赵（初称汉，刘曜改称赵），公元三〇四至三二九年	匈奴	刘渊自立于左国城（今山西离石县东北），后迁平阳。刘曜居长安。	南匈奴呼厨泉单于，因先世系汉甥，改姓刘氏。曹操以呼厨泉部众强盛，留之于邺（今河南临漳县），而分其部众为五。其中左部最强。晋时，刘渊为其部帅。乘八王之乱，还并川自立。刘渊子和，为其弟聪所弒。聪荒淫。传子粲，为其臣靳准所弒。石勒自襄国（今河北邢台县），刘曜自长安，俱勒兵讨准。准奔刘曜，为曜所杀。曜自立于长安。曜为石勒所擒。子熙奔上邽（今陕西南郑县），为石虎所追杀。前赵亡。
后赵，公元三一九至三五一年	羯	石勒初居襄国，后徙邺。	石勒初为群盗，归降刘渊，然实非渊所能制。后尽并东方，仍称臣于前赵。刘曜时，勒始自立。勒子弘，为勒从孙虎所弒。虎诸子均为虎养子冉闵所杀。复姓，自称魏帝，为慕容儁所灭。时在三五一年。
前燕，公元三三七至三七〇年	鲜卑	鲜卑慕容氏，本居棘城（今热河朝阳县），后迁于辽东。至慕容廆又迁居徒河之青山（在今辽宁锦县境）。又迁居大棘城（在今辽宁义县），慕容皝迁居龙城（今朝阳县），灭冉闵后，居邺。	慕容廆，本为西晋平州刺史。传子皝，始称燕王。皝传子儁，灭冉闵。是年，儁亦卒。子暐年幼，慕容恪辅政。恪死后，慕容评继之。时燕宗室慕容垂最有威名，评忌之。垂奔前秦。前燕遂衰。为前秦所灭。
前秦，公元三五一至三九四年	氐	长安。	苻洪，本略阳氐首。初降刘曜，后降后赵。后赵徙之于东方。后赵亡后，洪居枋头城（在今河南浚县）。击擒赵将麻秋。旋为秋所鸩杀。子健，杀秋，西入关。健子生，为苻坚所弒（坚父名雄，也是苻洪的儿子）。淝水败后，坚奔五将山（在今陕西岐山县），为后秦姚苌所擒杀。坚子丕，自立晋阳，为慕容永所败而死（慕容永，亦前燕同族。时自立于长子，即今山西长子县。后为后燕所灭。不在十六国之列）。坚族子登，又自立于南安（今甘肃平凉县）。三九四年，为姚兴所杀。子崇，奔湟中，为西秦乞伏乾归所杀。前秦亡。
后秦，公元三九四至四一七年	羌	长安。	后秦本南安赤亭羌（在今甘肃陇西县）。其首姚弋仲，亦降后赵。迁于东方。后赵亡时，弋仲亦死。子襄南降晋。实怀二心，为桓温所败，奔关中，为前秦所杀。弟苌以众降秦，淝水败后，苌自立。传子兴，灭前秦。兴传子泓，为刘裕所灭。时在四一七年。
后燕，公元三八四至四〇九年	鲜卑	慕容垂居中山（今河北定县）。子宝奔龙城。	慕容垂，淝水战后自立。传子宝。三九六年，魏人南伐，大败，奔龙城，被弒。少子盛，定乱自立。因刑罚严峻，又被弒。弟熙立。淫暴。四〇九年，为其将冯跋所篡。
南燕，公元三九八至四一〇年	鲜卑	广固(今山东益都县西)。	慕容德，是慕容皝的小儿子，魏人南伐时，脱离后燕自立。传子超，为刘裕所灭。

续表

北燕，公元四〇九至四三六年	汉族	龙城。	冯跋篡后燕自立。传子宏，为后魏所灭。时在四三六年。
夏，公元四〇七至四三一年	匈奴	统万（今陕西怀远县）。	匈奴铁弗氏，本居新兴。其酋长刘虎，和拓跋氏相攻。虎孙卫辰，引前秦兵灭拓跋氏，后魏道武帝强，卫辰为其所灭。子勃勃，奔后秦。姚兴使守北方。勃勃以四〇七年自立，改姓赫连，后取长安，勃勃死后，子昌立，为魏太武帝所破，奔上邦死。弟定，自立于平凉。四三一年，吐谷浑人执之送魏，夏亡。
西秦，公元三八四至四三一年	鲜卑	乞伏国仁，居勇士川（在今甘肃金县）。乾归徙苑川（在今甘肃靖远县）。	本陇西鲜卑，属前秦。淝水战后，其首乞伏国仁自立，传弟乾归。降后秦，后复逃归。乾归传子炽磐，炽磐传子暮末，为赫连定所杀，时在四三〇年。
成（李寿时改称汉。史家亦称为蜀），公元三〇四至三四七年	氐	成都。	本清江流域的廪君蛮，汉末，徙汉中，曹操平张鲁，迁于略阳。晋初，关中氐齐万年反。其首长李特将流民入蜀，三〇六年，特子雄踞成都，又并汉中，三传至特孙寿，荒淫。寿子势，三四七年，为桓温所灭。
前凉，公元三一七至三七六年	汉族	—	张轨，晋凉州刺史。晋乱，遂保据凉州。轨及子寔，皆事晋，守臣节。寔传弟茂，刘曜来攻，始力屈称藩。六传至天锡，三七六年，为前秦所灭。
后凉，公元三八六至四〇三年	氐	—	吕光，亦略阳氐人。苻坚时，为龙骧将军。为坚平西城，兵还，值前秦分裂，遂自立。四〇三年，其子隆，降于后秦。
北凉，公元四〇七至四九三年	匈奴	张掖。	沮渠蒙逊，以三九七年叛后凉。初推太守段业为主，后杀之，自立。传子牧犍，四三九年，为后魏所灭。
西凉，公元四〇〇至四二一年	汉族	初据敦煌，后迁酒泉。	李暠本段业所署敦煌太守。业死后，据敦煌自立，传子歆，四二一年，为北凉所灭。
南凉，公元三九七至四一四年	鲜卑	本居乐郡（今甘肃碾伯县），后徙姑臧。	姓秃发氏，与后魏同出。其首秃发乌孤，以三九七年自立。传弟利鹿孤及傉檀，四一四年为西秦所灭。

图书在版编目（CIP）数据

吕思勉讲中国历史 / 吕思勉著. — 沈阳：辽宁美术出版社，2025.3
（民国大师通识课）
ISBN 978-7-5314-9753-0

Ⅰ. ①吕… Ⅱ. ①吕… Ⅲ. ①中国历史－研究 Ⅳ. ①K207

中国国家版本馆CIP数据核字(2024)第094610号

出 版 人：	彭伟哲
出 版 者：	辽宁美术出版社
地 址：	沈阳市和平区民族北街29号
邮政编码：	110001
发 行 者：	辽宁美术出版社
印 刷 者：	小森印刷（北京）有限公司
开 本：	170mm×230mm 1/16
印 张：	20
字 数：	240千字
出版时间：	2025年3月第1版
印刷时间：	2025年3月第1次印刷
选题策划：	薛业风 李 鑫
项目统筹：	李 鑫
项目执行：	郭 灿
装帧设计：	冯晓如
责任编辑：	张 玥
责任校对：	郝 刚
书 号：	ISBN 978-7-5314-9753-0
定 价：	169.00元

E-mail: lnmscbs@163.com
http://www.lnmscbs.cn
图书如有印装质量问题请与出版部联系调换
出版部电话：024-23835227